新时代中小学作业设计与实施策略

主编：寇延臣　华建明

广西教育出版社 ·南宁·

图书在版编目（CIP）数据

新时代中小学作业设计与实施策略 / 寇延臣，华建明主编. -- 南宁 : 广西教育出版社，2022.9
ISBN 978-7-5435-9206-3

Ⅰ. ①新… Ⅱ. ①寇… ②华… Ⅲ. ①学生作业-教学设计-中小学 Ⅳ. ①G632.46

中国版本图书馆 CIP 数据核字(2022)第 143608 号

策划编辑：黄立明　　装帧设计：李浩丽
责任编辑：孙华明　　责任技编：蒋　媛
责任校对：卢佳慧

出 版 人：石立民
出版发行：广西教育出版社
地　　址：广西南宁市鲤湾路 8 号　　邮政编码：530022
电　　话：0771-5865797
本社网址：http://www.gxeph.com
电子信箱：gxeph@vip.163.com
印　　刷：天津奥丰特印刷有限公司
开　　本：787mm×1092mm　1/16
印　　张：15
字　　数：250 千字
版　　次：2022 年 9 月第 1 版
印　　次：2022 年 9 月第 1 次印刷
书　　号：ISBN 978-7-5435-9206-3
定　　价：62.00 元

编委会

为减负提效、全面发展创建科学实践路径

中国教育学会　时俊卿

我与本书主编寇延臣校长相交于中央统战部和中国教育学会的教育帮扶项目活动。寇校长是一位善于思考、很有见地、关心教育改革并颇有成就的专家型校长。他的系列教育研究成果，尤其是近十年关于作业研究的成功经验，受到了理论界与教学一线的普遍赞誉。主编中还有一位受人爱戴的深圳市光明区公明中学华建明校长，他待人谦和，学识厚重，热衷教育事业，积极求进，成就斐然，也是本书的重要贡献者。荣幸的是，我受寇校长的邀请，参与了本书的筹划、设计、编写与出版。这也是我想为本书畅言的主要前提。

作业研究是教学活动中非常重要的主题，却始终是被忽略的领域。寇校长、华校长以及他们引领下的团队，为教学理论发展、教学实践进步做出了特别的贡献。他们在作业的价值，作业的理念，作业的理论与规律，有效作业的设计、布置、实施、监控、评价激励和持续性学习等方面，进行了富有成效的、专业的探索与实践，在理论和实践上具有重要价值。

更让人兴奋的是，本研究抓住了新时代教育的热点——党中央、国务院提出的义务教育学校作业管理“双减”精神。2021 年 7 月，中共中央办公厅、国务院办公厅印发《关于进一步减轻义务教育阶段学生作业负担和校外培训负担的意见》。该文件涉及学生作业总量和时长、学校课后服务水平、校外培训机构监管、教育教学质量提升、社会配套、试点探索等多个方面，旨在为中小学生校外学科培训、考

试、作业等做减法，其内容细致，贴合实际，堪称“史上最强减负政策”。

2021年4月，教育部办公厅颁发《关于加强义务教育学校作业管理的通知》，对作业改革提出了明确的要求，要求精选作业内容，严控作业总量。鼓励布置分层作业、弹性作业和个性化作业，合理布置书面作业、科学探究、体育锻炼、艺术欣赏、社会与劳动实践等不同类型作业，探索跨学科综合性作业。注重做中学，开发设计实践性作业、跨学科作业和项目式作业则是“双减”政策出台后各学校作业改革的共同方向。2021年5月，国务院教育督导委员会办公室印发《关于组织责任督学进行“五项管理”督导的通知》，要求各省（区、市）教育督导部门，组织当地中小学校责任督学开展“五项管理”督导工作。

书中一针见血地指出我国大部分中小学生的作业负担都比较重，作业形式大多是书面作业，形式十分单一，很多学科目前仍然布置大量的机械抄写作业。教师应该相信，除了书面作业，其他形式的作业也可以提高学生的能力，不过多样化的作业给作业评价也带来了一定的难度，这是考验教师的一道难关。此外，有不少作业缺少针对性，不同学习情况的学生完成一模一样的作业，对于任何一种类型的学生来说，作用都很小。教师布置作业的时候应该考虑到这些客观差距，布置有层次性、有针对性的作业。另外，学生得到的作业反馈大多是自己哪一道题做错了、哪一个字写错了，自己在作业上花费的努力并没有得到教师的重视。单一的评价方式会让学生无法从作业中得到相应的学习成就感和学习反馈，如果这种状态一直持续，很可能导致学生不重视甚至不认真完成作业。

经过近十年的研究与探索，寇校长、华校长以及他们引领下的团队遵循教育规律，科学诊断问题，通过专业路径实施高效能低负担教学，获得了系统、专业、高效、可行的研究成果。本书立足高效能、低负担、动力性、全目标、情趣性、主体性的作业研究，提出并验证了作业设计、作业布置、作业批改、作业诊断、作业讲评、作业反馈规律与策略。此外，本书还总结出差异化作业、协商型作业、进阶式作业、实践类作业、方法类作业、兴趣化作业以及作业实施信息化等实践策略；又结合生动的教学案例对每一项研究成果的具体要素逐一解读和实践。

本书对于我们系统把握教育整体规律、全面减轻学生的学习负担、提高学生学习效率、培养学生学习能力、调动学生学习动力等方面，提供了可靠的、有效的、切实可行的理念、原则、模式与策略，为落实“双减”精神、促进学生全面发展提供了有力的支持。

目录

第一章

中小学作业概论

作业，如今已是教育领域不可或缺的一个概念。它产生于何时，又是如何发展的？本章将从中外两个维度，探讨作业概念的产生和发展。国内外的专家学者对于作业都有不同方向的研究，包括作业的分类、作业的数量、作业的功能等，这些研究对我国作业的设计和实施有借鉴意义。新时代，我国颁发了“双减”政策，对研究人员和教师提出了新的要求，如何在这样的大背景下重新定义作业，国家政策又对作业的设计和实施提出哪些新要求，这些问题将是本章的主要探讨对象。

第一节　作业的概念与发展

一、中国关于作业的概念与认知

（一）古代关于作业的概念与认知

中华民族自古以来就非常重视教育。《礼记·学记》是世界上最早的教育学专著，成文于距今两千多年前，其中就有关于课外作业的记载：“时教必有正业，退息必有居学。”这句话的意思是，教学要按照一定时令进行，必须有正式的课业，在休息的时候也要有课外练习。不过，《礼记·学记》当中的作业并不是单纯的书面作业。当时的教学内容以“六艺”为主，包括礼、乐、射、御、书、数，既有文化知识的学习，也有技能的学习。学生为了更好地掌握技能，需要在课后进行练习。从这个角度来看，中国最早的作业范围是十分广泛的，没有局限于知识的巩固，更多的是学生为了精进技艺而自觉进行的课后练习。

秦汉时期，作业内容产生了变化，这与当时的教学内容有关。秦汉时期出现的学童，是为了入仕而培养的，学习的主要内容就是文字的识记和文章的读写。为了配合这样的教学内容，教师开始要求学童抄写课堂上学习过的文字。这一时期的教学并不局限于文化知识，学生还需要学习算术、骑马等技能，这需要学生在课后进行自觉的练习，可以看作实践性作业的一种。

隋唐时期，科举制度不断得到完善，读书考试成为入仕的主要途径。这一时期出现了教师布置的、学生必须完成的作业，包括抄写、背诵、写作等。科举考试内容的变化意味着教学内容和作业内容的改变，抄写的内容、背诵的内容都是课堂学习和家庭作业的主要部分，几乎没有了技能的培养。作业已经脱离了现实生活，成为一种完全为科举服务的应试工具。这种情况一直持续到清末科举制度被废除。

总体来看，中国古代教育对于作业的认识，用孔子的话概括就是“学而时习之”，完成作业是为了及时复习教师在课堂上讲解的内容，巩固学过的知识和技能。

（二）近现代关于作业的概念与认知

1904 年，清政府公布了一系列学制文件，统称为《奏定学堂章程》，又称“癸卯学制”，这是中国近代由中央政府颁发并首次得到施行的全国性法定学制系统。“癸卯学制”将学制进行了划分，也对学科进行了划分，小学堂、中学堂已经出现类似于现代学校教授的科目，例如算术、历史、地理等。教科书的不断发展也需要按照一定目标有计划地设计出一套练习的方案。

从北洋政府时期到国民政府时期，近代学制进行了几轮改革，其中对作业的设置都有明确的要求。以历史学科为例，1929 年的课程标准中明确规定了中学历史作业要有以下几点：预习与复习；教室笔记；试作纲要；试作历史地图与图表；阅书笔记报告试作短文；试作时事报告；其他。[①] 学校布置的作业，家长也会督促学生按时完成。例如民国时期初小国语课本内容有：“放假回，见父母。父母喜，命儿前。温书习字，每日一时。”从这可以看出，民国时期的作

---

① 课程教材研究所.20 世纪中国中小学课程标准·教学大纲汇编：历史卷［G］. 北京：人民教育出版社，2001：28–29.

业已经在教科书上有明确的表示。这一时期，学生的假期也开始发生变化，变为每学年放假三次，分别是寒假、春假和暑假。假期中学校也会布置相应的作业，由各科教员指定作业范围，学生于次学期开学时上交教员检查批阅，并参加作业测验一次。假期作业测验成绩，相当于一次临时测验成绩，并入次学期的平时成绩。

总体来看，民国时期受西方教育思潮的影响，我国教育逐渐摆脱了封建思想的影响，有了现代教育的框架，作业的内容和形式也随之出现新的发展，课堂练习、课后作业、假期作业等得到普及。

新中国成立后，各地政府相继接收了国民政府时期创办的学校，教育的主要任务就是扫盲。这个时期的作业特点是：作业分量少；在安排上具有很强的随意性；作业内容固定，以识字、写字为主要内容，偶尔会穿插简单算术练习；作业形式单一；作业科目种类很少，主要是语文科目；在难易程度方面，作业难度很低。1949 年至 1977 年，我国在基础教育领域进行了四次课程改革，但直到改革开放后，课程才有了较大的变化，比如作业分量有所增加；作业安排开始逐步规范化；作业内容有所丰富，从之前的写大字过渡到抄写课文和古诗词；作业形式也有所增加，手抄报的绘制使得作业形式变得多样。总体上，这一阶段小学生的家庭作业开始规范化，受重视程度有很大提高。①

1977 年，中断了十年的高考制度终于恢复，随之而来的是越来越大的学习压力。在这种情况下，如何减轻学生的课业负担成为全社会的焦点。1981 年 4 月，《全日制六年制重点中学教学计划（试行草案）》《全日制五年制中学教学计划（试行草案）》出台，对不同学制的教学要求、学生作业量、考试次数以及假期时间都做出了具体规定。1988 年 5 月，《关于减轻小学生课业负担过重问题的若干规定》出台，旨在改变当时存在的与教育规律不相符的行为，确保学校教育秩序的正常。文件中明确规定：不允许将作业作为一种惩罚手段，用加大作业量这种方式来惩罚学生；不允许随意添加教辅资料；等等。20 世纪 90 年代，相关部门下发了一系列文件，力求达到减负的目的，例如《关于加强中小学学生用练习册、寒暑假作业、辅导材料编写和使用管理的规定》《关于进一步加强中小学生竞赛、评奖活动管理的通知》《关于推进素质教育调整中小学教育教学内容、加强教学过程管理的意见》等。这些文件从不同角度提出了减轻学生负

① 秦芳洁.1949 年—1978 年小学家庭作业变化研究［J］. 科技经济市场，2015（12）：174.

担的要求，取得了一定的效果。

2000年我国颁发《关于在小学减轻学生过重负担的紧急通知》，文件中重申中小学生减负问题并明确了对待作业的态度。“要提倡布置活动性、实践性的小学生的家庭作业。小学一、二年级不留书面家庭作业，其他年级书面家庭作业控制在一小时以内。严禁用增加作业量的方式惩罚学生。”此后，我国多次出台了一系列政策减轻中小学生的作业压力。2014年3月教育部颁发《关于全面深化课程改革落实立德树人根本任务的意见》，把学生的核心素养发展作为首要环节，作业设计更偏向核心素养的要求，目的在于提高学生的自身发展素质。2021年4月，教育部印发《关于进一步加强中小学生体质健康管理工作的通知》，强调着力保障学生每天校内、校外各一小时的体育活动时间，并明确了体育家庭作业制度。

二、西方关于作业的概念与认知

“‘作业’一语，德语叫作‘Arbeit’……所谓‘Arbeit’，亦不外乎奴仆的劳作或服役的意味。这种劳作或服役最初是属于人类活动之根本的形式，即所谓农业上的事。所以所谓‘作业’，本来是为奴仆所担负的农业上的‘苦工’或‘贱役’（Knechtsarbeit，Frondienst）。当然，后来这种‘苦工’或‘贱役’，渐次扩张到渔业及手工业。因此，所谓‘手工的作业’（Handarbeit，Handbetätigung，manuelle Arbeit）、‘技术的作业’（technische Arbeit）及‘身体的作业’（korperliche Arbeit）等语因而成立。”[①] 据《韦氏高阶英语词典》，对应“作业”的英语单词有三个，分别是“assignment”“homework”和“occupation”。“assignment”是指分配给某人的工作或责任，或者是要求某人去完成某项任务；“homework”意指要求学生在家里完成的工作，或者是为准备某事而做的研究或阅读；“occupation”是指一个人要完成的工作，或者是一个人花时间去做的活动。[②] 由此可知，作业在西方最初的含义是从事某种工作或完成某种任务，并未指出其劳苦或愉悦程度，只表明了一种在做的状态。后来随着作业概念不断延伸到其他领域，其含义也逐渐发生变化。

---

① 姜琦. 现代西洋教育史［M］. 北京：东方出版社，2013：143.

② 郑东辉，孙慧玲. 作业概念的变迁及其意义［J］. 当代教育科学，2015（4）：21-24.

到了近代,作业的教育价值才得以凸显，人们不断拓宽这个概念应用范围，破除对劳作的贱视，提升作业在学校课程中的地位，甚至一度还使其成为教育中的核心价值观念。[①] 自文艺复兴以来，人们逐渐将“作业”扩展至精神领域和学校教育，作业概念日趋丰富。如果从作业功能的视角来考察，大致出现了不同历史阶段的三种认识：一是作业即知识操练，二是作业即心智训练，三是作业即自我探究。[②]

1. 作业即知识操练

近代西方教育学之父——夸美纽斯对近代作业概念的发展起到重要作用。他在《大教学论》里把练习引入教学过程，视练习为巩固知识的重要方法。“早晨应当专门用来练习智性与记忆，下午应当练习手与声音……下午不应当再做新的功课，但是早晨做过的功课应当加以复习。学生们应当把他们的印成的书本抄写一部分，应当互相比赛，看早晨的功课谁记得最多，或看谁写得最好，唱得最好，或算得最好。”[③] 练习不再是一种苦力，而是对已有知识或技能的实际操练或反复演练，作业变成一种习得与巩固知识的智力活动。学生通过练习，“功课便会容易地、快意地留住在他们的记忆里面”[④]。赫尔巴特将教学过程划分为“清楚、联合、系统、方法”四个阶段，与此相应的学生心理状态分别是“注意、期望、要求和行动”。在方法—行动阶段，教师指导学生通过复习和书面作业等方式，将所领会的教材内容应用于实际生活中。作业已经成为巩固学生学习结果的手段，学生通过写作业进行反复操练，使得已经学过的知识和技能不会被遗忘。凯洛夫不仅发展了赫尔巴特的教学过程说，建构了“课堂教学五步法”，即“组织教学—复习旧课—讲授新课—巩固小结—布置作业”，而且将作业分为课堂作业和家庭作业，强调家庭作业的重要性。“家庭作业主要是通过阅读教科书和完成各种练习来巩固知识、技能和技巧。某些家庭作业的目的是让学生对下一节课有所准备。家庭作业的特点是它比较课堂作业能更显然表现出学生的独立性来。”[⑤] 从凯洛夫开始，作业的概念从课堂上、学校内发展到

---

① 陈桂生.“作业”辨析［J］.上海教育科研，2009（12）：59-61.

② 郑东辉，孙慧玲.作业概念的变迁及其意义［J］.当代教育科学，2015（4）：21-24.

③ 夸美纽斯.大教学论［M］.傅任敢，译.北京：教育科学出版社，1999：218.

④ 夸美纽斯.大教学论［M］.傅任敢，译.北京：教育科学出版社，1999：118.

⑤ 凯洛夫.教育学［M］.陈侠，朱智贤，邵鹤亭，等译.北京：人民教育出版社，1957：214-215.

家庭中，学生在家里也需要对自己已学过的知识进行练习巩固。

2. 作业即心智训练

作业不仅是对知识的巩固和复习，更是为了训练心智，培养某种品质。裴斯泰洛齐和凯兴斯泰纳就强调作业的思维训练功能。裴斯泰洛齐为初等学校创建的各科教学法，如语言教学、算术教学和测量教学，均强调练习对于各科知识习得和思维能力发展的重要性。同时，他还关注知识学习与手工劳动相结合。练习或作业不只是简单的知识复演，而是内化知识进而发展思维能力和职业技能的过程。凯兴斯泰纳把劳动视为作业的一种形式，提倡创办劳作学校。库珀作为家庭作业研究的代表人物，将家庭作业定义为学校教师布置给学生，期望其在非学校时间里完成的任务。这个概念继续挖掘了作业的作用，强调了作业需要在家庭中、规定时间内完成，这就要求学生能够为自己的行为负责，完成既定任务。

3. 作业即自我探究

与凯兴斯泰纳同时代的杜威，基于实用主义哲学提出了新的作业观。“作业不是指为使儿童坐在桌子边不淘气、不懒散而给予他的任何一种‘忙碌的工作’或练习。我所说的作业是指复演社会生活中进行的某种工作或与之平行的活动方式。……只要着眼点在于外部的结果而不在于包含在达到结果的过程中的心理的和道德的状况和生长，这种工作可以叫做手工的工作，而没有理由称为一种作业。”[①] 可见，杜威关于作业的认知不同于以上两种观点。他基于“从做中学、学校即社会、教育即生活”的理念，认为作业不是简单的复习操练，也不是复杂的心智活动，而是为以后更好的生活服务，学生通过完成各种作业获得直接经验，从而促进自身更好地发展。

总体来看，西方关于作业概念的认知，围绕作业的不同功能而展开。正确处理好知识和学生的关系，对于解决当下我国中小学作业设计和实施中的问题有很大帮助。

① 杜威. 学校与社会·明日之学校［M］. 2 版. 赵祥麟，任钟印，吴志宏，译. 北京：人民教育出版社，2005：91.

三、作业概念的界定

（一）当前教育界对于作业的认识与实践

“作业”，在《辞海》中的解释是“为完成生产、学习等方面的既定任务而进行的活动”。从当今的国内研究来看，国内大多数的学者都认为，作业是为了达到一定的教学目标而进行的一项与教学和学习相关的活动。总体来看，目前我国学界对作业的认识有以下几种：

《教育大辞典》中把作业分为课堂作业和课外作业。其中“课外作业”指：“根据教师要求，学生在课外时间独立进行的学习活动……布置及检查课外作业是教学组织形式之一……一般认为，它是课堂教学的延伸，有助于巩固和完善学生在课内学到的知识、技能，并培养学生的独立学习能力和学习习惯。”①

《中国大百科全书·教育》中也是将作业分为课内作业与课外作业两种：“课后的练习、作业或实习是上课的延续……课外作业的内容要符合教学大纲、教科书的要求，要与课内作业保持内在联系。”②

《现代教学论学程》中认为：“课外作业是课堂教学的延伸，是教学的有机组成部分。”③

纵观作业概念的近现代流变，作业大致遵循“作业即知识操练—作业即心智训练—作业即自我探究”的概念演化进路④，作业逐渐回归以学生为中心。2021年全国教育工作会议对各学段作业做出明确要求，小学阶段作业不出校门，随堂作业在校内完成，初中阶段作业不超纲，高中阶段作业不越界，让学校的责任回归学校，让家庭的责任回归家庭，共同引导孩子自主完成、自我管理作业。这种政策性的要求，让作业量减少成为必然趋势，也引起了教师和家长的不安，担心作业量一旦减少将会影响学生的学习成绩。但是，作业的作用远不止巩固知识，作业从不同维度划分有很多种类。广义的作业指学生独

---

① 教育大辞典编纂委员会. 教育大辞典：第1卷　教育学　课程和各科教学　中小学校［M］. 上海：上海教育出版社，1990：212.

② 中国大百科全书总编辑委员会《教育》编辑委员会，中国大百科全书出版社编辑部. 中国大百科全书：教育［M］. 北京：中国大百科全书出版社，1985：211.

③ 黄甫全，王本陆. 现代教学论学程［M］. 北京：教育科学出版社，1998：314.

④ 郑东辉，孙慧玲. 作业概念的变迁及其意义［J］. 当代教育科学，2015（4）：21-24.

立进行的学习活动，包括课前预习、课堂任务和课后作业。狭义的作业特指学校教师布置给学生利用非在校时间完成的任务。[①] 钭方健指出，“作业是学生加深理解和巩固课堂所学知识，并把知识应用于实践的尝试”。[②]“双减”政策出台后全国各地的中小学都在不断尝试新的作业实践，他们不再把作业局限于课后重复抄写的行为，而是逐渐将作业转变为学生能够自主选择的课后活动。罗生全教授认为，可以将作业重新定义为：学生在课堂教学时间之外完成的一种自主性、探究性、有意义的智力或技能活动。[③]

（二）作业的分类

1. 按完成主体划分

按照完成主体，可以将作业划分为合作完成类作业和独立完成类作业。合作完成类作业通常指学生之间通过共同协作和讨论来完成学习任务的一种作业类型，该类型作业能够促进同学之间的情感交流。独立完成类作业，指学生经过独立思考完成学习任务的一种作业类型，这类作业可以使学生养成自主学习的良好习惯。

2. 按完成方式与手段划分

按照完成方式与手段，可以将作业划分为预习类作业、练习类作业、复习类作业、制作类作业、实践类作业、调查类作业、口头作业、书面作业等。

（1）预习类作业：在给学生传授新知识之前，为了让学生更好地了解、熟悉课堂新知识，教师给学生布置的一系列作业任务称为预习类作业。例如，在学习“长方体和正方体”这一课之前，教师让学生回家找一找生活中长方体或正方体的物体，并思考它们的展开图分别是什么样的。

（2）练习类作业：练习类作业是学生为了巩固已学知识而做的大量学习任务。例如学生学习完加减混合运算之后，教师让学生在课上做如下题目，看看谁计算得又准又快。

---

① 王月芬，张新宇. 透析作业：基于30000份数据的研究［M］. 上海：华东师范大学出版社，2014：3.

② 钭方健. 有效分层作业管理的实践研究：以某实验性示范性高中物理学科为例［D］. 上海：华东师范大学，2010.

③ 罗生全，孟宪云. 新时代中小学作业问题的再认识［J］. 人民教育，2021（Z1）：15-18.

34−6+23=　　84−18+27=　　39+32−45=　　86−25−36=

12+66+32=　　54−9−28=　　86−79+22=　　85+17−61=

76+21−87=　　100−94+80=　　41+34+39=　　100−23+18=

（3）复习类作业：复习类作业是课堂教学的补充和延伸，能起到巩固知识和深化课堂教学内容的作用。复习类作业不再拘泥于背诵、抄写、题海战术等，还可以采用小组合作式复习、探究式复习等形式，促进学生思维能力和核心素养的提升与发展。例如，《梅花魂》教学后，教师让学生按照 KWL 表所示内容进行自我鉴定。此表是依据布卢姆教育目标分类设定的，能更加有效地检测学习成果。

KWL（know，want，learn）表

What I know 我已经知道的		What I want to know 我希望了解的		What I learned 我学到的	
《梅花魂》中表达的思想感情；“梅花魂”的含义		为什么中国人喜欢用“魂”来表达这样的意思？		阅读《桂花雨》《荔枝蜜》等类似文章，对比“雨”“蜜”“魂”等特殊字眼的深刻含义	
完成情况	已完成（　） 未完成（　） 无法完成（　）	完成情况	已完成（　） 未完成（　） 无法完成（　）	完成情况	已完成（　） 未完成（　） 无法完成（　）

（4）制作类作业：制作类作业通常强调动手实践的能力。例如历史课上学习活字印刷术，教师用橡皮泥演示了活字印刷的全过程，调动了学生的求知欲，而后要求学生课后自己动手制作，在此过程中拉近历史与现实的距离。

（5）实践类作业：实践类作业是让学生亲自动手操作完成学习任务的一种作业。知识不能仅仅停留在大脑，还要实践运用，使多种感官共同参与，学生亲自动手操作，手脑并用，才能加深对所学习知识点的理解与记忆，并将其内化于心。例如一年级的学生学习完数学运算后，教师让他们走进超市去购物，使用人民币完成付钱和找零。学生在实践中感受生活，体验生活。

（6）调查类作业：调查类作业可以作为一种课外作业类型，学生可以实地查看，也可以查阅书报、网站，锻炼搜集信息的能力。比如在“安全伴我行”的教学中，教师要求学生认真观察家里面的大小物件和家人的行为，看看家中是否存在安全隐患，并针对自己发现的问题和家人一起研讨，然后制订整改方案。

（7）口头作业：口头作业就是以口头表达的方式来完成的作业，包括朗读、

背诵、讲解、复述等。例如学生学习了一篇既有趣又饱含人生哲理的课文后，教师可以让他们回家讲给自己的父母听，并分享自己的感悟，以口述的形式完成课后作业。

（8）书面作业：书面作业即文本性作业。一般书面作业是要上交的，有严格的书写格式和规范。

3. 按教师教学和学生学习环节划分

按教师教学和学生学习环节，可以将作业划分为基础性作业、拓展性作业、课时作业、课前作业、课后作业、寒暑假作业、节假日作业等。

（1）基础性作业："基础"，除了"基础知识"和"基本技能"，还应该包括"知识与技能基础""过程与方法基础"和"能力基础"三个方面。基础性作业能够满足大部分学生学习的需要，有助于他们更好地掌握并巩固课堂上学习的新知。

（2）拓展性作业：拓展性作业是教师完成课内教学任务后，根据本节课的学习目标、学习内容、学习重难点等设计出的，能够进一步拓展学生思维的作业。

（3）课时作业：课时作业即教师依据每堂课的教学内容所布置的作业任务。

（4）课前作业：课前作业也叫预习作业，指教师向学生讲授新课内容之前，让学生先根据自己的知识水平和生活经验所进行的尝试性学习。

（5）课后作业：课后作业是教师要求学生在课后完成的学习任务，该类型作业可以培养学生养成良好的学习习惯，提升自己的自学能力。

（6）寒暑假作业：寒暑假作业是指学生在寒暑假期间需要完成的作业，形式多种多样。

（7）节假日作业：节假日作业即节假日期间由教师或学校布置的作业。

4. 按学科划分

按学科划分的作业即教师针对各学科知识点而布置的作业。例如，语文作业是语文教师布置的学习任务，是用于检验语文教师课堂教学质量的一种手段。体育锻炼作业是为了增强青少年的体质、促进青少年健康成长的一种活动形式。课外劳动作业是让学生体验劳动乐趣的一种学习任务，能增强学生的生存技能和社会适应能力。

第二节　国内外关于作业的研究综述

一、国内研究综述

传统的作业模式已经无法满足核心素养的人才培养需求，我国对于作业的研究也紧随时代的需求，研究内容多集中在作业分类和作业数量等方面。

（一）关于作业分类的研究

施良方、崔允漷把家庭作业分为练习型家庭作业、准备型家庭作业以及扩展型和创造型家庭作业。① 许贵荣、张剑杰把家庭作业分为即时性作业、宽时性作业与阶段性作业，提倡设计阶段性作业。阶段性作业有五个特点：以通过综合的能力训练，培养创新思维和创新能力为主要目的；在作业过程、完成方式、题型和成果显示，乃至评价方式等方面都具有开放性；完成作业的时空很广阔，对学生提高学习自觉性、增强广泛搜集信息的意识和能力有好处；作业不是单项性的，往往是组合的、系列的；作业以学生为主体，由学生自主安排和完成，但教师在整体计划和环节指导上承担很重要的责任。② 周彬、陈宇卿研究了高中综合性作业，他们认为，综合性作业是指有意识地让学生采用多学科的方法和语言对一个中心主题、观点、问题或实际经历进行考察的知识获得与作业过程。③

（二）关于作业数量的研究

作业数量一直是我国作业研究的重要议题，研究者针对作业量与作业功能之间的关系进行了研究。方晨晨等进一步指出作业时间对小学生的学业成绩有显著的负影响，学生作业时间越长，学业成绩越低，校内作业应该控制在 1 小时以内。④ 杨清指出，适量的作业不仅有助于促进学生学习，培养学生自制力、独立性和责任心，还有助于提高学校教育质量、促进家校合作；而过量的作业不仅会给学生带来消极影响，尤其是机械化的无效作业和重复性的枯燥练习会因为给学生造成学习压力、剥夺学生的闲暇生活而导致学生生厌，甚至对学习

---

① 施良方，崔允漷. 教学理论：课堂教学的原理、策略与研究［M］. 上海：华东师范大学出版社，1999：362–363.

② 许贵荣，张剑杰. “阶段性作业”探微［J］. 上海教育，2001（4）：48–49.

③ 周彬，陈宇卿. 高中生综合性作业的实践研究［J］. 教育研究，2002（1）：88–93.

④ 方晨晨，胡咏梅，张平平. 小学生能从课后学习时间中受益吗［J］. 湖南师范大学教育科学学报，2018，17（1）：69–77.

产生抵触情绪，直接影响师生关系、亲子关系。所以，“双减”背景下，明确作业总量并加以适度控制，提高作业设计质量，才可能真正促进学生全面发展。①

二、国外作业研究及其对我国作业设计与实施的启示

（一）国外研究综述

1. 对作业功能的研究

家庭作业不仅对学生的学业成绩有着积极影响，而且对他们的整体能力也有促进作用。作业帮助学生作为一个独立的学习者掌握更好的学习技能，形成更积极的学习态度和对学习更强的责任感。巴里·齐梅曼等发现，作业能影响学生自我效能的信念的建设和责任感的获取，同时这些性格特征反过来又会影响到他们自己的学业成绩。此外，也有研究结果显示，2/3 的学生赞同或强烈赞同做作业增强了他们的责任感；帮助他们更独立地学习；帮助他们掌握更多的学习技能，同时还强化了学校的学习。60.5% 的学生强烈赞同作业使他们更自律。②家庭作业除有积极作用以外，不可否认还会给学生带来一些消极影响，如给学生造成学习压力而导致学生生厌，占用学生享用闲暇和进行集体活动的时间，易导致学生睡眠不足从而影响学生身体健康；也可能引起某些欺骗行为而助长了学生的不良品性，如抄袭等。此外，家庭作业过多甚至会破坏家庭正常的生活。

2. 对作业类型的研究

国外的作业类型相较于国内，更偏重于实践类和探索类，完全书面类的作业量较少。如美国有一种贴近生活的家庭作业（Real-life homework），这种作业所依据的原理就是：当孩子们在实际生活中运用课堂上所学的知识时，他们对这些知识的理解就特别深；当孩子们意识到所学的知识会马上运用到现实生活中去时，课堂上所学的知识就越发有意义。李和普鲁伊特定义了作业的四种主要类型。第一种是练习类作业，教师所布置的作业和课本上或者黑板上的例子非常相似。学生只是简单地运用记忆进行演示，如果滥用，就会经常产生负面情绪，但这类作业是必需的，一般在新知识习得之后布置，可以使学生巩固学到的知识。第二种是预习类作业，这类作业多在新课之前布置，要求学生提前阅读并解

① 杨清．“双减”背景下中小学作业改进研究［J］. 中国教育学刊，2021（12）：6-10.

② 李乐思. 国外家庭作业研究综述［J］. 现代基础教育研究，2012，5（1）：64-67.

决与课本例子相似的问题。这样的作业可以使教师在传授新知识的时候节省大量时间，把主要的精力放在学习重点上。第三种是拓展类作业，在这类作业中，先前学过的材料被回忆并整合到解决方法中。拓展类作业发展了学生的能力，是一种高级的学习形式。第四种是创造性作业，这类作业要求学生在做出回应的过程中整合许多技能和概念，读书报告和研究项目就属于这类作业。①

3. 对作业量的研究

作业量一直是作业研究的重要议题。到底应该布置多少作业，才能达到最好的效果，类似问题一直以来都困扰着各国教师和教育家。库珀对美国学生家庭作业量的问题开展了大规模的社会调查，研究得出的结论是：一至三年级的学生每周需有一至三项家庭作业，时间在 45 分钟左右；四至六年级的学生每周需有二至四项家庭作业，时间在 60 分钟到 180 分钟之间。② 与此同时，研究人员开始关注作业量和成绩之间的关系。研究发现，要想发挥作业的积极作用，需要把量控制在一定范围内，如果超出范围，反而会引起学生的厌学心理，不利于教学活动的展开。库珀对家庭作业时间与学生学业成绩之间的关系也进行了研究，画出一张成绩水平与时间的关系图。不出所料，进步曲线在低年级是平稳的，因为家庭作业通常不会提高小学生的成绩。对于初中生，家庭作业多了，成绩也会随之不断提高，直至一晚上要花费一小时的时间。超过这一限度的作业量，不会带来更大的进步。而对于高中生，进步曲线持续向上延伸。③ 库珀的研究说明，学生的学业成绩与家庭作业量存在较大的关联性。但也有学者提出，做作业的时间与学业成绩提高仅有相关性，并没有充分的证据表明做作业就必然会提高学生的学业成绩。

（二）国外研究对我国作业设计与实施的启示

1. 明确家庭作业的目的

国外研究者认为，作业的目的不应当局限在书面知识上，还体现在其他方

① LEE J F，PRUITT K W. Homework assignments：classroom games or teaching tools？[J]. The Clearing House，1979，53（1）：31–35.

② 张爱兰. 家庭作业在基础教育课程改革中不容忽视 [G] // 北京市基础教育课程教材改革实验工作领导小组. 课程教材改革实验论文集（2002 ～ 2003）. 北京：首都师范大学出版社，2003：59.

③ 北京教育科学研究院基础教育科学研究所，减轻学生过重课业负担　促进学生健康成长项目组. 减负新探 [M]. 北京：北京出版社，2012：135.

面。我们不能紧盯作业的单一目的，单一的目的就会导致单一枯燥的作业形式，那么学生对于作业的兴趣就会大打折扣。在核心素养要求的大背景下，我们培养的学生不能是只会读书的人，应该是全方位发展的人。作业的形式也应该多样化，比如课堂上学习了地图的绘制，那么课后的作业就可以要求学生自己去探索居住区的特点，绘制专属于自己的地图。这样的作业形式既能巩固课堂上的教学内容，也可以提高学生的观察能力和动手能力。

2. 制订数量和难度合理的作业

一定数量的作业确实可以提高学生的成绩，但是一旦超过临界点就会引起学生的不满，教师一定要把握好布置作业的度。我国从 2000 年开始就陆续出台中小学生作业减负的相关政策，文件中对于中小学生做作业的时间有明确的规定，例如《关于在小学减轻学生过重负担的紧急通知》中就规定小学一、二年级不留书面家庭作业，其他年级的书面家庭作业控制在一小时之内。目前中小学的作业量并不少，尤其是初中生，教师秉持了一贯的题海战术，给学生布置了大量的课后习题，导致很多学生都很头疼写作业这件事，甚至出现了抄作业的行为。因此，教师应该布置有效作业，控制作业的数量，同时针对不同水平的学生采取分层布置作业的方法。根据维果茨基的最近发展区理论，学生独立完成作业的能力不应该在最近发展区之外，超过学生能力的作业起不到提高学习能力、巩固知识的作用。教师在布置作业时可以根据学生的特点分层安排，给学习能力较强的学生布置有一定难度的习题作业，给学习能力一般的学生布置巩固基础的作业。

3. 重视家长在家庭作业中的作用

以往学生在做家庭作业的过程中，家长基本上是一个监督者或督促者，而很少是一个参与者与指导者。国外相关研究有助于家长从观念上改变这一现状。目前，国内外关于家校合作的研究很多，其中家长如何参与到学校教育之中，如何参与到孩子的学习之中，是国内外学者着力研究的课题。家庭作业实际上可以看成学校和家庭沟通的桥梁，家长通过学生的作业情况，可以了解学生在校的学习情况，可以利用闲暇时间督促学生查漏补缺。家长应该转变监督者的身份，变成作业的参与者，这样不仅能够更了解自己的孩子，而且能增进亲子之间的感情。

第三节　我国中小学生作业设计与实施现状

一、存在的主要问题

（一）作业占用时间长

我国大部分中小学生的作业负担都比较重，多数年级作业时间都超过了国家规定的一小时，所以给中小学生减负一直以来都是我国教育界讨论的重点。调研结果显示：54.6% 的小学生和 73.1% 的初中生作业超时。[①] 作业占用时间长包含两方面内容：一是作业量大，完成时间长；二是作业难度大，花费时间长。在作业量方面，教师在传统观念的影响下，认为作业量大有助于知识的巩固，因此较少考虑学生的接受能力。“强调熟能生巧，这在一定程度上反映了教师所秉持和践行的‘刺激—反应’的学习观，将学生学习的过程看作条件反射的结果。”[②] 在作业难度上，教师习惯一刀切，不管什么学习能力的学生接受的都是同样难度的作业，这就导致部分学生并没有独立完成作业的能力。为了完成不适合自己能力的作业，他们会花费大量的时间。

（二）作业类型单一

余本祐等认为作业有四类：阅读作业，如阅读教科书、参考书和各种课外读物等；口头作业，如口头问答、复述、朗读、背诵、解释等；书面作业，如书面问答、演算习题、作文、绘制图表等；实际作业，如实验、实地测量、社会调查、各种技能的训练等。[③] 但是通过了解可以发现，目前我国中小学阶段的作业类型大多是书面作业，形式十分单一，很多学科作业目前仍然以机械抄写作业为主。教师应该在作业设计上多花些时间，布置符合学科核心素养的作业，减少重复作业，提升学生对学科学习的兴趣。教师应该要相信，除书面作业以外，其他类型的作业也可以提高学生的能力，不过多类型的作业给作业评价带来了一定的难度，这也是考验教师的一道难关。

（三）作业针对性不强

目前我国中小学的作业，基本都是一刀切，即同一个班级中的学生每天完

---

① 宋乃庆，杨欣. 中小学生课业负担过重的定量分析［J］. 教育研究，2014（3）：25–30.

② 卢光辉. 试论中小学作业问题的可能解决之道［J］. 课程•教材•教法，2017，37（8）：116–121.

③ 余本祐，单炎林，王士仓，等. 中学教育学［M］. 合肥：中国科学技术大学出版社，1995：301.

成的作业都是一样的，所以班里经常出现“学优生吃不饱，学困生吃不好”的问题。可见，我国中小学的作业大多缺少针对性，而且临时性作业很多。不同学习情况的学生，完成一模一样的作业，对于任何一种类型的学生来说，作用都很小。教师在作业批改上花费的时间是最多的，在作业设计上花费的时间是比较少的。学生都是独立的个体，他们有着不同的教育背景和接受能力，所以教师布置作业的时候应该考虑到这些客观因素，布置有层次、有针对性的作业。

（四）作业评价方式单一

程锦指出，家庭作业反馈过程可分为四个步骤，即家庭作业的查收、批改、评定以及奖励和惩罚。[①] 查收作业是为了督促学生按时按量完成作业。教师通过作业的评价适当给予学生奖励，可提升学生的学习兴趣和完成家庭作业的积极性。目前教师在作业批改上花费的时间很多，原因在于教师基本都是全批全改。此外，教师在作业评价上使用的符号以“√”和“×”为主，学生得到的反馈就是自己哪一道题做错了，哪一个字写错了，至于自己在这次作业上付出的努力，并没有得到教师的重视。单一的评价方式，会让学生无法从作业中得到相应的学习成就感。如果一直持续这种状态，学生很可能对作业的态度就会变得不重视、不认真。教师评价作业的方式除了自己全批全改，还可以借助学生的力量来评价作业，这样既能减少自己的工作量，也可以增加作业上的反馈，让学生能够对自己的问题以及优点有明确的认知。

（五）作业引起家校问题

作业，可以视为现阶段家校沟通的重要途径。家长通过了解学生的作业情况，可以知道学生在学校的学习进度和内容，教师也可以通过作业情况与家长交流学生最近的学习态度。不过，随着网络的大量运用，教师几乎每天都会要求家长通过网络来了解作业内容，并且要求家长检查作业，使得家长与学生之间的关系变得紧张。而一段时间之后，这种紧张的气氛就会蔓延到家庭和学校之间，引起家校矛盾。教师和家长之间在作业问题上互相推卸责任，最终受伤害的是学生。

---

① 程锦. 家庭作业反馈探究［J］. 牡丹江教育学院学报，2015（5）：117–118.

二、“双减”背景下的作业改革

（一）“双减”政策的背景

从 20 世纪 50 年代以来，我国颁发过五次具有代表性的“减负令”[①]，旨在减轻中小学生的课业负担，但是通过近几年国家发布的报告可以发现，学生的学习负担依然很重，这使得中小学生的身心受到了一定的伤害。2018 年我国首份《中国义务教育质量监测报告》显示：四年级学生数学、语文单科平均每天作业时间在 30 分钟以上的比例分别为 33.6%、40.4%，在 60 分钟以上的比例分别为 14.7%、21.5%，在 2 小时以上的比例分别为 4.4%、8.7%；八年级学生数学、语文单科平均每天作业时间在 30 分钟以上的比例分别为 50.2%、45.5%，在 60 分钟以上的比例分别为 19.2%、15.1%，在 2 小时以上的比例分别为 4.6%、3.4%。[②]这项结果仅仅展示了数学和语文两门学科的情况，小学日常学习还包括英语、科学等，初中更是还有历史、地理、政治等学科，可想而知，青少年的睡眠时间被作业挤占了很多。2020 年，习近平总书记在考察陕西省平利县老县镇中心小学时指出：“现在孩子普遍眼镜化，这是我的隐忧。还有身体的健康程度，由于体育锻炼少，有所下降。文明其精神，野蛮其体魄，我说的‘野蛮其体魄’就是强身健体。”除了身体健康状况不佳，青少年心理问题发生率和精神障碍患病率也是逐年攀升。根据中国科学院心理研究所数据显示，2020 年青少年的抑郁检出率为 24.6%，其中轻度抑郁的检出率为 17.2%、重度抑郁为 7.4%。[③]可见，减负已经成了刻不容缓的教育需求。

2019 年 6 月，国务院颁发《关于深化教育教学改革全面提高义务教育质量的意见》。文件中指出：“完善作业考试辅导。统筹调控不同年级、不同学科作业数量和作业时间，促进学生完成好基础性作业，强化实践性作业，探索弹性作业和跨学科作业，不断提高作业设计质量。杜绝将学生作业变成家长作业或

---

① 龙宝新. 中小学学业负担的增生机理与根治之道：兼论“双减”政策的限度与增能［J］. 南京社会科学，2021（10）：146–155.

② 中华人民共和国教育部. 我国首份《中国义务教育质量监测报告》发布［EB/OL］.（2018-07-24）［2021-09-29］.http：//www.moe.gov.cn/jyb_xwfb/gzdt_gzdt/s5987/201807/t20180724_343663.html.

③ 徐海波. “好好的孩子”，怎么就抑郁了［EB/OL］.（2022-01-13）［2022-02-09］.http：//www.banyuetan.org/iy/detail/20220113/1000200033136041642039470882566778_1.html.

要求家长检查批改作业，不得布置惩罚性作业。教师要认真批改作业，强化面批讲解，及时做好反馈。”为了进一步落实作业的改革，2021 年 4 月教育部办公厅又颁发了《关于加强义务教育学校作业管理的通知》，更细致和全面地阐述了新时代背景下义务教育阶段作业改革的要求，特别是对作业的功能、作业量和作业评价等方面有了明确的新要求。在这样的背景下，2021 年 7 月，中共中央办公厅、国务院办公厅印发《关于进一步减轻义务教育阶段学生作业负担和校外培训负担的意见》，涉及学生作业总量和时长、校内课后服务水平、校外培训机构监管、教育教学质量提升、社会配套、试点探索等方面，旨在为中小学生校外学科培训、考试、作业等做减法，其内容细致，贴合实际，堪称“史上最强减负政策”。

（二）作业改革要求

1. 严控作业质量和数量

全面压减作业时长和总量是本次“减负”行动最坚决和最有力的措施。《关于进一步减轻义务教育阶段学生作业负担和校外培训负担的意见》中具体规定：小学一、二年级不布置家庭书面作业，小学三至六年级书面作业平均完成时间不超过 60 分钟，初中书面作业平均完成时间不超过 90 分钟。严格控制作业时间和数量是减少作业负担的直接举措，必须在学校组织层面落实作业管理制度，从根本上保障作业减“量”而不减“质”。“双减”背景下学校作业的实施应该要秉持以下几个原则：第一，要保证作业的有效性，“双减”政策虽然要求减少作业的数量，但是要提高布置作业的质量，尤其是低年级学生，在不允许布置书面作业的前提下，教师不能在作业方面“放养”，应该布置一些有利于养成学生良好学习习惯的作业；第二，要立足本学科的学科特点和学生的学情特点，设计与学生学习水平相适应的作业，在作业中体现学科核心素养，教师们在设计作业时要多下功夫，可以将作业设计融入教研之中，切实提高作业质量；第三，要提高作业可审查性，为保证提质增效的作业减负措施真正落地，需要建立有效的作业教研与监测过程，切实提升教师作业设计能力和积极反馈机制。从学校组织管理入手，循证分析作业时长、设计水平与学业表现之间的作用机制，安排适宜的时长，提高作业质量，发挥校内作业实施效果的最大功效。①

---

① 王晶莹，周丹华，李想，等. “双减”背景下的家庭作业：问题回顾、作用机制分析与提质增效路径选择［J］. 现代远距离教育，2022（1）：57-63.

2. 创新作业形式

目前的作业形式以书面作业为主，作业形式十分单一，内容机械重复，并且作业中以短期作业为主，基本是以一天为一个完成周期，缺少长期作业，也很少有培养学生高阶思维的作业。“双减”政策强调，要以培养全方面发展的学生为方向，学科核心素养是教学的主要目标，因此作业形式应该重新关注学生的特点，激发他们的创造性。跨学科性、探究性和实践性原则是“双减”背景下作业设计的根本要求。对于语文、数学、英语等基础学科而言，作业应当同时提升学生的认知与实践能力，结合统一主题开展跨学科实践作业；科学、劳动、艺术等综合实践性学科的作业更应强调探索性与实践性，鼓励学生在自然和生活情境中体验、实践与创造。除此之外，学校作业的布置要多利用社会上的资源，例如科技馆、博物馆等，多利用新时代的各种手段，结合课内知识，开展利于理解的实践活动和动手作业。每一种形式的作业，都要有与之相符的教育目标，作业的作用不再局限于巩固课内知识，更应致力于培养学生的学习习惯和思维能力。

3. 分层布置作业

班级授课制仍是现阶段我国学校教育的主要模式，虽然各地纷纷采取小班制教学，但是一个班级中仍然至少会有三四十个学生，这样的情况下教师要做到辅导每一个学生，需要在作业布置的方式上进行创新，例如分层布置作业。要实现作业分层，首先就要做到对学生分层。在这里不是说将学生分成三六九等，而是要根据学生学习水平和接受能力的不同，布置不同的作业来激发他们的学习兴趣，提高其内驱力。作业分层背后体现的是教师对学生的了解和关怀。通过分层布置作业，教师有更多的机会可以关怀和鼓励学生，哪怕是学困生，完成符合他们能力的作业时，就能得到教师的肯定，这对于学生的成长有积极作用。作业分层可以从能力分层和内容分层两个维度开展。能力分层指向学生群体能力发展中的纵向层次划分，如教师可以根据授课内容将作业设置为三个层次。基础类作业主要考查学生对基础知识的积累和掌握情况，可以设置单向度、兼具模仿性和稍加变化的题目；综合类作业面向学习能力较强的学生设置，可以设置更具灵活性和转变性的综合类题目，需要学生调动多种要素方能完成；迁移类作业则更注重培养学生的高阶思维能力，兼具开放性与创新性，以适应学生高水平素养发展的诉求。同时，内容分层应体现学科与跨学科的水平分层特征，教师可以根据目标差异将作业分为不同类别，如教师将数学作业分为融合生活情境型、辨析核心概念型、梳理关键方法型、拓展思维能力型四类，将作业内容分门别类以形成自选题库，鼓励学生自主选择。

4. 丰富作业评价

当教师控制了作业的质量和数量后，开始分层布置作业了，作业评价也要做出相应的改变，改变以往简单的对和错的评价，多进行详细的、积极的反馈，会有更好的效果。管理反馈原理认为，反馈能够在因果性和目的性之间建立起紧密联系，而管理有效性的关键在于有灵敏、准确和有力的反馈。作业反馈既要在教学内容上证实或纠正学生原有的认知，在知识点落实上起到巩固强化的作用，更要在学生的学习动机、兴趣、情感、意志等方面发挥内在激励作用，帮助学生认识自我，激发潜能，建立学习自信心，使学生更好地发展。[①] 作业上交之后，教师应及时批阅，但是要注意降低因作业引起的竞争性和评比色彩，在学生作业上多写有效评语，针对不同层次的学生，提出不同的意见，让作业成为师生沟通的途径，在学生学习生活中充当正面的角色。对于非书面类的实践性作业，评价可以在过程中进行，注意观察学生的表现，评价他们能力的提高。除了传统的教师全批全改的作业评价形式，还可以借助学生和家长的力量，用小组评价、家校评价等手段来进行作业评价，这样更能增进教师、家长对学生的理解以及生生之间的沟通交流，提高学生的交际能力。

① 姚娟. 提高作业反馈的有效性［J］. 思想政治课教学，2015（6）：88-90.

第二章

中小学作业设计与实施原理

“双减”政策颁发后，作业成为教育研究者和一线教育工作者最为关注的议题之一。若想设计并实施高质量的作业，我们必须明确这几个问题：作业的价值是什么？作业能实现哪些目标？要本着哪些原则来设计和实施作业？因此本章首先从认知心理学、教育学等多种角度来论述作业设计的原理，其次探讨作业要达到的目标，最后阐述设计作业以及实施作业的原则。

第一节　作业设计的原理

一、掌握学习理论

掌握学习理论是 20 世纪 60 年代后期由美国著名教育心理学家布卢姆提出的一种课堂学习理论，其基本观点是只要给予充足的学习时间，任何学生都能够掌握课堂上所教授的知识。首先，布卢姆认为学生在智力上的差异并不能决定他掌握知识的程度，而只能决定他将要花多长时间才能达到相应的程度。学习能力比较强的学生在较短的时间内就可以掌握所学习的内容，而学习能力比较弱的学生则需要花费相对较长的时间才能掌握相同的学习内容。其次，布卢姆提到教学过程是教师给予学生反馈的一个过程，通过多种形式的测评及时发现学生存在的问题，并使问题得到有效的解决，这样学生就可以逐步达到课程目标所要求掌握的水平。

据此，教师设计的作业要有以下两个特点。一是针对性，每一个学生都是不同的个体，教师要针对每个学生的学习基础、学习接受能力、学习特点设计出个性化的作业。例如，A类题目是基础性作业，班级内所有学生都必须完成；B类题目是拓展性作业，由学习水平中等以上的学生来完成；C类题目是拔高性作业，主要针对班级内学习能力强的学生。这三类作业只是在难度上有所区分，作业所体现的教学目标是一致的。二是契合性，教师设计的课后作业必须结合当堂课所讲授的知识点，通过作业来反映课堂教学的效果。

二、教育目标分类学理论

布卢姆首创教育目标分类理论，他将教育目标分为认知、情感和动作技能三个领域，并且这三个领域是相关的。例如，学生在尺规作图时（动作技能领域），不仅在理解和分析（认知领域），而且感受到所作出图形的美观（情感领域）。布卢姆还将每一领域分为层次不同的亚类和次亚类，目标之间按照一定的逻辑顺序依次发展，逐渐深入，最终实现学生的个性化发展。①

后来，教育评价逐渐发展，安德森等人将布卢姆的教育目标分类学的认知领域进行了进一步的修改和完善。新的教育目标分类学把原版认知领域的六个维度改为记忆、理解、运用、分析、评价和创造。② 每一个认知水平又划分为不同的亚类，具体如下：

认知过程维度表

认知维度	过程类目	认知过程	例子
记忆	再认	从长时记忆中找到与呈现材料一致的知识	目击者再认犯罪嫌疑人，做选择也是再认
	回忆	从长时记忆系统中提取相关知识	回忆历史上的重大事件
理解	解释	从一种呈现形式（如图形）转换为另一种形式（如语言）	用自己的话重新解释一次重要演讲或文件的含义

① 孙亚玲. 布卢姆教学思想述评［J］. 云南教育学院学报，1993，9（1）：43-51，36.

② 安德森 L W，克拉斯沃尔 D R，艾雷辛 P W，等. 学习、教学和评估的分类学［M］. 皮连生，译. 上海：华东师范大学出版社，2007：60-72.

续表

认知维度	过程类目	认知过程	例子
理解	举例	找出一个概念或一条原理的具体例子	给出各种美术绘画的例子
	分类	确定某事物属于某一个类目（如原理或概念）	将考察到的或描述过的混乱的案例分类
	概要	抽象出一般主体或要点	为录音磁带里讲述的事件写一则简短的摘要
	推论	从提供的信息中得出逻辑结论	学习外语时，从例句中推出语法原理
	比较	确定两个观点、客体之间的一致性	比较历史事件与当前的情形
	说明	建构一个系统的因果模型	解释法国18世纪重要事件的原因
运用	执行	把一程序运用于熟悉的任务	多位数整除多位数
	实施	把一程序运用于不熟悉的任务	将牛顿第二定律运用于它适合的情境
分析	区分	从呈现材料的无关部分或不重要部分中区别出重要部分	在数学文字题中区别有关和无关数量
	组织	确定某些要素在某一结构中的适合性或功能	组织某一历史上描述的证据使之成为支持或反对某一特殊解释的证据
	归属	确定潜在于呈现材料中的观点、偏好、假定或意图	根据文章作者的政治观点确定他的观点
评价	检查	发现一个过程或产品内部的矛盾和谬误；确定一个过程或产品是否具有内部一致性；查明程序实施的有效性	确定科学家的结论是否与观察数据相吻合
	评论	发现一个产品与外部准则之间的矛盾；确定一个产品是否具有外部一致性；查明程序对一个给定问题的恰当性	判断解决某个问题的两个方法中哪一个更好
创造	产生	基于准则提出相异假设	提出关于某一现象成因的假设
	计划	为完成某一任务设计程序	设计关于特定历史主题的研究报告
	生成	生产一个产品	为特殊目的而建造一个生活环境

三、强化理论

强化理论是美国著名心理学家和行为科学家斯金纳提出的一种理论。他认为，行为者为了达到某种目的，会依据自身所处环境采取相应行为，当这种行为所产生的结果对行为者有利，此种行为就会反复出现，如果此种结果对其不利，那么这种行为就会减弱或消失，从而达到强化或激励行为者的效果。[①] 强化分为正强化、负强化和消退三种类型，其中正强化是指当某一类行为作用于他人身上，并使得他人产生一种愉快、舒适的感觉时，这种感觉会推动他人重复做出同样的行为。优质的课后作业就起到正强化的作用：一是课后作业与课堂上所学的知识有关联性，学生能通过写作业及时地发现自己在知识点、学习技能等方面存在的不足之处，进而加以改正；二是当学生所做的作业得到了教师及时的好评，学生今后一定会更加热爱做作业。

四、建构主义学习理论

建构主义学习理论的代表人物是瑞士心理学家皮亚杰，其核心观点如下：知识不是一成不变的，是伴随着学习者的认知程度或者所处情境的变化而不断改变的；学生的原有学习经验不容小觑，其对建构知识有一定积极作用。从学习观的角度来讲，学生学习的过程是在自己已有经验的基础之上建构学习内容的一个过程。从学生的角度来讲，建构主义强调学习不是孤军奋战，而应是共同体的行为，不论是教师和学生，还是学生和学生，都可以互相表达、交流、探讨对某些问题的看法。

因此，作为新时代的教师，在设置课后作业时要做到：充分考虑到学生的原有知识积累，鼓励他们运用已经掌握的知识去解决作业中的问题；注重师生、生生在完成作业时的互动与交流，如教师可以提供交流合作的平台，作业内容紧贴现实生活，提高作业的适用性；以最基础的知识点为起点，依据学生的个性化特点，设计出在学生最近发展区内有一定挑战性的作业；帮助学生梳理并完善整个知识体系，使作业走在学习的前面。

---

① 余钦. 斯金纳强化理论对高校学生干部培养的启示［J］. 学校党建与思想教育，2020（4）：81–83.

五、最近发展区理论

最近发展区理论由苏联著名心理学家维果茨基提出，该理论认为学生的认知发展过程有两个水平：一是学生原有的知识水平，即之前学习经验累积达到的高度；二是学生通过教师提供的“脚手架”或者经过自己的努力能够达到的高度。这两个水平之间的高度差就是最近发展区。依据最近发展区的观点，教师在开展作业设计与实施时，要着重关注不同学生的既有水平。学生之间也有个体差异，既有水平也不一致，因此教师可以对作业进行分层设置，满足不同水平的学生的需求。另外，设计的作业难度要在每个学生的最近发展区之内，不能让学习成绩好的学生骄傲自满，也不能让学习成绩差的学生感到挫败与气馁。

六、人本主义

人本主义强调学习过程中人的价值，认为学习要尊重人的主体地位。“以人为本”是指把学习者视为学习活动的主体，重视学习者的意愿、情感、需要和价值观，更关注学生的全面发展。人本主义教育更加关注人，关注人的需要，关注人的价值，关注人的生存，关注人的发展的观念。做作业的主体是学生，所以作业从设计到实施都应该考虑学生主体，作业的存在不应该是为了教师或者家长，不应该被“写作业就是为了提高学习成绩”这样的功利想法左右。以学生为本，才能更好地遵循人本主义的初衷，使作业最终成为有利于学生发展的工具。

七、多元智能理论

多元智能理论是加德纳于 1983 年提出的，该理论认为智能就是那些解决问题、寻求特定问题的答案以及迅速有效地学习的能力[①]。就其基本结构来说，智能是多元的，每个人身上至少存在七项智能，即语言智能、数理逻辑智能、音乐智能、空间智能、身体运动智能、人际交往智能、自我认识智能。加德纳认为每个学生都有自己的优势智能，教师不能用一种智能的高低去判断学生优秀与否，更不能因为分数不理想就否认一个学生的能力。当一个学生的记忆能力

① 加德纳. 多元智能［M］. 沈致隆，译. 北京：新华出版社，1999：14.

不是很强时，也许动手能力优于其他学生，这给我们目前的作业设计很大启发。教师在布置作业时应该考虑不同学生的能力和需求，丰富作业的形式，不应该局限于书面作业，实践作业也应该得到重视，在课外作业的设计上要区分对待，让不同的学生都能得到发展。

八、杜威“从做中学”的核心原则

20 世纪，面对社会进步、科技发展对公民素质提出的新要求，杜威对传统学校中盛行的静听式教育进行了激烈的批评，他指出这种把知识当作货物来传递的方式，与生活是隔离的，造成了极大的浪费，因为“儿童完全不能把在校外获得的经验完整地、自由地在校内利用；同时另一方面，他在日常生活中又不能应用在学校学习的东西”①。从学校与社会的关系角度来看这样的教育不能培养社会发展所需要的“有用的好人”②。

新时代核心素养的培养目标，要求学校培养的是全面发展的人，不仅能够学会学习，更要有一定的实践能力，这给作业实践的启发就是教师在进行作业设计时要丰富作业的形式，除书面作业以外，还要加强对实践作业的重视。多种形式的作业能够让学生在做作业时有不同的体会和收获，更有可能从作业中找到自己的兴趣爱好，为接下来的人生之路找到目标方向。

九、因材施教原则

因材施教原则具有悠久的历史，我国古代思想家程颐评价孔子的学生“子游能养而或失于敬，子夏能直义而或少温润之色，各因其材之高下与其所失而告之，故不同也”③，这充分体现了因材施教的思想。因材施教是教学中一项重要的理论方法，即教师在教学中根据不同学生的认知水平、学习能力以及自身素质，选择适合每个学生特点的学习方法进行有针对性的教学，发挥学生的长处，弥补学生的不足，激发学生学习的兴趣，树立学生对学习的信心，从而促进学生全面发展。

---

① 杜威. 学校与社会·明日之学校［M］. 2 版. 赵祥麟，任钟印，吴志宏，译. 北京：人民教育出版社，2005：58.

② 杜威. 民主主义与教育［M］. 王承绪，译. 北京：人民教育出版社，2001：378.

③ 姚淦铭. 论语智慧［M］. 济南：山东人民出版社，2011：174.

因材施教对教育的启示为教师要从学生的实际情况、个别差异出发，有的放矢地进行有差别的教学，使每个学生都能扬长避短，获得最佳发展。然而，在不同的学习场合，不同类型、不同能力水平学生的学习表现是极为复杂的，需要教师凭着自己的经验和智慧灵活地设计因材施教的方法。因材施教的前提是善于发现每一个学生的闪光点，例如成绩不理想的学生，可能精通体育、绘画、书法等领域，当教师布置作业时，可以提供多种完成形式，给这些学生展现自我的机会。

因材施教对教师有较高的要求，教师首先要了解学生的性格特点、兴趣爱好和能力差异；其次要善于组织开展各种形式的活动，让学生有施展自己才华的舞台；最后要及时进行针对性评价，让学生有获得感和自豪感。

十、协商民主理论

协商民主理论于20世纪后期受到西方学术界许多学者的关注，该理论将协商视为一种平等的面对面的交流形式，强调民主平等，反对压迫和强制，参与者通过沟通、协商达到思想上的一致。当前作业中存在“霸权”现象，学生处于被支配的地位，而协商民主理论倡导师生关系民主平等，这也符合基础教育课程改革的需要。作业的重要作用不仅仅在于使学生巩固所学知识，还在于使学生提高生活技能和保持积极的对待生活的态度，这需要培养学生良好的交际能力。而实现作业的价值，达到所期待的要求就需要学生亲身参与到作业当中，教师将部分权力分享给学生，让学生成为作业过程的主体，师生之间相互尊重，这正是协商民主理论所强调的。

十一、快乐教育理念

把快乐和教育相结合从古至今都被中外教育家重视并且实践着，但是真正把快乐教育作为一种理论则始于斯宾塞。他通过自己大量的教学实践和心理学研究证明了在快乐状态下孩子的学习效果最佳。快乐教育理论体系的建构主要包括三大要素：“快乐地学”“快乐地教”和“快乐的教学互动”。可见，快乐教育理念所要达到的境界就是“培养快乐的人”。

以快乐教育理念为指导的作业设计，追求的是让学生感受学习的快乐，让学生在快乐中完成学习任务，以及用兴趣引导学生快乐地求取知识。这里的

"快乐"主要指的是情感享受和精神愉悦，它是自由的、积极的和享受的，但是也并不排斥意志努力。这种基于学生兴趣的作业设计就是以激发学生的快乐情感为主旨，强调作业设计要体现趣味性、愉悦性、和谐性、开放性和发展性。

十二、活动中心课程理论

活动中心课程理论的基点在于：学生认知结构的形成和发展，是在个体已有的知识经验基础上，通过个体独立探索和群体合作交流相结合的实践活动实现的。而活动中心课程理论的基本特征表现在：第一，主张一切学习都来自经验；第二，主张学习必须和个人的特殊经验发生联系；第三，主张打破严格的学科界限，有步骤地扩充学习单元和组织教材，强调在活动中学习，教师从中发挥协助作用。

这就启发教师可以设计各种形式的活动，使学生通过活动获得经验，培养兴趣。此外，所设计的活动应与学生的生理和心理直接相关，避免出现让学生无法吸收和融入的问题。

十三、养成教育理论

养成教育是指培养学生自觉的学习习惯、健康的学习倾向和良好的学习态度的一种综合性的教育活动。它强调从行为训练入手，对学生进行认知和做人方面的基本行为规范教育。养成教育将学生的行为模式及行为水平从方向上划分为良好和不良行为习惯；从方式上划分为定型性和非定型性行为。而教育的作用就是努力提高学生行为水平的档次，引导学生爱学、会学。

据此，作业设计要具有序列性，培养学生掌握科学方法是一个由浅入深、由近及远的过程；作业设计要细致化，作业要求要明确、具体，便于学生理解、掌握和执行。

十四、信息加工学习理论

信息加工学习理论认为，学习主要是学习者与环境之间的相互作用所产生的一种结果，即学习者对来自环境刺激的信息进行内在的认知加工的过程。典型的信息加工包括信息的输入、编码、储存、提取和输出。信息加工学习理论关注的是学生如何根据认知模式选择和处理信息并做出适当的反应，重视个人的知识获取过程。

据此，作业的设置应以组织化的方式呈现，要符合学生的认知加工过程；作业的设置要做好对学生作业行为及时反馈的准备，从而达到强化学生行为的目的。

第二节　作业的目标与定位

一、目标具有完整性

在“双减”的背景下，作业的目的不能仅仅是帮助学生理解、记忆与巩固课堂所学的内容，提高学生的学习能力，还应该着眼于实践经验与知识经验的平衡关系，走出“唯知识”和“唯技能”的误区。布卢姆的教育目标分类学把教育目标分为认知、情感和动作技能三个领域，那么教师设计的课后作业目标也应该集知识、技能、方法、情感态度与价值观于一体。

以“升华和凝华”这一节物理课为例，本节课的教学目标是：（1）通过观察碘的升华与凝华的过程，霜和雾凇的产生过程，能简单描述观察到的升华和凝华现象的主要特征，了解升华吸热，凝华放热；（2）能解释生活中常见的升华、凝华现象，加深对升华和凝华的认识，提高学生语言表达的准确性和解决实际问题的能力，激发学生的学习积极性；（3）了解水循环过程的三态变化，培养学生关心环境和节约用水的意识。作业设计如下：（1）总结学习过的六种物态变化及生产生活中六种物态变化的现象，并将相关知识点以知识树或思维导图的形式呈现出来；（2）了解全球和我国水资源的现状，调查学校和家庭的用水情况，设计一个节水方案。

二、目标具有育人性

教学以育人为导向，作业作为教学全过程的环节之一，其本质功能也必然是以育人为目标，即培养德、智、体、美、劳全面发展的人，充分挖掘学生的潜能，发展学生的综合素质与能力。作业是否能促进学生全面发展，不能以学生完成作业数量的多少或者考试成绩的高低来衡量，而应该以作业是否能在真正意义上促进学生在认知观念、情绪情感、思维模式、行为表现等多个层面的成长与发展为准。以“孝敬父母”这一主题为例，教师在设计作业时，可以采用小组合作的形式，4个人为一组，共同搜集并整理归纳孝敬父母的感人事迹和动人歌曲，在下次上课时，每组选出一名同学到讲台上展示本组的作业成果。再给学生一周的时间，让他们利用自己的闲暇时间为父母做一顿饭或者给父母揉揉肩膀等。这样的作业首先会激发学生的兴趣；其次在搜集资料的过程中不仅培养了学生搜索信息的能力和口语表达能力，而且学生的美感也得到了进一步提升；最后，学生通过一系列活动，能从心底真正地体会到父母的不容易。

三、目标突出品质性

首先，作业可以达成即时学习的目标。即时学习就是在日常生活中随时随地学习，表现为：一是当下存在不懂的问题要及时地加以解决，这是即时学习最基本的要求，也是一种宝贵的学习精神；二是随时向身边的人请教，“三人行，必有我师焉”；三是及时查缺补漏，培养反思的良好习惯；四是善于观察和思考，随时记录所感所想。课后作业的内容和课上讲授的知识具有契合性，学生做作业就是在巩固所学的知识点，如果有困惑，学生能够及时发现并在教师的帮助下解决。

其次，作业的设计有利于培养学生自主学习的良好习惯。元认知理论强调自我意识、自我监控与自我调节的能力。当教师给学生布置作业后，学生由于对自己真实的学习水平有清晰的认识，因此能够根据作业内容的难易程度和作业数量的多少合理地安排做作业的时间和进程，并及时地调整学习计划，对学习结果进行总结与反思。此过程能促进学生自我调节，让学生成为学习的主人。

最后，作业有助于学生担当责任、不怕困难等意志品质的养成。一方面，学生在做作业的时候难免会遇到各式各样的问题，当学生在遇到这些困难时，不退缩，不气馁，能够调节自己的情绪迎难而上，当学生经过自己的努力克服这些困难后，一定会感受到成功的喜悦，获得自我效能感；另一方面，写作业是检验学习成果的一种方式，学生按时完成作业是对自己负责的表现，每天都完成作业，日久天长就养成了良好的学习习惯。

第三节　作业的原则

一、作业设计原则

（一）方向性原则

2014年教育部印发了《关于全面深化课程改革落实立德树人根本任务的意见》，提到要进一步提升数学、科学、技术等课程的育人价值，实现全科育人。教师要以培养学生的核心素养为目标去设计作业，要坚持立德树人和以学生为本，科学合理地设计作业。从教师教学的角度来看，作业是检验课堂教学效果的主要方式，优质的课后作业能提高教学质量；从学生学习的角度来看，优质的课后作业能使学生找到所学知识的盲区，有助于学生学业的进步；从育人的角度来看，口头作业、书面作业与实践作业相结合，独自型作业与协作型作业相结合是培养学生人文底蕴、社会参与、科学精神、学习能力、责任担当、健康生活六大核心素养的重要路径。教师在进行作业设计时要充分认识到，完成作业的过程也是学生自主学习的过程，在此过程中，科学合理的作业目标、题量适度的作业内容、灵活恰当的作业形式，都关系到学生综合素质的培养效果。完成作业的过程，也是让学生训练和养成恪守诚信的道德操守、坚持不懈的意志品质、善于合作的团队精神、敢于担当的责任意识等优秀品质的过程，同样具有不可低估的育人功能和落实立德树人根本任务的实践意义。

（二）针对性原则

作业不应该成为延长教学时间的一种方式，它应该是教学环节中的一个重要组成部分。教学的目的在于促进学生的发展，每个学生都是发展中的人，而且都是具有差异性的独立个体，因此教师切勿盲目设计作业，要结合每个学生的个性特点、优势与劣势，有针对性地设计作业。这种设计作业的方式使学生在完成相应作业后，自我效能感得到极大的满足，在教学过程中发挥更加有效的作用。

例如青岛版（五四制）数学五年级上册“包装盒——长方体和正方体”这一节课的作业设计如下，知识基础相对薄弱、学习能力相对较弱的同学做A类题目：一个长方形箱子的长是7厘米，宽5厘米，高3厘米，那么制作这个箱子需要多大的纸？如果想把这个箱子装进一个柜子里，那么这个柜子至少有多大的空间？有一定的知识基础、学习能力一般的学生完成B类题目：一个长方形箱子的总棱长为84厘米，其中长为9厘米，高为5厘米，问这个长方形的体积是多少？基础知识水平相对较高、学习能力较强的学生完成C类题目：若一个长方体箱子的底面周长是26厘米，底面积是40平方厘米，体积是80立方厘米，则它的表面积是多少？

（三）开放性原则

作业要本着开放性的原则进行设计。开放性一是内容开放，指不局限于课堂、书本上的知识，可以拓展到和学生的真实生活以及社会环境紧密结合的经验与内容，如可以通过让学生检查一封书信内容的错误来检验学生对“面积单位”“年、月、日”等相关知识的掌握程度。二是问题开放，即作业的题目是开放性问题，学生可以根据已知条件，自己提出问题并解答。三是思路开放，即一题多解。四是形式开放，作业的形式不局限于纸质作业、习题作业等传统方式，可以采用小组合作式、自我探索式、亲子游戏式等实践形式，多主体共同参与，使教师、学生、家长之间的默契逐渐形成，更加有利于学生在学习上的发展与成长。

（四）探究性原则

探究性也是设计作业的原则之一。学生汲取知识的过程就是一个逐渐探索的过程，因此教师在设计作业时，也要本着探究性的原则来满足学生的求知欲。探究性作业可以以课前预习、课上探究与分享、课后指导的形式来布置。例如学习道德与法治这门学科，在课前让学生观看相关视频、阅读相关文字资料，培养学生的自主学习能力和搜集信息的能力；在课堂上让学生分享各自的探究成果，并且教师也可以设计探究性作业，这些作业以“锚”的形式出现在课堂上能够激发学生的探索欲和求知欲，也可以让小组同伴之间进行合作与讨论，这样既能提高学生沟通与协作的能力，也能提高学生分析问题、解决问题的能力；课后教师指导学生完成调查报告，让学生将书本上的知识和社会实际相互关联，全面地提升自身素质。

（五）创新性原则

学生都是具有差异性的个体，因此教师要考虑不同层次学生的发展需求，按照学科核心素养的要求设计作业，培养学生观察、分析、实践、创造、综合等能力。要努力改变作业的老面孔，减少枯燥乏味的抄写，减少漫无目的的题海战术，构建实现课内外联系、校内外沟通、学科间融合的作业设计体系。让学生从课内走向课外，从书本走向生活，在完成不同类型的作业的基础上，有不同程度的收获，并在完成作业过程中，学会与他人合作，学会学以致用，学会在实践活动中检验知识，获得全面的发展。

二、作业实施原则

（一）整体性原则

“双减”背景下，为了减轻学生的作业负担，同时不延误学生的学习进程，不降低学生的学习成效，作业要本着整体性的原则来实施，从整体上统筹规划作业，要面面俱到。一方面，作业的实施要注重整体教学质量的不断提高，把握所学知识的本质；另一方面，要尊重和促进学生全面且具有个性的发展。作业的目的就在于“育人”，学生都是处于发展中的人，可塑性强，所以作业可以从德育、智育、体育、美育、劳育这几个方面来实施，真正实现对马克思主义“人的全面发展”思想的继承和深化。另外，在实施环节也要讲求整体性，从作业的设计到作业的反馈必须形成一个完整的闭环模式：

作业实施的环节

（二）科学性原则

良好的作业实施要更加追求科学性，只有科学合理地实施作业才能切实发挥作业的育人功能。首先在实施阶段，应该精准设计每一道作业题目，使每一道题目都可以凸显知识点，题目的背后能渗透各学科核心素养，还要根据学生的发展特点和知识水平，有层次、有区别地设计作业，不搞“一刀切”模式。其次要对作业进行科学性的诊断。一是课堂上订正和课堂下修改相结合，课堂上订正能够让学生及时地认识到自己的问题所在，且在教师的指导下找到问题的根源并寻求最佳解决办法；课堂下修改是可以充分发挥教师的督促作用，既节约时间又能使效率最大化。二是教师批改和学生批改相结合，批改作业在本质上也是学习的一种形式，无论是教师还是学生都是以独立思考者的身份去诊断每一份作业，在批改作业的过程中能够培养自身严谨的学习态度和独立思考的能力。三是重点批改与全面批改相结合，教师应全面地了解并知悉学生的学习情况，有针对性地对疑难问题进行重点批改与解决。最后就是做到高效讲评，教师要从学生完成作业的真实情况出发，采取科学合理的评价方式。如对于大多数学生都会出现的普遍性问题以及典型性错误，教师可以集体讲评，既省时又高效；对于一些出现在少部分学生作业中的错误，教师应该依据实际情况对其进行部分讲评；当个别学困生对学习感到吃力时，教师要个别讲评，才更加具有针对性。总之，作业的实施要讲求科学性，才能科学育人。

（三）合作性原则

若想有效实施作业，离不开实施的两大主体：教师和学生。作业实施过程中要逐渐加强师生和生生之间的合作与互动。每个学生都是不同的个体，由于受教育的背景不同、知识水平不同，看待同一问题的角度和方式就会存在差异，因此通过学生群体的交流与合作能拓宽学生的视野，丰富各自的知识面。从教师的角度来讲，教师可以改变自身角色，从评价者、安排者变成合作者。教师不妨走近学生群体，在学生做作业的过程中，发现学生的潜力，积极引导，促进师生共同发展。

（四）层次性原则

受智力因素和非智力因素的影响，学生的学习风格、认知水平、对知识的接受程度都存在一定的差异，因此教师应该全面了解学生，掌握学情，然后分层次地选择作业的内容、作业的难易程度和作业的数量来满足不同学习层次学生的个性化需求。分层分类地实施作业可以让所有的学生在不同学习基础上都得到一定的发展与提升。

（五）及时性原则

给予学生及时的作业反馈有助于推动作业的有效实施。作业既可以反映教师的教学成果，也可以反映学生的学习成果，因此及时反馈尤为重要。教师及时地将作业进行批改与纠正，可以了解学生对课上知识点的掌握程度并找到教学过程中出现的纰漏；如果不及时给予学生反馈，学生就不能在第一时间认清自己在某些知识点上存在的问题，那么有可能导致学生因为某些细小的、模糊的知识点而耽误了后面大模块知识点的学习，更重要的是会降低学生的学习兴趣。

以“不等式的基本性质”教学内容为例，学生在学习“如果 $x>y>0$，

$m>n>0$，那么 $xm>yn$”性质的时候，不少学生往往会忽视 $m>n>0$ 这个条件。对此，教师应该及时对学生做的作业进行反馈，先引导学生认识到自己的错误，然后将 x、y、m、n 进行赋值，让学生发现规律所在，加深对该性质的理解。当学生理解这个条件之后，再用一些例题引导学生进行比较，让学生在实际练习中及时加深对此性质的理解。

第二章

中小学作业设计与实施策略

作业作为课堂教学的延伸，是帮助学生巩固知识、提高能力、促进发展的重要路径，也是推动“双减”政策落实的具体路径。而作业设计质量与作业实施效果则是衡量作业活动的重要指标。本章以增强作业效果，使作业真正达到促进学习、改善教学的目标为目的，将作业活动分为作业设计、作业布置、作业批改、作业诊断、作业讲评以及作业反馈六个环节，围绕如何进行高效的作业设计与实施这一问题，进行基于“双减”背景下的作业设计与实施策略研究，并提出作业活动六个环节的有效策略，以提高作业设计与实施的质量。

第一节　作业设计策略

教师应该以学生实际情况为基础，以学生需要为原则，以促进知识掌握为目的，以提高学生完成作业的兴趣为宗旨，对作业进行有效设计。

一、多样化设计

多样化的作业可以提高学生内驱力，激发其学习热情。教师在进行作业设计时，可以尝试下几种形式。

（一）书面类作业

书面类作业是最基础、最普遍的作业形式，往往应用于基础知识的巩固，及基本技能的提升与练习。教师在设计这类作业时，要选择具有典型性和启发性的内容，并在其中加入调动学生思维的元素。

（二）行为类作业

行为类作业包括知识应用型、探究体验型、实践操作型及设计创新型作业。知识应用型作业多运用于基础知识的巩固与提高，其目的是帮助学生内化知识，引导学生将知识运用到现实生活中，加深对所学知识深度与广度的认识，真正实现知识的迁移与应用。探究体验型作业和实践操作型作业可以作为前置类作业或者是课堂内作业，这两种作业类型都强调学生自己动手探索，要求学生探究知识形成的路径，寻求知识的本质，要求学生在任务的驱动下去探究与操作，在实践中赋予知识意义，实现对知识的理解与内化。设计创新型作业则往往作为提高型作业出现，在设计这类作业时，教师要提供丰富的学习资源，要以学生的最近发展区为基础，通过设计具有挑战性的任务，达到拓展学生思维、激发学生想象力与创造力的目的。

二、趣味化设计

教师进行趣味化作业设计，可以提高学生完成作业的自觉性，提高其对作业的兴趣，从而主动去探索、追踪、解决、求知，并以积极的态度将所学知识进行内化和实践。

那么教师要如何设计作业，增加作业的趣味性呢？首先，教师要遵循学生的身心发展特点。例如，结合小学生较强的表现欲以及对游戏的喜爱度，教师将作业和游戏结合，可以有效调动学生写作业的兴趣，提高学生对知识的运用能力。其次，教师在设计趣味性作业时，除考虑学生特点以外，还要兼顾课程的要求。例如，在语文学科中，教师在进行生字识记和单元字词复习时，可以将作业设计成汉语拼写竞赛，结合字词特点开展猜字谜游戏，针对具有一定知识积累的高年级学生还可以设计成语接龙等活动。除游戏这种作业形式以外，教师还可以基于学生丰富的想象力进行作业设计，比如让学生根据课文续写故事、改编故事，也可以让学生分小组将大家创作的故事排成小话剧进行表演。通过类似的作业设计，教师不仅实现教与学、玩与学的有机结合，而且解放了学生的思维，给学生更多自由，使他们从趣味性作业中获得知识与成功的体验。于教师而言，这在一定程度上也减轻了自己的教学负担。

三、层次化设计

教师在进行作业设计时，要尊重学生的差异，并根据学生不同的学习水平，进行层次化作业设计。教师进行设计时可以参考以下几种设计方法。

（一）分层作业设计

分层作业以作业量和作业难度为两个基本维度进行设计。首先是对作业量进行分层，即学生根据自身情况来选择作业量。对于学优生来说，过多的基础性习题是画蛇添足，他们可以尝试完成提高型习题；学困生可以多选择一些基础性习题来巩固知识，夯实基础。其次是对作业难度进行分层，按照知识结构的难易程度将作业分为几个问题，保证每一项作业的独立性，让学生可以根据自身情况进行自由选择。

（二）弹性作业设计

弹性作业就是教师将作业设计分为两部分：一部分是基本数量的题目，这部分习题是所有学生都必须完成的；另一部分是拓展类题目，这类作业难度更高，教师可以提前布置，给学生一段时间去完成。

弹性作业的优点就是学生在完成作业的过程中有更大的自由，学生完成作业的时间、难度和数量都比较灵活，在作业完成的过程中更具主动性，从而可以根据自己的情况制订作业计划。但是，弹性作业亦有不足之处：一方面，弹性作业会增加教师的工作量，因为教师需要对作业进行分类，而且学生每天上交的作业存在差异，这就需要教师花费更多的时间进行统筹；另一方面，弹性作业对学生的自觉性要求较高，自制力较差的学生可能会出现作业堆积过多、无法完成的情况。

四、科学化设计

科学性是作业设计质量高低的重要指标，决定了作业的有效性。教师进行科学化的作业设计要从以下四个方面入手。

第一，教师在进行作业设计时要关注自己是否基于课程目标来整体设计作业目标，即要思考以下几个问题。

（1）作业目标是否具有传递性。作业目标不只要与课堂的教学目标相关，还要依循递进原则，与单元目标、课程目标吻合。

（2）作业目标是否具有选择性。同差异性作业一样，作业目标也要满足不同层次学生的需求。

（3）作业目标是否具有诊断性，是否具有可检测性，教师是否可以从中得到学生学习情况的反馈。

（4）作业目标是否全面。作业不仅应该反映学生对知识的掌握情况，还应该体现学生的情感态度和价值观状况。

第二，教师在进行作业设计时，要注意作业内容是否同作业目标一致。这并不是要求教师在对作业内容进行设计时就明确提出作业目标，作业目标可以在作业设计过程中明确，也可以在设计完成后再进行不断完善。当作业设计完成后，教师要对作业内容和目标做一致性分析。作业内容和作业目标并不是绝对的一对一关系，也可能是一对多的关系。王月芬在其论文中设计了作业内容和作业目标一致性分析表，教师可以参考该表进行一致性分析。①

作业内容与作业目标一致性分析表

作业内容（或题号）	对应目标（或目标代码）	判断		
		作业内容与目标完全一致	作业内容与目标部分一致	作业内容与目标完全不一致

第三，作业各关键要素要具有内在结构性。这些关键要素包括作业功能，作业目标，作业辅导，作业信息化等。教师在进行作业设计时，要对各要素进行整体把握，保证其内在结构性。

第四，作业内容要体现纵向整体性。所谓纵向整体性包括两个方面，一方面是在时间上体现出来，比如说一周作业，它体现作业在时间上的延续性；另一方面是在某个学段或学期的作业设计。二者都要求教师在设计作业时，将其置于所有作业之中，思考其在整体中扮演的角色。

① 王月芬. 课程视域下的作业设计研究［D］. 上海：华东师范大学，2015.

五、生活化设计

作业设计生活化要求教师在作业设计时要拓宽视野，不能局限于知识在习题中的运用，更要考虑知识在学生日常生活中的作用，要丰富知识的内涵，让作业融入学生真实的生活世界，引导学生在作业中感受、体验知识的力量，从而获得完成作业的乐趣。那么，教师如何对作业进行生活化设计呢？可以从以下几个方面入手。

第一，所谓作业设计生活化，就是教师在作业内容中加入日常生活中的事物。教师要注意平时日常生活中可以运用到作业中的点点滴滴。比如，在数学学科中，在教授长度单位时，教师可以让学生量一量教室里各种物品的长和宽；教授价格单位时，让学生去逛超市，看看各种商品的价格；教授净含量时，让学生去看看自己家里米、油、盐的含量。借助生活中的事物，既达到巩固知识、夯实基础的教学目的，也达到开阔视野、拓展知识的目的。

第二，所谓生活化设计，就是在作业中加入生活情境，以知行合一为设计理念，以开放性原则为依据，以实践性为作业特点，以满足学生需要为目的，引导学生在观察和实践中学习知识，做到理论与现实的统一，使抽象的知识具体化，赋予知识以生活的意义。比如，学生学习了元、角、分的计算后，教师可以给学生固定的金额，让学生自己去超市购买东西，使他们在具体的生活情境中应用所学知识，体会数学与生活的联系。作业设计生活化在激发学生学习主动性的同时，培养了学生分析问题、解决问题的能力。

第二节　作业布置策略

一、差异性布置

第一，教师要了解每个学生的实际情况，包括其对所学知识的接受程度、可以接受的习题难度情况。学生有不同的解题思路和思维方式，因此教师在布置作业时，可以将作业内容划分为必做题和选做题。选做题是根据学生不同的情况设置的，教师对选做题不作统一要求；在作业数量上，将定量转变为弹性；在难度上，做了弹性化设置。将“苹果”依据学生的不同情况，挂在每个学生蹦一蹦都可以够到的高度上，使普通学生可以巩固基础知识，学优生也可以根据需要提高能力，避免了“学困生吃不到、学优生吃不饱”的情况出现。每个学生在面对作业时都可以保持从容不迫的心态，这也是学生主动完成作业的因素之一。

第二，教师要思考如何对作业进行差异性布置。教师可以将作业划分为预习型作业、练习型作业以及拓展创造型作业。预习型作业就是要求学生在本节课的基础上，对下一节课的知识进行预习，难度不大，以基础知识为主。教师在设计练习型作业的时候要把难度控制在全体学生的平均水平，这是最简单的一类作业，是学生进行预习和拓展的基础，其目的是巩固学生课堂所学的知识。最后一类拓展创造型作业，针对的是中等生及学优生。教师在布置时提醒学生量力而行，这样不管是处于哪个层次的学生都可以得到锻炼。教师根据不同情况布置这三类差异性作业，培养学生对作业的积极态度，让不同层次的学生都有发展，有进步，真正实现因材施教。

二、多样性布置

教师可以从作业形式入手进行多样化布置。作业形式有很多种，可以将作业简单分为探究性作业、调查研究型作业、操作体验型作业、实践应用型作业和开放创造性作业等，教师可以根据所教授的知识的特点和学生需要进行选择。

以数学学科为例，探究性作业包括写数学周记、写数学小论文和探究性小课题等。数学周记可以用来记录单纯的数学知识与其他学科的联系，比如在学习勾股定理后，可以让学生搜集有关的历史故事、应用实例等，并据此进行心得写作。这种方法不仅可以加深学生对有关数学定理的理解，而且对学生历史素养的提升和价值观的培养有重要作用。探究性小课题的布置需要教师进行严谨的作业设计。比如教授了有关图形平移与旋转的知识后，教师可以根据校园建设的需要，让学生写一份关于 1000 平方米的新活动区域的设计调查稿，在此过程中有关于测量、图案、材料等信息的获取与处理可以让学生受益。教师还可以根据教学内容，有目的地布置一些调查研究型的作业，比如在学习了“统计”一课后，教师可以提出问题：本校学生的午饭情况是怎样的？有多少同学在校吃？有多少同学回家吃？在这种情况下，有的同学根据自己的观察进行猜测，有的同学说不知道，也有一部分同学会提出直接去调查。对此，教师就可以进一步布置作业，让学生对全校同学的午饭情况做统计，并分析制作成统计调查表。布置调查研究型作业不仅可以锻炼学生的实际操作能力，而且可以赋予所学知识生活化的意义。对于操作体验型作业、实践应用型作业以及开放创造性作业，教师要视实际情况与现实需要而定。对多种作业形式的实践应用，不仅可以提高学生的学习主动性，而且可以培养学生解决问题和动手操作的能力，对学生的综合素质培养有积极作用。

三、作业内容精简化布置

“减负”一直是教育领域的关键词，教育教学的实践表明，学生课业负担过重是影响其综合素质提高的重要因素，而对学生课业负担进行追踪，会发现作业冗杂、题海泛滥、作业缺乏典型性是造成学生课业负担重的重要原因。

实现作业布置的精简化，教师应该考虑以下几点。

首先，教师要注意作业的“质”。作业内容涉及的知识点应该是学科的核心部分，做到所选择的知识点具有全面性、系统性和典型性。在对知识的选择上遵循由易到难、循序渐进的原则，在对知识进行设计的过程中体现启发性和巩固性原则，既要避免滥竽充数，又要避免刁钻怪偏。

其次，作业内容精简，教师的作业量也要进行精简。具体的作业时长，应考虑学生的学习能力、所学具体内容以及年龄等情况，教师要根据实际情况进行安排。教师布置作业时，要减少不必要的练习，精心选择辅助材料，以实现为学生布置具有高质量的、典型性的作业的目的。

四、作业形式合作性布置

合作是学生在校阶段必须习得的基本能力之一，是学生进行社会化的必要途径，培养学生的合作能力，还有利于促进他们的语言表达能力、动手操作能力、人际交往能力等多项能力的提高，有利于其综合素质的培养。同时，学生小组合作的过程，也是学生之间相互促进和相互监督的过程，学生在进行合作的过程中，对知识的学习可以实现“1+1>2”的效果。因此，教师在布置作业时，要有意识地布置合作性作业。

小组合作作业的形式多种多样，教师要根据课程要求和学生年龄特点进行选择。例如在语文学科中，学生学习了《桃花源记》后，为了让学生对陶渊明有更全面的了解，进而对课文有更深刻的认知，教师可以给学生布置小组合作的作业，让学生以组为单位，收集资料，做关于陶渊明的人物专题 PPT，最后组内选择代表展示小组合作成果。在这过程中，学生不仅达成了对知识的掌握与升华，也提高了自己的沟通交际能力、口语表达能力及团队合作能力，实现了更高层次的作业效果。

第三节　作业批改策略

作业批改是整体作业链中的一个重要环节，是检验学生课堂学习效果的重要途径，是师生进行交流的形式之一。随着新课改的推进及新的教育模式与理念的推行，作业批改策略朝着多元的方向发展。

一、多样化批改方式

（一）面批式批改

面批，顾名思义就是教师和学生面对面地批改作业。一方面，教师当面指出学生的错误，并进行纠正，帮助其分析错误原因，鼓励学生在发现错误中反思与成长；另一方面，教师对学生在作业中表现较好的地方给予表扬和鼓励。在对学生作业进行订正时，教师不仅要让学生明白自己的错误，而且应该趁热打铁，再出类似的题目让学生进行巩固，以达到作业批改效率的最大化。

（二）差异性批改

考虑到学生之间存在差异，不同层次的学生在完成作业时会有不同的解题思路，因此，教师在批改的时候要有不同的标准，给予学生个性化的评价和指导。对于学优生，教师不仅要对其作业完成质量有较高要求，而且鼓励其比其他学生要更多思、多想；对于中等生，教师要对其作业上出现的问题进行详细分析，并且加注批语，指出问题所在；对于学困生，教师要做到多批多改，细批细改，甚至是面批面改。

（三）评语式批改

教师在对学生进行评价时，应使用描述性评价与等级性评价相结合的方式，在作业批改中也是一样，以定性为主的批改评语，有利于教师与学生的情感交流。

教师在使用批改评语时，要针对每个学生完成作业的情况，字斟句酌地给予恰当的评价，与学生进行心与心的交流，让学生从被迫的“强制订正”转变为“主动纠错”。比如教师可以这样写：“你这次的作业书写工整了很多，格式也比较规范，看来，只要你愿意努力，是可以做到的。”“你最后一题的证明思路很有创意，居然比我的方法还要简单！”“每一个努力向上的人都是最有魅力的，加油！”……通过激励性的评语，增强学生自信，让他们感受到教师的鼓励与信任，在教师的表扬中找到自我价值，激发自我的内在学习动力，勇敢地参与学习活动，从而形成积极的学习态度。但教师在使用评语时，要注意评语必须是经过思考的，是与每个学生的特点及其情况相贴合的，避免单一化和一般化，应全面、客观地表述学生的状况，既要肯定学生的进步，也要指出学生存在的不足，明确今后努力的方向。短短的几句评语，能让学生感受鼓舞和温暖，从而激发自己的学习热情。

二、多维化批改视角以及动态化批改过程

多元智能理论认为，教师不仅要关注结果，更要重视学生的成长发展过程。在基础教育中，教育者将学生的学习划分为三维目标，即“知识与技能”“过程与方法”“情感态度与价值观”。因为学生是以多种形式参与学习活动的，除知识的获取外，学生的认知能力、情感体验、学习能力和社会交往能力等都有一定程度的提高。所以教师除了在教育教学过程中用多维的以及动态的、发展性的眼光看待学生，在批改作业的时候也要用动态的眼光去看待学生。批改标准从单一走向多元，从知识掌握、学习态度、情感态度与价值观以及创新思维等多个维度对学生作业进行考查，关注学生努力的过程与作业的完成质量，将形成性评价和终结性评价结合，动态、多维地进行作业批改。

三、多向互动的批改主体

为发挥作业批改的导向与自省作用，教师可以采用多元主体的作业批改方式。学生作为学习的主体，也有批改作业的权利与义务。多元主体的作业批改方式包括学生自批、学生互批等。学生在批改作业的过程中，学会正确对待自我，学会欣赏他人，取长补短，相互促进，共同提高。

对于学生互批作业的方式，熊川武教授提出了一些具体做法，首先要对学生进行批改前的培训，包括培训学生的态度和行为两个方面，使学生在态度上能够接受互批作业、行为上具有批改作业的能力；其次在互批过程中要有指导，学

生按要求标记“作业问题”；最后教师课后抽查学生作业并做问题记录。[①]

第四节　作业诊断策略

一、发展性诊断

对学生学习的评价不仅要关注学生学习的结果，更要关注他们学习的过程。教师在分析诊断学生的作业时，不应该以作业答案的正确与否作为衡量学生作业质量高低的唯一标准，而是应该在学生的解题过程中分析他们的思考逻辑，在其中窥见学生逻辑上的漏洞、知识结构上的不完善，从而在课后予以指正。教师如果只是针对作业结果进行分析，就会忽视作业背后学生的发展潜能。关注学生的学习和成长过程，不仅要分析学生对知识的理解和掌握情况，也要看到学生学习能力的发展和提高。学生的个人潜能在发挥程度上也不一样，教师要用发展的眼光看待学生作业，从发展的角度去分析学生作业，对学生作业的分析要从最后收获和过程表现两部分出发。在作业分析时，教师要将作业置于纵向的时间体系中，看到学生在每一次作业中的变化，用发展的眼光看待学生。

二、差异化诊断

所谓差异化诊断，是从学生不同水平和作业不同难度两个方面对作业进行针对性分析。首先，是对不同水平的学生的作业进行针对性分析。对于现阶段水平较低的学生，教师在对其作业进行分析时，应着重关注其对基础性问题的完成程度。对于现阶段水平中等的学生，教师要关注其解题过程中的思考逻辑，看其思维过程有何欠缺。对于现阶段水平较高的学生，教师则要关注目前作业是否能满足其需求，以及他们对高难度问题的解题思路是否有偏差。其次，是对不同难度作业的分析。对于高难度的作业，教师不必拘泥于全部学生都要做对，而主要是看有解题能力的学生的逻辑是否正确，是否有更优的解题思路，学生是否积极地思考超出自己能力范围的题目。对于难度中等的作业，教师不仅可以从中分析出学生对知识的掌握程度，更要从中分析学生对作业的态度。对于未答题的学生，教师要进一步剖析，是懒得思考，还是真的没有解题思路。

---

① 熊川武. 论中学教师的“零作业批改”[J]. 中国教育学刊，2007（5）：52–54，74.

对于难度较低的作业，主要是看学生对基础知识的掌握情况，教师要通过此类作业掌握学生的学习情况，让学生及时查缺补漏，打好基本功。

三、主体多元化诊断

教育家叶圣陶很早提出“教是为了不教”的主张，然而传统的作业分析方式，学生处于完全被动的地位，不能体现教师为主导、学生为主体的指导思想。由教师完全包办代替，对学生作业进行细致分析，然后再把问题反馈给学生，结果是学生对自己作业的质量既缺乏应有的责任心，也缺乏自我诊断、自我鉴别的能力。

实际上，教师在掌握学生作业的基本情况后，可以作为“总舵手”，将作业分析的任务交给学生，可以采用学生自主分析的方法，也可以采用学生之间互相分析的方法。一方面，加深学生对所学知识的理解，降低学生犯同样错误的概率；另一方面，学生之间相互分析，可以增加学生的责任感，学生在本着对他人负责的原则下，会更加认真分析作业，从而熟练掌握所学知识。

第五节　作业讲评策略

一、激励性讲评

每一年龄阶段学生的个性特点、学习能力、学习习惯以及思维方式等都不同，但是都需要在激励中成长这一点是没有差别的。激励性的作业讲评不仅有利于激发学生的学习主动性，而且有利于构建和谐的师生关系。因此教师要在作业讲评中肯定学生的努力，表扬学生的态度，赞美学生在做作业的过程中表现出来的创造力。

在进行激励性讲评时，教师可以从以下几点入手。

第一，教师在讲评时注意其中所蕴含的情感要素。激励性讲评不能浮于表面，教师要让学生真切感受到教师的认同与期待，这样才能够激发学生的学习热情。

第二，激励性讲评要具有针对性。教师要善于发现学生的特长与兴趣，进行积极挖掘，并且在作业讲评时，及时进行鼓励，让学生发现自己的价值，进而以更积极的态度面对学习。教师在进行激励性讲评时，可评价学优生作业中的提高点，让他们在原有基础上从不同的角度去探索、发展和提高，培养其创新意识和自我发展精神；评价中等生作业中的闪光点，让其明确本次作业的成功之处，享受成功的喜悦，并启迪他们如何做得更好；评价学困生作业中的进步点，使其在改正错误后，知道自己在什么方面有了进步和提高，在什么方面仍须努力，变“要我做”为“我要做”。

二、针对性讲评

教师有针对性的指导是促进学生学业进步的重要途径，也是因材施教的具体化措施。在作业讲评环节针对学生出现的问题，提出有针对性的修改建议，是帮助学生强化自我认知的必要步骤。这样才能让学生明确自己在解题思路和知识运用方面出现的问题，明确自己学习的短板，这是集体式讲评无法做到的。

教师如何选择对学生有针对性的讲评内容？首先，对学生作业情况的调查与分析是设定讲评内容的基础，在进行讲评前教师要对学生的作业情况了如指掌，找到学生出错的真正原因，进而推测学生在学习时遇到了哪些困难，这样才能有针对性地给学生讲解分析试题，帮助学生掌握知识。其次，教师为了确保作业的讲评能够满足学生的实际学习需求，除了在批阅作业的过程中分析学生学习的难点，在平时授课过程中也要注意及时了解学生的困惑。在了解的过程中，可以调动小组长以及科代表作为助手，由小组长定时收集组员的学习难点，再由科代表汇总，教师最后结合学生作业进行归类与分析。这样教师在进行针对性讲评时，就可以不局限于学生作业中出现的问题，而是贯穿学生的学习始终，并且对具体问题做到详略有度、轻重适中。

三、多样性讲评

教师进行讲评自有其优越性与不可替代性，但是学生作为学习的主体，主动参与到作业讲评的环节，也具有重要意义。

（一）教师与学生进行角色转换

所谓教师与学生进行角色互换，就是由教师指定某些学生代替教师，对作业进行讲评。教师在选择学生时，不能将目光局限于学优生，不管是哪一种层次的学生，都有其擅长的题目，教师可以按照实际情况进行选择。对于进行作业讲评的学生，教师要求其尽量按规范讲解，并适时补充、点评与鼓励。通过这种方式，一方面，可以实现以学生为主体的教学方式，激发学生的学习兴趣和课堂参与热情，在讲解过程中，还可以加深学生对知识的理解；另一方面，学生与教师进行角色互换后，站在教师的角度进行思考，更能体会教师的心境，从而加强师生之间的配合。

（二）小组学习，分工协作，共同提升

通过小组形式进行作业讲评，便于学生之间互相借鉴解题思路，完善思维模式，从而形成全面的解题思维。

在小组讲评中，教师可以将全班学生分为若干个小组。分组时，教师要保证同质性，即保证每组学生的水平相近，然后学生根据作业题目以及自己的学习情况在组内明确分工，协作讲评。教师在各小组讲评结束后，进行整体点评与补充，确保学生讲评的完整性。

四、前瞻性讲评

前瞻性讲评是教师在平时的教育教学工作中不常使用的策略。所谓前瞻性讲评，就是教师根据学生的作业完成情况，诊断其学业水平，在经过分析后，了解学生具体的思维习惯、学习习惯等，并以此为基础，对学生后续学习进行预测性分析，预设学生接下来的学习中会遇到的问题，进而在当前对学生学习进行干预，帮助其改变思维方式或者学习习惯，对其提出合理意见，帮助其修正学习方向。

第六节　作业反馈策略

作业作为课堂教学的延续与完善，是教育教学活动中不可或缺的环节。作业不仅是教师掌握学生学习情况的重要途径，也是帮助学生体验知识、内化知识的有效途径。作业反馈则是教师将知识传递给学生，学生在吸收知识后，将内化以及重新建构的知识体系反馈给教师的过程。通过这种互动，师生之间实现了知识的输送。因此，教师要重视作业反馈，应用有效的策略实施作业反馈。

一、作业反馈方式多样化

目前主流的作业反馈方式依然是分数反馈、等级反馈、评语反馈以及几种反馈方式两两结合的形式。尽管这几种主流反馈方式对作业结果的呈现具有直接性和高效性，但是也存在诸多问题，比如忽视了学生学习过程的反馈，反馈语言过于笼统和模糊，缺少具体原因以及改进措施等。因此，教师在选择反馈方式时，可以考虑增加一些其他的反馈方式，例如描述性反馈。描述性反馈是基于一定的评价标准和目标的作业反馈方式，这种标准和目标是具体的、可操作的、可分解的，因为只有确定性的、可分解的目标才可以为反馈提供对比，提供描述的方向和依据。这就需要教师根据课程与教学的整体目标，及学科内容的具体目标进行细化，以下表格可以为教师的反馈标准提供依据。

作业的描述性反馈清单①

课程 / 教学目标	作业目标	描述性反馈			反馈追踪
		优势	不足	改进建议	

描述性反馈包含三个方面的内容。首先，教师和学生共同确定在作业中要完成的目标。其次，教师基于作业分析，描述现阶段学生的作业完成度以及学生本人的优势和不足，也就是现状与目标的差距。最后，教师向学生提出改进建议，也就是如何缩小现状与目标之间的差距。

作业反馈方式十分丰富，比如可采用档案袋以及成长记录袋等方式。教师根据需要合理运用多种作业反馈方式，并依据作业的内容进行适当调整，做到因地因时、因人因事，灵活运用不同的反馈方式。

二、作业反馈主体多元化

为了改变以往作业反馈主体单一的情况，教师可以让学生参与作业反馈的过程，形成师生互通、生生互通，让作业反馈不再是教师的特权。作业反馈主体有以下三种。

第一，教师作为作业反馈的主体具有必要性和不可替代性。首先，教师具

① 郭文娟. 学生作业的描述性反馈研究［D］. 上海：华东师范大学，2014.

有作业反馈的责任，教师基于责任意识会在反馈时付出更多的时间，从而向学生提供更多改进的机会；其次，教师是学生的信息资源库，是最了解学生学习情况的人，对学生在学习过程中的优势及不足了然于心，可以从多维的视角给学生反馈；最后，教师拥有专业的技能和丰富的经验，可以使学生得到更好的作业反馈指导。

第二，同伴作为作业反馈的主体。将学生纳入反馈主体，可以提高学生的参与度，加强师生之间的沟通，加深学生对知识的理解，锻炼学生自我反省的能力。教师让学生互相进行反馈之前，要考虑以下几个方面。

（1）作业类型。比如默写、摘录等基础知识巩固类、知识应用类作业可以让学生互相反馈，但是设计高阶思维的实践操作类、创新设计类作业最好采取师生、生生结合的方式进行。

（2）学生所处阶段的认知能力的高低。不同年级学生在智力及认知方面存在较大差异，教师要根据实际情况进行选择。

（3）作业目标。如果作业的目标是让学生进行知识巩固，那么生生反馈则有利于对知识的识记；如果是让学生进一步理解应用知识，则适合教师进行指导。

第三，学生自己作为作业反馈者。组织学生参与作业反馈，会使学生感到完成作业、学习任务成为一种自我实现的过程，在这个过程中学生可以对自身学习情况进行整体把握，增强学生对作业的责任意识，提高自身的学习主动性，并及时调整自己的学习状态和前进方向，实现自我完善。教师在决定学生是否可以进行自我反馈时，同样需要从作业类型、学生的认知能力以及作业目标几个方面进行考虑与斟酌。

三、作业反馈评语艺术化

教师在对学生进行作业反馈时，要改变以往冷冰冰的符号反馈方式，让作业反馈更加有艺术性和人文性，也更加有温度和人文关怀。教师可以从以下几个方面提高作业反馈评语的艺术性。

第一，要让作业反馈的符号更加有人文性。教师在对学生进行作业反馈时，不应该用“√”和“×”来进行简单的程序化的反馈。这类符号仅仅体现作业的判断功能，体现作业的结果。而实际上，在作业中体现人文关怀是提高作业有效性的重要途径，教师在对学生进行反馈时，可以使用一些有特殊意义的符号。这些符号可以是教师与学生讨论决定的特殊符号，也可以是学生创作的简单明了的符号。通过有趣并且具有温度的符号，学生在作业反馈中得到的就不只是结果的告知，还有教师在作业中给予学生个性化的反馈，这种情感交流会促使学生认真思考自己作业中的问题，从而提高作业反馈效率。

第二，要让作业反馈评语人性化。教师进行作业反馈时，可以组织有意义的评语，注入真挚的情感。教师针对学生个人特点、作业中的闪光点以及出现的问题，通过评语进行反馈，表达对学生的鼓励和期待，如“你采用的方法真是太棒了！”“你肯定还有更简便的方法”“真聪明！”“老师希望你下次书写可以更工整”等。使用类似的评语，学生既可以明确自己的问题，又可以感受到教师的期望，学生会在潜移默化中朝着教师设定好的方向努力，养成积极向上的学习态度，产生自我内驱力，这种自发性的改正效果远比教师苦口婆心的说教有用。

综上所述，作业反馈要依据学科特点，找寻其中的人文要素，把人文关怀放在核心位置，践行“以人为本”的作业反馈原则，既要关注作业结果，又要满足学生的情感需要，从而使学生“亲其师、信其道”。

四、作业反馈时机更灵活

作业反馈不仅要加强对方法、主体和符号的把控，更要抓住反馈的最佳时机。

第一，是教师在对学生作业进行诊断与分析后进行的及时性反馈，即及时采用合适的方法对学生的作业进行反馈。可以是面对面反馈，对学生作业中出现的问题进行精准反馈，也可以是针对大部分学生都出现的问题进行集体反馈。这种及时性反馈可以使学生以最快的速度明确自己在现阶段的学习中存在的问题，从而进行订正与调整。

第二，是教师对学生的作业进行的小结性反馈，即教师教授完一个单元或者一个完整的知识点后，围绕整个知识体系进行反馈。小结性反馈在现行的教材中有很好的体现，每单元最后编排的“整理与复习”和“单元练习”就属于小结性反馈。但是学生对知识的掌握情况不同，教师应根据班里的实际情况设计小结性反馈，以学生的认知为基础，在合适的时机进行作业反馈，才能让学生真正理解。

第三，是教师对学生后续的学习进行的干预性反馈，是学生作业的铺垫与伏笔。如果忽视干预性反馈，学生的作业必不尽如人意，给教师的批改与反馈增加难度。比如学生在学习“面积”这一单元时，要先了解面积的含义，但是在刚开始学习时，学生易将面积单位与长度单位搞混，明确这一易错点后，在进行面积单位的学习后，教师要立刻让学生通过实际操作，体会面积单位与长度单位的区别，这就是提前对作业中可能出现的问题进行干预性反馈。教师要做到这一点，不仅要对学生容易混淆的知识点、学科知识结构有深入了解，还要对学生的学习特点有深入了解，才能对作业提前进行干预，并及时借助课堂练习进行干预性反馈，加深学生对知识点的理解。

第四章

差异化作业

在“双减”政策背景下，教学更加关注作业布置的科学合理性，教师要遵循教育规律，根据学生学情、学科特点，创新作业方式，设计差异化作业，充分体现作业的育人功能。本章首先界定差异化作业的概念，明确差异化作业的特点和理论依据；其次分别举例说明差异化作业在复习类作业、练习类作业、预习类作业、制作类作业、实践类作业以及调查类作业中的特点和运用；再次从作业的设计、布置与批改三方面阐述差异化作业的设计与实施要求；最后简述差异化作业的管理。差异化作业不仅能反映学生理解和运用知识、技能的水平，还能发挥学生的特长和优势，满足不同学生的需求。

第一节　差异化作业的概念

古代大教育家孔子提出的因材施教是我国差异化教学的最早萌芽，朱熹在《四书集注·论语·雍也》中写道：“圣人之道，精粗虽无二致，但其施教，则必因其材而笃焉。”[①] 作业是教师教学的一部分，要想差异化教学顺利实施，作业也需要进行差异化设计。于是，研究者纷纷对差异化作业设计展开研究。学界的研究重点集中在几个方

① 蔡向阳，孙栋，艾家凯. 汉语成语分类大辞典［M］. 武汉：湖北辞书出版社，2008：715.

面，即差异化作业设计的重要性、差异化作业布置的现状调查与分析、如何进行差异化作业的设计（提供案例分析）、差异化作业设计的策略以及如何管理和评价。

差异化作业的定义有很多，有学者认为作业的差异化设计是指在摸清学生的最近发展区、善用学生多元智能、了解学生认知风格的基础上，激发学生的学习动力，利用对作业量和作业难度进行分层设计，对家庭作业类型进行多维设计，对作业内容进行非定向答案开放设计，对作业进行自选和自主设计的一种作业形式。李新认为差异化作业设计就是利用新技术媒体，根据教学目标的要求选择符合学生差异化需求的作业类型，通过媒体记录的学生作业过程中的数据，进行量化、评价与修正。[①] 杨璐认为差异化作业可以基于学生不同的智能偏好、学习风格和学习能力来进行设计。[②] 布卢姆的教育目标分类学认为教育者应按照学生学习行为的不同，设置不同的学习程度。因此，在作业设计中，教师必须充分考虑学生的思维能力水平的差异，兼顾学优生和学困生的需求，设置有梯度、可测量的差异化作业。加德纳的多元智能理论认为，每个人都拥有八种智能，不同的人智能组合不同，若利用自己强势的智能做一件事，会有事半功倍的效果。因此，在作业设计中，教师可提供多种作业形式供学生选择。总之，差异化作业的设计研究是以因材施教的教育理念、多元智能的教育理论为支撑，通过问卷调查了解学生的作业现状，分析存在的问题，然后从作业量、作业难度、作业类型、作业布置方式和作业批改方式等方面进行作业设计、实施和评价，最终满足学生个体需要，激发学生学习兴趣，高效完成教学目标，促进学生的个性发展。

本研究中的差异化作业着眼于学生在思维水平、学习风格以及学科特点之间的差异，从复习类、练习类、预习类、制作类、实践类、调查类六种作业类型出发，设计出不仅能反映学生理解和运用知识、技能的水平，还能发挥和展现学生各自的特长和优势的作业，以满足不同学生的需求。其目的不只是巩固知识和技能，而且是激发学生完成作业的内驱力，在完成作业的过程中，带来积极的情感体验，体现作业的育人功能。

---

① 李新. 适应性学习系统中的差异化作业设计与应用［D］. 南京：南京师范大学，2019.

② 杨璐. 基于学生个别需求的作业差异化策略［J］. 当代教育科学，2010（14）：20–22，26.

第二节　差异化作业在不同作业类型中的运用

一、差异化作业在复习类作业中的运用

传统的复习类作业大部分都是为某一知识点设定对应的习题，用做题的形式巩固知识，如此形式单一的作业很容易引起学生反感。复习类的差异化作业是依据教学目标，按照学生学习能力、学习风格的不同，设计形式多样、难易适合的复习类作业。按照学生学习能力，从作业内容出发，把作业分成基础、提升和拓展三类，让学优生和学困生都在原有基础上有所提升；按照学习风格不同，设计听、说、写、做等不同的作业形式，学生可以根据自己的智能偏好选择。

初中化学复习类差异化作业

——基于鲁教版九年级上册《运动的水分子》

基础巩固：

1. 从分子的角度分析并解释下列问题：

①水蒸发为水蒸气，所占体积变大。

②墙内开花墙外可闻到花香。

③香水、汽油要密封保存。

④湿衣服在阳光下比在阴凉处干得快。

2. 2021 年 12 月 9 日 15 时 40 分，“天宫课堂”第一课正式开讲！“太空教师”王亚平制作了一个“太空欢乐球”。她向已被注入蓝色颜料的水球内放入一颗泡腾片，泡腾片入水后快速产生大量气泡，水球“沸腾”了！水球“沸腾”的过程中，航天员王亚平闻到了阵阵的香气。从分子的角度分析，主要是因为__________。

A. 分子很小　　　　B. 分子总在不断运动

C. 分子体积发生改变　　　　D. 分子之间有间隔

3. 下列物质中属于纯净物的是（　　）。

A. 海水　　B. 食盐溶液　　C. 蒸馏水　　D. 矿泉水

能力提升：

1. 2022 年北京冬奥会国家速滑馆“冰丝带”的冰面制冰技术利用了二氧化碳跨临界直冷制冰的原理，该技术具有环保节能等优点。二氧化碳跨临界直冷制冰就是将气态二氧化碳通过加温加压形成超临界二氧化碳流体，再进行降温

降压，完成制冷和制冰的过程。下列关于二氧化碳跨临界直冷制冰过程说法正确的是（　　）。

A. 二氧化碳分子之间的间隔发生变化

B. 二氧化碳分子的体积变小

C. 二氧化碳分子的结构发生变化

D. 二氧化碳分子不再运动

2. 下列各图中●和○分别表示两种不同元素的原子，其中表示混合物的是（　　）。

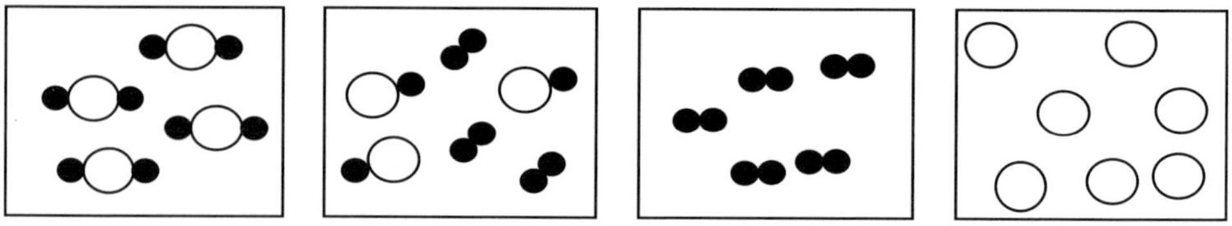

A　　　B　　　C　　　D

拓展创新：

科学探究：微粒的运动——烧杯中的溶液为什么会变红？

如图所示，烧杯A中盛有10 mL浓氨水；烧杯B中盛有20 mL蒸馏水，并滴入2—3滴酚酞试液，得到无色溶液。用一只大烧杯把A、B两烧杯罩在一起。几分钟后，观察到烧杯B中的溶液变成红色。上述现象说明了什么？请设计简单的实验证明自己的解释。

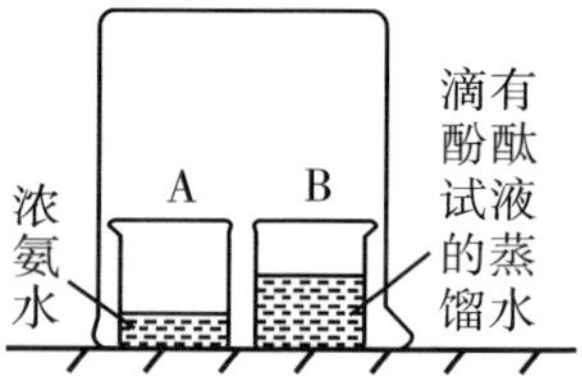

实验名称	
做出假设	
实验探究	
获得结论	
反思交流	

案例评析：

在作业内容上，为了让每一名学生都能在自己已有基础上有所提升，教师要根据学情设计三类不同内容的作业，即基础巩固类、能力提升类、拓展创新类。学优生选择“能力提升类＋拓展创新类”作业，中等生选择“基础巩固类

+能力提升类”作业，学困生选择“基础巩固类”作业，“能力提升类”作业可选做。以《运动的水分子》一节为例，教师制订本节课的作业目标：①描述一般物质三态变化时，分子大小、分子运动速率、间隔等发生的变化；②初步理解纯净物和混合物的概念，能对典型物质进行简单分类，体会分类思想；③熟练说出分子（微粒）的三条基本性质，并能举例说明。其中目标③为本节课的重点目标，教师根据作业目标进行差异化作业设计。

基础巩固类作业主要面向基础较薄弱、学习能力较弱的学生，题目设计主要结合生活经验，运用化学知识解释现象，难度不大，但是紧扣教学目标，让学生在已有的知识基础上，利用有限的时间达到巩固知识的目的。

能力提升类作业主要面向有一定知识基础、学习能力较强的学生，题目设计突出宏观辨识与微观探析的学科核心素养，培养学生宏观—微观—符号三重表征的学科思维能力，难度适中，紧扣学习目标和核心素养，在巩固基础知识的同时，渗透学科核心素养。

拓展创新类作业主要面向学习能力很强，又有一定创新能力的学生，题目设计开放，实践性强，更加注重科学探究能力的培养。可能只有少数学生适合该类作业，但是在完成作业的过程中，不管是知识体系，还是探究能力，都能得到完善和提升。

另外，不同的学科也可以设计不同类型的复习类作业，充分发挥学科特色，设计体现学科元素的复习类差异化作业。学生用自己最擅长的方式，选择符合自身学习能力的作业，在完成作业的过程中会更加投入，获得成就感。

二、差异化作业在练习类作业中的运用

练习类作业可分为课堂练习和课后练习，常用来锻炼学生的某种心智技能或者运动技能。无论哪一种练习，其目的都是让学生更加熟练地掌握课堂知识与技能。但是由于学生接受新事物的能力不同，学习进度就会有差距，若一直以相同标准要求全体学生，恐怕难以完成任务。差异化的练习类作业就是以学生的学习能力水平为基础，通过设置难度、完成度不同的练习任务，满足不同层次学生的需求。

初中数学练习类差异化作业
——基于人教版八年级下册《一次函数》

基础题：

★ 1. 下列函数中，是正比例函数的是（　　）。

A. $y=\frac{x}{4}$　　B. $y=\frac{4}{x}$　　C. $y=54x-3$　　D. $y=6x^2-2x-1$

★ 2. 若函数 $y=(3-m)x^{m^2-8}$ 是正比例函数，则常数 m 的值是______。

★ 3. y 与 $3x$ 成正比例，当 $x=8$ 时，$y=-12$，则 y 与 x 的函数解析式为________。

★ 4. 函数 $y=2x-4$，当 x______，$y<0$。

能力题：

★★ 1. 如图，一次函数 $y=kx+b$ 的图象与 x 轴的交点坐标为（2，0），则下列说法：

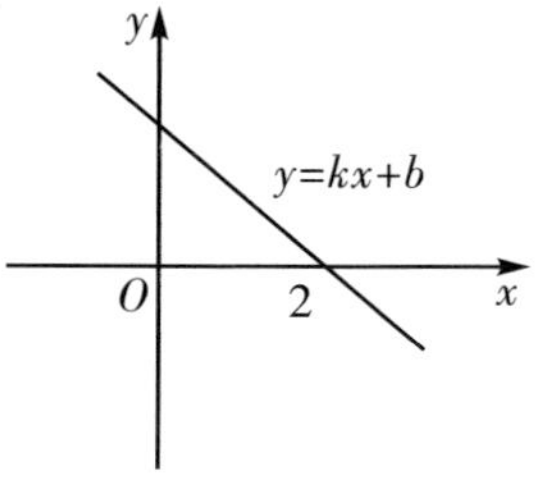

①y 随 x 的增大而减小；② $b>0$；

③关于 x 的方程 $kx+b=0$ 的解为 $x=2$。

其中说法正确的有______(填正确说法的序号)。

★★ 2. 一次函数 $y=kx+b$ 的图象与正比例函数 $y=2x$ 的图象平行且经过点 A（1，−2），求 k 与 b 的值。

★★ 3. 若函数 $y=4x+b$ 的图象与两坐标轴围成的三角形面积为 6，求 b 的值。

拓展题：

★★★某医药研究所开发了一种新药，在实验药效时发现，如果成人按照规定剂量服用，那么服药后 2 小时血液中含药量最高，达每毫升 6 微克（1 微克 $=10^{-3}$ 毫克），接着逐步衰减，10 小时时血液中含药量为每毫升 3 微克，每毫升血液中含药量 y（微克）随时间 x（小时）的变化如图所示。当成人按照规定剂量服药后：

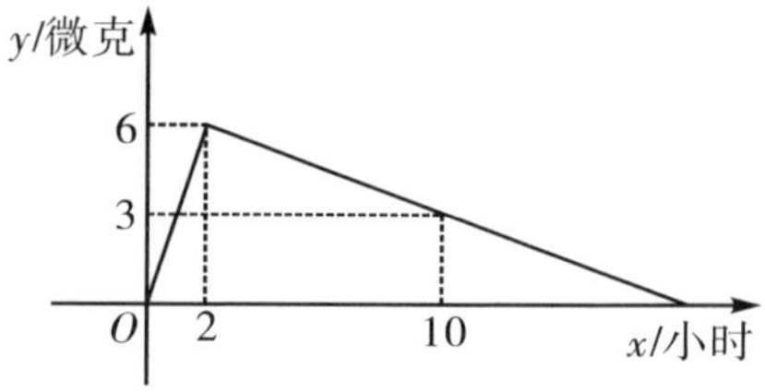

（1）分别求出 $x\leqslant 2$ 和 $x\geqslant 2$ 时，y 与 x 之间的函数解析式；

（2）如果每毫升血液中含药量为 4 微克以上时在治疗疾病时是有效的，那么这个有效时间是多长？

案例评析：

教师在练习作业中设置不同难度、不同思维水平的作业，规定需完成五星。一星作业为基础题，二星作业为能力题，三星作业为拓展题，学生可根据自己的能力水平自主选择组合题目来完成五颗星。

在作业选择规则的设定下，能力强的学生为了减少作业量，在确保正确率的情况下，会主动选择星级高的题目，这能鼓励学生敢于挑战自己，激发学生的思维潜能。能力较弱的学生选择自己会做的题目，虽然作业量有所增加，但是在自己的努力下，学生可以顺利完成任务，利于学生自信心的培养。另外，学生会慎重定位自己的学习水平，并会主动尝试选择稍微难一点的题目来完成，能够做到“跳一跳，摘桃子”，这样一来每个学生的学习能力都能有所提高。

三、差异化作业在预习类作业中的运用

预习能使学生养成自主学习的习惯，有助于学生自学能力和独立思考能力的培养。学会预习是提高学生课堂学习效率和分析与解决问题能力的有力抓手。但是由于学生的能力水平、学习风格等有所不同，若统一要求，难以实现每一名学生都能达到预习的效果，相反，会导致部分学生即使努力，也无法完成预习任务而对预习失去兴趣。为了调动学生预习的积极性，让学生养成课前预习的习惯，并且按照教师的要求做好新课预习作业，就必须站在学生的角度，设计差异化预习作业单。在设计预习作业时，教师要根据学生的个体差异，设置具有难度梯度的预习任务，并对预习的内容和方法给予具体的解释和说明，让学生根据自己的学习能力有选择地完成预习作业。

初中语文预习类差异化作业
——基于人教版语文七年级上册《春》

预习类作业的差异化设计要明确预习任务和预习方法，依据学生学习能力的不同设计差异化的预习任务和评价方式。下面以人教版语文七年级上册第一课《春》为例，分析班中三名学习能力不同的学生借助预习卡完成预习作业的具体情况。

基础型自主预习卡

班级＿＿＿＿＿　姓名＿＿＿＿＿　学号＿＿＿＿＿　家长签名＿＿＿＿＿

课文	《春》 作者：朱自清　体裁：散文
读	我读了三遍
写	1. 我不会读的字：窠 kē 巢　黄晕 yùn 2. 我圈出来的好词：朗润　酝酿　静默　抖擞 3. 我查词典理解了两个词语： 呼朋引伴：呼唤朋友，招引同伴 花枝招展：像花枝迎风摆动一样。形容女子打扮得十分艳丽 4. 我喜欢课文中的这段话：小草偷偷地从土地里钻出来，嫩嫩的，绿绿的。园子里，田野里，瞧去，一大片一大片满是的
悟	
问	
查	我上网查了关于朱自清的资料： 朱自清原名自华，后改名自清，字佩弦。原籍浙江绍兴，出生于江苏省东海县。现代杰出的散文家、诗人、学者、民主战士
评价	自评：满意　　　　　师评：满意

提高型自主预习卡

班级＿＿＿＿＿　姓名＿＿＿＿＿　学号＿＿＿＿＿　家长签名＿＿＿＿＿

课文	《春》 作者：朱自清　体裁：散文
读	我朗读了三遍，背诵下来前四段
写	1. 我圈出来的好词：朗润　酝酿　抖擞 2. 我查词典理解的词语： 花枝招展：像花枝迎风摆动一样。形容女子打扮得十分艳丽
悟	我能概括主要内容：全篇文章从春这个主题展开描写，从盼望春天，到描写春天，再到赞颂春天，作者将一幅幅春天的美丽动人且生机勃勃的图画呈现在读者面前，表达了作者对春天的喜爱之情
问	我想问：为什么作者把春天比作“刚落地的娃娃”“小姑娘”“健壮的青年”，怎么理解这些比喻？
查	我上网查了资料： 比作刚落地的娃娃：生机盎然，形象地表达出春天的生机勃勃。比作小姑娘：说明春天的美丽。比作健壮的青年：富有活力，有力量，精力充沛！都是从侧面描写了春天的生机盎然
评价	自评：满意　　　　　师评：满意

研究型自主预习卡

班级＿＿＿＿＿＿　姓名＿＿＿＿＿＿　学号＿＿＿＿＿＿　家长签名＿＿＿＿＿＿

课文	《春》 作者：朱自清　体裁：散文
读	我朗读了三遍，背诵下来全文
写	句子积累：雨是最寻常的，一下就是三两天。可别恼。看，像牛毛，像花针，像细丝，密密地斜织着，人家屋顶上全笼着一层薄烟。树叶子却绿得发亮，小草也青得逼你的眼。傍晚时候，上灯了，一点点黄晕的光，烘托出一片安静而和平的夜
悟	我的阅读体会：我们只有在春天播下希望的种子，到秋天才会收获累累硕果。而我们现在不正处在我们人生的春天吗？为了我们秋天的收获，我们现在难道不应该付出汗水和努力吗？ 我热爱春天，歌颂春天，但我更珍惜春天！
问	我的疑问： 1. 课文中作者运用了哪些修辞手法？结合具体内容进行说明 2. 课文题目为什么叫“春”，而不是“春天”？
查	我上网查了资料： 该文的主题思想即对自由境界的向往。朱自清当时虽置身污浊黑暗的旧中国，但他的心灵世界仍是一片澄澈明净，他的精神依然昂扬向上 朱自清把他健康高尚的审美情趣，把他对美好事物的无限热爱，把他对人生理想的不懈追求熔铸到文章中去，熔铸到诗一样美丽的语言中去，从而使整篇文章洋溢着浓浓的诗意，产生了经久不衰的艺术魅力 朱自清笔下的“春景图”，不是他故乡江浙一带的那种温暖潮湿的春景，也不是北方城郊的那种壮阔而生机盎然的春景，更不是画家笔下那种如实临摹的写生画，而是作家在大自然的启迪和感召下，由他的心灵绘就的一幅艺术图画 在这幅图画中，隐藏了他太多的心灵密码
评价	自评：满意　　　　师评：满意

案例评析：

基础型自主预习卡是针对基础薄弱、学习能力较弱的学生。这类学生在完成预习卡的过程中，侧重“读”“写”“查”的部分，目标是巩固基础，而对于超出他们学习水平的“悟”和“问”，不强求他们一定要做，但鼓励他们尝试。对他们的要求略低于大部分学生，重在激发他们的学习兴趣，培养他们良好的学习态度。

提高型自主预习卡是针对学习水平中等的学生。这类学生在“悟”和“问”上，已有了自己的见解。他们不仅能够概括文章大意，而且能够在预习中提出问题。虽然预习卡中这名学生提出的问题比较简单，但是他已经有了发现问题的意识，说明其自主学习的能力正在逐步提高。

研究型自主预习卡是针对学有余力和自觉性较强的学生。在字、词方面，这类学生基本上没有障碍，所以他们在预习中，主要侧重于“悟”和“问”。从预习卡中可以看到，这名学生在预习过程中充分发挥了学习自主性，不仅在阅读文章后有自己的阅读体会，而且提出的问题比较有深度。不仅能抓住文章的重点进行质疑，还能对词语、标点进行质疑，说明该生在预习中已逐步形成了独立思考、发现问题和提出问题的能力。在查找资料方面，其搜集信息的能力也比较强。像这样的作业，教师就应该在班里进行交流展示，供其他学生学习。

四、差异化作业在制作类作业中的运用

制作类作业通常是为了丰富学习生活、为后续学习奠定基础。学生利用所学知识，动手制作或设计某一作品，这里的作品可以是模型，也可以是实验。制作类作业中的差异化主要体现在完成作业的形式上。若学生自己难以胜任，可选择小组合作的形式，通过组员之间的协作共同完成作品。若进行模型制作，教师可提出基本要求、基本框架，但是对于细节不作具体要求。能力较强的学生理论基础扎实，勇于创新，在基本模型的基础上加上自己的理解和认识，得到不同于其他现有成果的作业成果；能力一般的学生则重在模仿，根据提示制作出符合要求的作品，也可以根据自己的能力加以修饰。同时，由于作业是学生自己选择的，会增强学生对作业的责任感，利于作业的完成。

初中化学制作类差异化作业
——基于鲁教版九年级上册《天然水的人工净化》

作业介绍：

水是生物体最重要的组成部分，在生命演化中起到了重要的作用，人类很早就开始对水产生了认识。据统计，地球表面的水储量大约有 14 亿立方千米，但淡水资源只有 0.35 亿立方千米，在这有限的淡水资源中，仅有 0.34% 是人类可以利用的。目前，全世界有 80 多个国家约 15 亿人口面临淡水不足的危机，情况严峻。如何喝到纯净无污染的好水，是每个人都要思考的问题。生活中，各种品牌、各种型号的净水器进入千家万户，那么净水器的净水原理与我们课堂上学过的净水知识有区别吗？

作业内容：

你能否自己尝试着制作一个简易家用净水器？请你运用所学知识或借助互联网制作一个简易净水器。

作业完成形式：

小组合作或个人独立完成，提倡自我创新。小组成员要分工明确，小组所有成员均有参与的部分。

作业呈现方式：

实验报告或 PPT 展示；净水器以实物呈现。

备注：

①净水器外壳可选用空塑料饮料瓶。

②小卵石要用高压锅煮，沙子多淘洗几遍。

③活性炭有粉末状和颗粒状两种，哪种效果更好，可进行实验验证。

④纱布、蓬松棉可以多放两层。

实验报告模板：

课题	名称	
	研究时间	
团队	主持人	
	成员及承担的任务	
实验过程	问题提出与研究目的	
	实验器材及药品	
	实施过程	
	分析与结论	
	反思与心得	

案例评析：

该制作类作业设计站在学生最近发展区的角度，充分体现了作业设计的差异化。教师提供简单的实验原理，让学生熟悉本次制作的基本原理，教师还对本次制作过程中的注意事项给予提示，但是没有提供具体的实验步骤，这让有想法、有创意的学生可以尽情发挥，也能让创造性较弱的学生有据可依。学生在此基础上可以进行加工改造，也可还原模型，并进行净化黄泥水的操作。这不仅可以让学生巩固所学知识，还可以充分调动学生进行思考，依据自己的理解去制作、改进和实施。

在布置作业过程中，教师要根据教学内容选择制作主题，设计学生喜爱的制作类作业，力图让制作类作业服务于教学，丰富教学形式，保护学生的好奇心和求知欲，弥补书面类作业的不足。

五、差异化作业在实践类作业中的运用

实践类作业是学生以小组为单位，以实践活动形式深化学科知识的一种作业补充形式。这种作业形式有利于培养学生的学习兴趣，引导学生从书面作业中走出来，走向社会，走进生活，激发学生的探究欲望和创造力。实践类的差异化作业可体现在探究程度和多元的呈现形式上。若进行设计实验，教师可提供验证性实验和探究性实验供学生选择，或者在验证性实验某一环节中增加探究因素，提高实验的难度。也可以就提示量的多少进行差异化设计，提示越少，作业难度越大，综合性、创新性越强；提示越多，作业难度越小，综合性、创新性越弱。另外，鼓励学生选择自己喜欢或擅长的形式呈现作业。在小组安排上可依据“组间同质，组内异质”的原则进行分组，在完成作业的过程中需要组内成员共同出谋划策，学生根据自身优势选择所扮演的角色，在学生个体差异的基础上充分发挥每个成员的积极性，有利于培养他们的交往与沟通能力，在互动中形成思维碰撞，发展个性。

家庭探究性化学实验作业

作业介绍：

春天美，万物苏醒百花绽；化学美，变化万千造新物。化学与生活息息相关，你知道美丽的蓝色晶体是如何形成的吗？你知道鸡蛋里有多少化学知识吗？你知道豆腐是如何制作的吗？你知道铁制品生锈的条件吗？回答这些生活问题都需要用到化学知识，请你任选一项家庭探究性化学实验进行探究。

作业内容：

1. 自主选择一项家庭探究性化学实验进行实验探究，也可利用生活中的物品自行选择实验题材。

2. 要对实验的主要过程进行拍照或摄像，收集实验证据（注意保留作业成品），实验过程要求实事求是。

3. 利用所学知识或者阅读书籍、上网查阅资料学习，解释实验现象，注意语言的准确性和规范性。

4. 对实验过程中出现的问题进行整理反思，并对实验进行自我评价。

作业完成形式：

以小组合作或家庭形式完成，小组成员要分工明确，小组所有成员均有参与的部分。

作业呈现形式：

撰写研究性学习报告、录制视频（记录实验过程）或者制作PPT（任选其一），要有必要的照片呈现和文字解说。

可供选择的家庭探究性化学实验：

挑战性水平	实验名称
★★★	制作美丽的硫酸铜晶体、蛋壳雕花、自制简易净水器
★★	自制豆腐、自制酸碱指示剂、自制松花蛋、关于铁生锈条件的探究
★	醋泡鸡蛋、泡沫喷泉、干燥剂的成分及性质

实验报告模板：

课题	名称	
	研究时间	年　月　日——　　年　月　日
团队	主持人	
	成员及承担的任务	
实验过程	问题的提出及研究目的	
	实验器材及药品	
	实验过程	
	分析与结论	
	反思与心得	

案例评析：

实践类作业是以学生在校内外的实践活动为主要载体的作业形式，更注重学生在情境中综合运用所学知识。该作业充分考虑学生的差异性，通过设置作业难度鼓励学生完成更有挑战性的作业，激发自我效能感。挑战性水平是指完成实验探究的难度，表现在实验所需器材的多样性、探究问题的开放性程度、实验过程的复杂性以及对动手能力的要求。学生根据自己的学习能力自主选择难度不同的实验，体现出作业在内容上的差异。另外，作业的呈现形式不固定，学生可根据自己的偏好智能选择适合的作业形式，体现出作业在表现形式上的差异。

六、差异化作业在调查类作业中的运用

调查类作业作为中小学多样化作业类型中的重要作业类型之一，有利于提高学生对科学、技术、社会和环境发展的关系的关注，帮助学生形成正确的科学价值观，树立人与自然和谐相处的理念，提升学生的综合能力，符合新课程的理念。教师应善于将教材中的小课题与学生的生活实际紧密结合，鼓励学生在自主完成作业的过程中，能够积极主动地发现生活中的各种问题，也可以在思考的基础上，大胆地提出问题。调查类差异化作业体现在作品形式上。

初中化学调查类差异化作业
——基于《探秘水世界》

作业介绍：

地球上的水储量很大，分布广泛，但是大约97.5%的水集中在海洋和咸水湖里。水的天然循环给我们带来了淡水，但是，天然水中往往含有泥沙、可溶性的矿物质和细菌等，为满足生活和生产的需要，人们需要根据天然水水质的不同进行净化处理。家用自来水都是水厂处理过的地表水或浅地表水，截至2021年，济南市共有东郊水厂、南郊水厂、玉清水厂、鹊华水厂等二十几家水厂为千家万户提供稳定可靠的自来水。

作业内容：

1. 自主选择就近的一家水厂，参观了解水厂的工作流程。

2. 查阅资料，了解自来水处理工艺的发展历程，从节能、环保、安全等角度说明水厂工艺改进的必要性。

3. 联系生活实际，对水厂的处理流程和自来水进入千家万户前还有哪些可做的工作提出建议。

作业完成形式：

可个人完成，也可小组合作或家庭合作完成，小组成员要分工明确，小组所有成员均有参与的部分。

作业呈现形式：

将以上内容以研究报告、PPT、视频解说或绘画等形成呈现（根据自己的爱好与特长任选其一）。

研究报告模板：

课题	名称	
	研究时间	
团队	主持人	
	成员及承担的任务	
实验过程	研究目的	
	研究内容	
	研究过程	
	研究方法	
	研究成果	

案例评析：

上述案例以天然水的净化为知识载体，联系学生生活情境和可持续发展理念，以调查研究的形式呈现作业，激发学生的学习兴趣；通过创设真实的作业情境，使学生产生真实感和代入感，引导学生形成发现问题、分析问题、解决问题的思维方式。通过参观水厂，水的净化不再是枯燥的文字，而是展现在学生面前的一幅幅震撼人心的画面。走进水厂，看着那庞大的水处理设备，“节约用水”不再是一句简单的口号，科学育人于无形之中，有利于培养学生的社会责任感。基于学习风格的差异性，设计多样的作业呈现形式，鼓励学生在完成作业的过程中用自己喜欢或擅长的方式进行多元化的作业呈现，既能表达自己、发展个性，又能提升人际交往能力。

第三节　差异化作业的设计与实施要求

一、差异化作业的设计

（一）作业目标的确定

作业往往发生在教学之后，为了保证作业的有效性和高效性，要针对学生的实际情况与课标要求之间的差距进行设计。在这样的观点引领下，作业目标要体现课程标准的要求，要巩固和完善教学内容，还要引导学生利用课堂教学中所缺少的教育资源。课程标准是面向全体学生的，而学生的个性特点、知识掌握情况以及课外生活具有差异性，又因为作业这一活动在完成的时空上具有照顾学生差异、促进学生个性发展的优势，作业目标的确定要考虑学生之间的差异。所以，差异化作业目标的确定依据是学情分析以及教学目标。学情不只是学生学习的情况，也包括学生的学习能力、学习风格等个性化特点。学情分析主要依靠教师对学生的了解和教学过程中的观察，在充分了解学情、明确学生之间存在差异的基础上，以课标要求为导向，确定差异化作业目标。

沪科版物理八年级《科学探究：牛顿第一定律》作业设计

课标要求：

2.2.5 通过实验和科学推理，认识牛顿第一定律。能运用物体的惯性解释自然界和生活中的有关现象。

教学目标：

1. 物理观念

认识牛顿第一定律，正确认识力与运动的关系，知道力是改变物体运动状态的原因；知道惯性的概念，能用惯性解释生活中和实验中的相关现象，知道人们既可以利用惯性，又要注意防范惯性造成的危害。

2. 科学思维

通过实验加推理的理想实验法，探究阻力对小车运动状态的影响，再通过归纳概括得出牛顿第一定律，总结归纳力与运动的关系，体验抽象概括出物理规律的过程。运用惯性的概念解释现象、解决问题，分析具体情境中研究对象的运动过程和受力情况，将抽象概念运用于具体问题中。

3. 科学探究

利用控制变量法探究阻力的大小对小车运动状态的影响，引导学生明确实验研究对象，设计实验方案，解决实验中的具体问题，并通过整理实验数据归纳结论。

4. 科学态度与社会责任感

了解亚里士多德、伽利略和牛顿等人对力与运动关系的认识，知道物理规律的得出经历了漫长的历史过程；体会物理科学由哲学思辨到实验科学的发展过程，培养严谨的科学态度；运用惯性概念解释生活现象，体会物理学与生活的密切联系。

课堂教学效果：

在课堂教学中观察到大部分学生能够理解科学探究用到的理想实验法，但在实验中控制小车从同一高度斜面滑下并归纳结论时，在处理如何从运动距离长短过渡到速度改变快慢这一问题时遇到了困难。对于力与运动的关系理解不透彻，描述不准确。对物体的惯性这一概念理解不透彻，部分学生不能用惯性解释现象。

作业目标：

①梳理探究过程，对实验和科学推理过程进行反思；②通过分析物体受力情况判断运动状态是否改变；③通过物体运动状态分析物体是否受力；④找出生活中和惯性有关的现象，判断是对惯性的利用还是对惯性可能造成危害的防范，并用所学知识描述其运动的过程。

对于作业目标①可以通过调节提示信息，设计常规实验题、变式实验题、实验报告等不同能力水平要求的作业；对于作业目标②和作业目标③设计与生活联系密切的题目，供学生选做，学生也可以自己发现生活现象并用牛顿第一定律进行解释；作业目标④难度较大，可以在作业中展示例子，给学生设置“台阶”，掌握程度较高的学生可以独立完成，掌握程度较低的学生可以仿照例子给出惯性现象的解释。

（二）要满足每个学生的需要

差异化作业设计在作业内容、作业形式等方面要充分考虑学生的个体差异，根据作业内容、作业形式的不同，设计多种多样的作业供学生选择，但在设计时要遵循一定的原则。

在作业内容上，差异化作业要设置“台阶”，呈现难度梯度，满足不同知识和能力水平学生的差异化需求。学生发展具有阶段性，初中阶段学生处于形象思维向抽象思维过渡的阶段，并且学生发展具有差异性，不同学生思维发展水平呈现出不同特点，在整体上呈现出阶梯状的特点。因此，应针对学生群体的发展特点，遵循循序渐进的教育教学原则，在差异化作业中设置进阶式的难度梯度。例如，在符号繁多的物理计算题中，可以在题目后设置表格，帮助学生在题目中找到需要的物理量。某些抽象思维能力发展较缓慢的学生可以先将符号与题目信息一一对应再完成题目，而抽象思维能力较强的学生可以直接跳过表格部分解决问题。在预习作业中，将新内容和已有经验进行联系，注重方法的引导，如在学习内能时将分子势能与势能、分子动能与动能一一对应，在学习大气压强时类比液体压强的规律，在学习电流时类比风和水流等。

差异化作业在形式上要进行多样化的设计。一是要对内容进行优化组合，针对同一作业内容有不同表现形式，满足学生需求。如在学生学习内能与热机后，教师设计实践类作业时，可以安排学生动手制作走马灯，也可以安排学生调查研究走马灯的原理和历史等。整合课时内容，将作业目标融于学生感兴趣的作业载体，通过不同的作业形式锻炼学生动手操作和搜集处理信息的能力，最后实现全体学生达成目标的目的。二是要让学生参与作业设计，允许学生创新作业形式，在作业这一教育活动中为学生提供发挥才能、发展潜能的空间。初中各学科内容相对简单，重在与学生实际生活相联系，提高学生的科学素养和人文素养。在复习类作业中，不仅要有覆盖作业目标的精简的练习题目，还要根据教学内容和作业目标鼓励学生自主进行思维导图的设计、生活现象的调查与解释、创意发明等活动。对于学生设计的新颖作业，教师要在质量上进行把关，确保其科学性和相关性。

（三）作业试做与修正

教师是设计作业的主体，学生是完成作业的主体。教师在进行作业设计时往往以自身的能力水平为标准在作业难度和作业量上进行设置，有时可能贪图所谓的巩固效果而陷入“题海战术”的漩涡，这是造成学生作业负担重的重要原因。为解决盲目设置作业的难度和数量与学生实际水平不协调的矛盾，教师在设计作业之后要进行试做，记录自己试做作业所需时间，依据经验换算学生完成作业所需时间，从而进行作业难度和作业量的调整。在试做过程中，教师还可以修正作业中的错误，检查作业是否服务于作业目标。教师通过试做作业，结合已有经验，对差异化作业成品进行分析，预估学生作业完成时间，控制作业难度，在不断反思与修正之后完成作业设计。

二、差异化作业的布置

（一）教师明确作业任务

差异化作业往往给人种类繁多、要求烦琐的印象，教师往往感觉操作起来比较复杂。在布置作业时，注意方法和细节就能解决这些问题。教师可以通过作业单、课件展示以及学校配备的各种信息化教学平台布置作业，明确作业要求，提供作业方法上的提示等手段，方便布置作业时师生之间的沟通。

在信息化教学平台上，每个学生都可以根据当堂检测结果匹配相应的作业题目，学生可以在学校借助平板电脑完成，也可以在课后登录平台完成。

书面作业分层设计题目，并在题号前标注本题对应哪个目标、哪个难度级别。作业最后附上表格，学生在选择的题目单元格内标记，方便教师检查和学生自查所选题目是否覆盖了作业目标。

此外，作业布置还涉及班级管理的策略和方法。学生在学期开始时养成良好的作业习惯，师生之间对作业形成默契，可能会起到事半功倍的效果。

（二）学生自主设计和选择作业

学生更了解自己的兴趣，在教师引导下，让学生参与作业的设计，给学生选择作业的机会，能够激发学生自主学习的内部动机。在布置差异化作业时要尊重学生的主体地位，注重作业的协商性。

（三）倡导独立完成与小组合作相结合

一份好的作业，学生能够独立成功完成，但学生的发展具有阶段性和差异性，每个学生都有自己的优势，也有某些方面的不足，让具有不同才能的学生共同完成一项作业，可以在一定程度上降低作业难度，促进学生之间的互助和学习。尺有所短，寸有所长，倡导合作完成的差异化作业能够培养学生的合作交流能力。让学生之间取长补短，关键在于作业小组的建立，要求小组遵循以下原则：一是要把握学情与个性相结合；二是要把握阶段性与流动性相结合；三是要把握合作性与竞争性相结合。[①] 教师应全面考虑学生特点，重视学生的发展性，发挥小组作业中合作和竞争的作用。

三、差异化作业的批改与评价

（一）针对性、全面性评价

针对性评价要求教师在批改和评价作业时避免泛泛而谈或使用千篇一律的符号，应该指出学生出现的问题，尽量提供正确的引导。对于学生出现的个性

① 苗荣青. 高效课堂下初中数学作业布置与批改的差异化探析［J］. 教学与管理，2014（10）：33–35.

化问题，教师要圈出问题所在，给出改正错误的提示，写上激励性的评语，并记录下学生的问题。针对性的批改与评价实质上就是教师与学生进行一对一的交流，有利于实现作业效果的最大化。

全面性评价是对学生在作业中各方面能力的表现进行评价。差异化作业重视学生各方面能力的提高，教师在批改作业时不仅要关注答案的对错，也要对学生在作业中各方面能力的表现进行全面性评价，给学生全面的反馈和指导。

（二）发挥作业的评价功能，了解学生情况，注意记录和总结

教师评价作业一是为了检查作业效果，以激励和督促学生自主学习；二是发挥作业的评价和诊断功能。差异化作业的完成情况体现了学生的学习效果，会进一步帮助教师分析学生情况，在作业设计中考虑学生个体之间的差异，形成“作业设计—学情分析—作业批改—学情分析”的差异化作业设计闭环机制。

（三）进行激励性评价，与学生对话

如果教师批改作业时缺乏激励性的评语，只有冷漠的符号或等级评价，就有可能会导致学生对作业失去兴趣，还会使学困生产生挫败感。作业评价要指出问题、给出建议、指正方法，向学生传递教师的耐心和鼓励。[①] 教师不仅要对作业中正确的结果给予肯定的评价，也要对学生努力完成作业的过程给予评价，即使作业结果是错误的，“密密麻麻的解题过程”[②] 是学生良好学习态度的体现。教师要关注学生的进步，鼓励学生为进一步提升努力，通过作业批改和评价让学生感受到教师的关怀和期待。作业是教育活动，差异化作业是尊重学生个性化差异、旨在促进学生个性发展的教育活动，激励性评价的内容应包括知识与技能、过程与方法、情感态度与价值观等内容。

（四）讲评和指导聚焦教学内容本身

差异化作业是围绕教学内容，基于课程标准、教学目标和作业目标设置的作业，目的在于帮助学生更好地学习。差异化作业的讲评和指导应围绕作业所服务的目标展开。

作业差异化，意味着作业中出现的问题可能会多样化，对于作业问题要分

---

① 周亚洲，郑挺谊. 发展学生核心素养的差异化作业设计［J］. 中学教学参考，2018（11）：35-37.

② 王晓东. 高效课堂视域下作业布置与批改的差异化探析［J］. 新智慧，2020（35）：91-92.

类进行讲评和指导：对于与教学内容密切联系的共性问题，讲解时可以采用对知识点变式的方法，重在对教学任务查缺补漏，不局限在某一个题目，尽量达到举一反三、一通百通的效果；对于个性化的或与教学内容联系较小的问题，应在作业批改中给予提示或在合适的时机进行单独辅导，也可以发挥作业小组的互助作用，让学生与学生交流解决问题。总之，作业讲评和指导的重心不在于差异化的形式，而在于共同的作业目标。

第四节　差异化作业的管理

教师在差异化作业管理方面可以采用三分法的系统思维进行实践探索。三分法即分层布置、分散完成、分步达标，三者是一个有机整体，你中有我，我中有你，但各有侧重。

一、分层布置

（一）科学布置作业

通过科学、合理、有效地布置作业，帮助学生巩固知识，提升能力，培养习惯，帮助教师检测教学效果，精准分析学情，改进教学方法，促进学校完善教学管理，突出针对性、合理性、限制性。坚持“学什么练什么”的原则，作业布置与课堂教学相互衔接，授课内容与作业内容有机结合，实现作业效果最大化。为满足不同层次学生的需求，差异化作业设计的内容涵盖基础类、提高类和拓展类三组。对于一个课时的训练，可以特别标注拓展类试题；对于一个单元的训练，可以直接分三组呈现。

（二）统筹协调作业

教务处、年级组通过加强班级与学科组之间的统筹协调，可以严格限制作业总量、难度和完成时长，留给学生充足的自主学习时间，保证学生每天有完成作业和自主学习的时间。无论是新授课还是复习课，都要结合学科实际，对作业设计、批改采用赋分制，这样既有利于提高过程性评估的准确性，又有利于跟踪学生的发展。每套作业给出基于绝大多数学生的建议时长，充分发挥班主任的协调沟通作用，班内统一规划，形成联动机制。

二、分散完成

（一）固定时间讲评

为保证学生有充足的自习时间，养成良好的自主学习习惯，教师应结合差异化作业安排和自习课安排，学生完成作业及上交作业的时间相对固定。为了及时反馈，巩固作业的效果，学校一是要求教师以半天时间为单位完成作业的全批全改及个别答疑。上午交的作业中午前批改完，中午交的作业下午（晚自习前）批改完，晚上交的作业第二天上午前批改完。对于作业中存在的共性问题，在本学科课堂上进行集中讲评。二是要求学生的每一次作业都要配有详细的解答，便于学生及时反馈。这样完整的作业完成、收交、批改、反馈环节流程，既落实了差异化作业的分层布置、限量布置、限时完成，让学生能在有效时间内完成作业，又确保了教师的批改效率，及时反馈，保证了教学效果。

（二）控制作业时长

控制作业时长是减轻学生负担的关键，这样才能保证学生有充足的睡眠、阅读和锻炼时间。学校要统筹每日作业总时长、每周作业总时长，以此助力作业内容的精心设计。年级组、学科组、班级要以周为单位，根据学科教学任务，统筹协调、灵活安排各学科作业的每周时长和每天时长。

三、分步达标

（一）夯实基础，课课落实

学校要求，各年级各学科的课程，无论是新授课还是复习课，都必须集全备课组之力编印学案辅助教学，一课一练，夯实基础，突出重点，课课落实。对于学生每次的学科作业和限时训练，教师可以采用“手阅 + 扫描”的模式，借助一些平台进行数据的统计分析，对每个学生各学科的学习情况予以诊断，生成差异化、个性化的错题本，线上、线下双管齐下，灵活机动地推送差异化的补充练习，有针对性地帮助学生查漏补缺。

（二）预设作业设计

学校出台作业设计的指导意见，让教师在一定的方向指引与具体的操作建议下，实现“挂图作战”。教师必须以组元为单位，对每课时的作业（含课堂练习作业和课后巩固或检测作业）进行预设，并且建立学科整体观，将全册书放在本学科本学段的课标里看，将整组元放在整册书里再看，深入思考编者意图，体会内容背后的价值，进行整体架构，针对学生能力与思维水平整体设计并安排到各个课时里。在每个组元学习结束后，教师应对本组元作业设计做行进式调整并注明调整原因，用具体数据进行论证，不断进行自我纠偏并提高作业设计能力。

（三）多学科融合

差异化作业要树立多学科融合的思想，敢于突破学科知识本身的局限，敢于打破学科界限，调动学生的感官。作业不再是单一学科的形式，可组团、捆绑、共融；作业要让学生更多的感官（眼、手、口、耳、脑、肢体等）参与进来，拓展学生认识的深度与广度；作业不仅反映学生对学科知识的掌握情况，更多的是让学科作业能够融通生活、服务生活、改变生活，让学生从学科中获得知识，还能将知识应用到生活中。

四、学考结合

为真正促成分步达标，还需要将考试与课堂教学紧密结合，围绕差异化作业针对性原则，从“学什么练什么”到“练什么考什么”，无论是考试内容，还是考试难度，均紧扣课堂所学和课后所练，对学生进行有针对性的测试，既能让学生在考试中发现问题，明确下一阶段的努力方向，又能让学生在考试中有获得感，增强他们的信心。

第五章 协商型作业

自2001年基础教育课程改革以来，国家不断从政策层面对作业实践进行引导与规范。本章重点围绕协商型作业展开论述：首先，阐释协商型作业的概念；其次，分别结合案例介绍协商型作业在复习类作业、预习类作业、练习类作业、操作类作业、实践类作业以及调查类作业中的特点和运用；再次，从作业的设计上分别介绍作业的布置、批改和管理，在作业管理中强调管理标准的依据；最后结合具体的教学案例介绍协商型作业的实践。

第一节 协商型作业的概念

协商型作业是教师与学生通过沟通商量的方式，对作业布置内容、形式和批改等方面达成共识，通过完成作业使学生所学知识得到巩固与深化，智力和创造能力得到提高，师生获得共同发展。其内涵是学生与教师协商设计作业、完成作业和评价作业，让学生做作业的主人，参与作业的全过程。教师则担任引导者，负责深入剖析该作业模式的功能和特点，结合各学科的特点和学生学习各学科知识的实际情况，在与学生商量的基础上达成对作业内容、完成方式和批改方式的共识，从而帮助学生巩固各学科知识点，提高学习能力，实现师生共同发展的目标。

第二节　协商型作业在不同作业类型中的运用

一、协商型作业在复习类作业中的运用

复习类作业指在阶段学习结束后，帮助学生梳理知识结构、巩固重难点的作业。常规的作业形式包括思维导图、专项训练等，帮助学生构建程序性知识，掌握方法。协商型复习类作业包括：引导学生使用思维导图；鼓励学生站在教师的角度，通过小组合作设计复习试题；支持学生根据自身特点采取实验探究报告、调查探究报告等形式设定不同层次作业；等等。

例如，在学生学习了初中物理的电学内容后，教师可以把课程标准印发给每个学生，与学生共同协商，决定每人出一份试卷。试卷内容要能体现课程标准的要求，题型、分值可参考平时测验的试卷，题目的来源可以参考各类教辅资料，但应标明每道题对应的课程标准。

学生为了设计好这份试卷，每个人至少参考了3—5套现成的试卷，对于考核要求和难度有了清晰的认识。在简单审核学生出的试卷后，教师随机发放试卷，请学生自行复习并完成其他同学设计的试卷。学生之后的单元测验成绩比以往的测验成绩更好，特别是对一些基本的知识点，学生的掌握情况明显优于以往。

通过协商型作业的设计，每个学生都可以自由平等地参与到复习中来，有平等的发言机会，思维得以拓宽。学生之间可以互相交流解题策略，并进行评论，此举还能增强学生学习的兴趣和自信心，避免了复习课中的枯燥无味。

二、协商型作业在预习类作业中的运用

预习类作业的设置以建构主义教学理论为依据，在以往的教学中，教师也被要求关注学生，俗称“备学生”，但这种关注往往是依据教师多年教学的经验。然而，不同学生的原有经验是不同的，他们的认知结构虽然有共性，但也存在个体差异性，如果仅凭经验进行教学设计，就不够科学。另有一些经验不丰富的年轻教师，不能很好地把握住学生的学情，从而造成教学效果不尽如人意。

教师通过协商的方法引导学生进行预习，有助于提高学生对上课的兴趣，使教学能够比较顺利地进行。课后的练习、作业或实践是课堂的延续。通过各种类型的作业，学生在课内学得的知识、技能能够得到完善与巩固。由于作业

是在没有教师直接指导的情况下由学生独立完成的，因此它在培养学生独立思考的学习习惯和独立工作的能力方面，具有重要的意义。

教师通过协商的方法引导学生进行预习，还能使学生更清楚自己知道什么、不知道什么，听课时的指向性更明确，特别是在概念教学中，预习起到了非常好的效果。

例如，欧姆定律有一个很典型的实验——伏安法测电阻，一般的操作方法是用一个电流表和一个电压表测量几组数据，然后求出每组电阻大小即可发现规律。在进行测电阻实验课之前，教师与学生共同协商设置预习作业，请学生设计测电阻的实验方案。学生用上了课堂上所学的知识，但实验方案各不相同。同时，教师通过与学生协商，开放实验室，指导学生自己动手实验验证自己预习作业中的方案，并比较优劣，从实验的设计到操作，遇到问题时的协作、讨论，直至最后完成实验报告，学生乐在其中，也学在其中，一般都能顺利完成实验作业。可见协商型预习类作业的效果很不错。

三、协商型作业在练习类作业中的运用

传统的练习类作业大多来自课本或补充习题等教辅资料，仅有少部分是由教师独立设计的。从面向学生的问卷调查中也发现同样的问题，基本说明了学生练习类作业的来源主要是课本和补充习题等教辅资料，个性化的作业比较少。从作业的设计主体来看，教师依然是作业设计的主导者，作业依然来源于教师这一方，很少甚至没有来自学生设计的作业。

首先，教师可以同学生协商设计作业。学生针对课堂学习情况，针对自己学习中的薄弱环节和兴趣点，同教师协商自主设计作业，自主确定作业的内容、形式、数量以及完成的时间等，充分挖掘自身的学习潜能。

其次，生生之间互相协商设计作业。教师在一定情况下，也可以选择让班上学生互相设计作业，可以是两人互相设计或是在小组间进行设计。在进行这样的作业设计时，教师需要向学生强调设计作业时需要紧扣所学知识和符合他们自身的需求，切不可漫无目的地随意设计。这样的作业，既能激发学生学习的热情，加深对所学知识的理解与运用，同时也可以锻炼学生的创造性思维以及培养他们的团队精神。

例如，各组学生互相协商，有针对性地根据学习进度查阅参考资料，有条

件的学生可上网查阅相关知识和资料。课后，小组成员每人都提出自己的想法，与教师协商后，确定一定数目的习题。

四、协商型作业在操作类作业中的运用

操作类作业是指学生在一定的任务或目标的驱动下，按照一定的程序和技术要求完成的作业，其目的是发展学生的基本操作技能，为后续各类实验探究和设计制作等活动奠定基础，同时兼有激发学生的操作兴趣、合作意识、反思意识等功能。为此，教师在设计操作类作业时应注意以下几点。

1. 教师与学生共同协商。例如：一起讨论作业内容是什么？确定内容后选择什么器材？哪些地方需要提供指导或操作示范？什么时间采用哪些形式完成作业以及怎样反馈纠正？师生要根据教学内容特点、教学目标以及后续学习对相关操作技能的需求和可行性四个方面的因素共同选择和确定。

2. 教师在操作类作业中还应提供规范的操作示范或指导。教师可以预先录制操作视频，或是通过图片加文字说明的形式来展示操作过程，避免学生在不当操作练习中形成不良操作习惯。

为了让学生熟练使用日常生活中的测量工具解决实际问题，增强测量技能和安全意识，每当学生学完一种测量工具的使用方法后，教师就可以与学生协商设计相应的作业。

比如，可以用卷尺测量自己的身高或家长的身高，也可以使用皮尺测量腰围、臀围等。教师可以与学生协商，要求学生写出操作步骤，方便教师进行反馈。教师可以在学生学完长度和时间的测量内容后，设计这样的作业，即用手机计时器或手表测量从家走到学校的时间或烧开一壶水的时间。

五、协商型作业在实践类作业中的运用

传统的教学在讲授规律、原理时通常直接指向结论，很少让学生了解当初科学发现的思维过程，重标准答案甚于重智慧开发，让学生解决的问题过于模型化和公式化，不易使学生形成综合运用所学知识解决实际问题的意识。

而实践类作业以培养和发展学生的创新精神和实践能力为主要目的，通过师生共同协商，采取相关探究性设计，让学生通过实践获得直接经验或参与知识创造的过程，培养学生的科学精神和操作能力，提高学生综合运用所学知识

去发现问题、分析问题和解决问题的能力。因此，在课堂上应设计一些让学生动手操作的作业，使他们更好地领会所学知识和原理，提高学习的效率。

在学生学完摩擦力知识点后，教师可以与学生协商设计在不同地面上走路的活动，让学生分别在瓷砖地板上和塑胶跑道上走路，要求学生用脚掌向后蹬地，体会两者的差别，思考跑道为什么要铺粗糙的塑胶而不是光滑的瓷砖。

教师还可以与学生协商设计立定跳远的活动，要求学生分别在塑胶跑道上和木地板上做立定跳远，体会两者的差别，并用所学摩擦力知识解释这种差别。

又如，在学生学习完力和运动的关系后，教师可以与学生协商设计跳高活动，要求学生用力向上跳，体会怎样起跳才能用上更大的力，感受从起跳到落地的过程中运动状态的变化以及受力情况。除了利用学生的日常运动，教师也可以根据教学需要，专门设计趣味性运动，引导学生体验物理原理的同时，激发学生的兴趣。

六、协商型作业在调查类作业中的运用

协商型作业可以加强学生对科学、技术、社会和环境发展的关系的关注，帮助学生形成正确的科学价值观，树立人与自然和谐相处的理念，培养科学精神和创新意识，增强社会责任感，激发他们对学习的兴趣。

教师可以与学生协商以小组合作的形式开展调查，有利于学生养成合作、分享、积极进取等良好的团队合作意识和社会交往能力，并能够培养学生搜集信息和处理信息的能力。

调查类作业成果一般是以研究报告、调查报告、课题小论文等形式展示，可采用个人自评、学生互评、教师点评、论坛交流展示等方式进行评价。

在学生学完物理中关于温度、比热容的知识之后，教师可以与学生协商从气温记录开始，延伸到热岛效应的相关调查研究，指向在实践活动中解决实际问题，引导学生积极主动参与社会实践活动，使学生在完成作业的过程中加深对物理概念、规律的理解，并逐步发展其进行科学实践的能力。

例如，在学习光学知识后，教师可以与学生协商参观科技馆，带领学生在科技馆中寻找与光学有关的互动展品，并思考、查阅、记录它的光学原理。又如，针对校园周边噪声污染比较严重的问题，在学习声学知识后，教师可以与

学生协商以小组的形式，实地调查噪声污染产生的主要原因，并搜集相关的资料，通过分析和研究，提出治理噪声污染的合理性建议。再如，学习力学基本知识和简单机械内容之后，教师可以同学生协商进行“自行车中蕴含的物理知识”小课题研究，观察自行车转向、刹车、联动等机械结构和车把、轮胎、脚踏等各部件的外形结构，通过体验骑行、刹车等动作感受有关物理量之间的关系，并撰写相关研究报告，感悟生活中处处有物理。

第三节　协商型作业的设计要求

协商型作业的设计原则是尊重学生个性，培养全面发展的学生，在协商过程中，通过互动的形式，发展学生的沟通交往能力，促进师生关系的提升，通过教师的引导和帮助，也使得学生的自觉性得到提高，不断地成长。

一、协商型作业的布置

协商型作业的布置首先由教师提出完成要求及评价细则，再和学生协商作业的数量、形式等，鼓励学生根据自身的情况进行适当调整。整体而言，协商型作业坚持必选结合、师生协商、个性选择、小组合作的布置方式。

必选结合，即作业的习题有必做题与选做题两部分。教材上的课后习题为必做题。选做题指由师生共同协商制订的习题，建议教师建立习题库，以作为学生选做题的参考，同时鼓励学生自主命题，根据自身对某个知识点的理解，结合参考资料和生活实际命题。

师生协商，即在教师指导下的师生共同协商。学生参考教师的建议后，根据自身情况，选择适合自身的作业题，其中充分考虑题目的难易程度、题目数量等。在师生协商的开始阶段，教师要充分给予学生指导，通过优良的设计提高学生学习的自主性。

个性选择，即在教师指导下，学生在选择选做题时，能根据自身对知识的掌握情况进行选择。

小组合作，即在教师指导下，鼓励学生在学习上进行合作。同时强调自主学习的重要性，保证学生在自主学习的前提下，通过有效的合作，产生思维碰撞，相关的能力均有所提高。

总体而言，布置协商型作业的注意事项如下。

教师在进行作业布置时，应充分考虑学生的需求，与学生进行合理的协商，鼓励学生通过查找参考资料，分析、编辑题目并设置答案，在作业内容与形式上鼓励个性化、生活化和趣味性。

同时在协商型作业布置过程中考虑学生的知识基础，注意帮扶存在困难的学生，这些学生在设计作业时缺乏条理性、逻辑性，教师需要对他们进行引导，针对每个学生不同的接受能力，合理地设计作业，增加作业的可选择性。

教师可以设计“作业超市”，给学生多样化的选择，如：Level 1 是较为简单的基础作业，帮助学生巩固基础；Level 2 的习题较难，帮助学生巩固提高；Level 3 的作业最难，题型更多样化，需要学生具备理解应用知识的综合能力。分层作业可以满足不同学生的需求，鼓励学生勇于挑战自己，满足学生的发展需要。

二、协商型作业的批改

批改作业可以帮助教师发现教学问题，从而根据批改的结果帮助学生学习，同时可以加强师生之间的联系。在批改作业的过程中，教师应鼓励学生积极参与，引导学生发现自身的不足，进而进行反思与提升，帮助学生形成良好的学习习惯。具体的批改步骤如下。

第一步，设置规范。学生在参加批改之前，教师应向学生示范批改方式，帮助学生明白书写标准与解题规范，通过示范性批改，明确等级的划分和批改注意事项。

第二步，批改形式。根据学生情况，可以选择不同的批改方式。如在小组合作批改中，由小组长专门负责组织，小组统一协商答案，统一意见。也可采取自批与互批的方式。自批指教师给学生参考答案，学生自行批改，设置分数，圈画出基础性错误，标记作业上的亮点。互批指学生互相批改作业，指出问题；如果学生无法解决，则交由教师指导。

第三步，进行批改。批改作业时，教师观察学生对哪部分知识点存在较多分歧，鼓励学生相互讨论与协商，并对其进行重点讲解。

第四步，总结。在批改结束后，教师及时反馈作业结果，引导学生互相讨论和总结自己出错的题目，反思思维漏洞，鼓励学生四人一组总结自行批改作业的意义。

第四节　协商型作业的管理

进行作业管理可以有效地帮助师生设置合理有效的学科作业。作业过多不利于学生的发展，作业过少不利于学生能力的提升，适当的、有效的作业才能帮助学生更主动地参与到作业中来，提高学生对作业的兴趣。

一、师生协商制订作业管理标准

师生协商，设计明确、科学的作业管理标准，保证协商型作业的顺利落实，保证学生参与的积极性。

（一）师生协商作业管理标准的依据

新课程标准充分强调人的发展、人的能力发展，是作业管理标准的依据。

（二）师生协商作业管理标准的评价量表

明确协商型作业的管理要求，才可以制订适当的作业管理标准。作业是帮助学生巩固知识、发现问题、提高能力的重要载体，通过合适的作业设计，帮助学生高效率、高质量地完成学习任务，帮助教师更有针对性、更科学地进行教学。协商型作业评价标准如下表。

协商型作业评价量表

作业类别	总体要求	具体要求
巩固知识类	1. 达成对学科的课堂知识和阶段知识的记忆、理解、领悟和运用 2. 独立完成。在合作学习中需坚持以我为主，为我所用 3. 不拖沓，不应付，提高效率 4. 活学活用，反对死记硬背和生搬硬套	1. 对描述性知识的作业，学生要做到： ①形成和优化学科记忆模式，有图示或文字表达 ②对作业涉及的知识与方法要有口头或书面的反思、总结和整理 2. 对规范性知识的作业，学生要做到： ①要培养探寻和揭示现象或事件本质的意识，主动研究相关问题 ②准确地、有条理地表达相关知识，增强思维逻辑性 3. 对实践性知识的作业，学生要做到： ①要建立正确清晰的“认知地图” ②保持对知识或技能的探究激情和积极学习的态度 ③要拓展知识的深度、广度和高度 4. 对形式性知识的作业，学生要做到： ①要培养形式化、符号化、逻辑性的思维意识 ②作业表现上，有学科格式、思维层级等方面的直接呈现

续表

作业类别	总体要求	具体要求
提升能力类	1. 强化一般能力如观察力、记忆力、想象力、注意力的训练和提升 2. 有意识、有目的地锻炼和提高抽象思维能力 3. 学科作业要根据学科特色，提高学生的特殊能力 4. 通过科学作业设计、调控和评价，促进学生学科核心素养和能力提升	1. 学生完成作业要注重思维的独特性、变通性、流畅性，提高创新能力 2. 学生完成作业要关注自身认知活动的变化，并适时调整，提高元认识能力 3. 学生完成作业要正确处理好知识与能力的关系，以巩固知识为基础，提升能力为目的 4. 学生完成作业要回归学科核心素养能力目标，强化学科意识与中心意识
塑造品行类	1. 培养学生诚信求真品质：不抄袭，不作假，努力追求真理 2. 培养学生勇敢顽强品质：不懈怠，不放弃，努力克服困难 3. 培养学生自强自信品质：不自卑，不气馁，努力增强信念 4. 培养学生惜时守时品质：不拖沓，不虚度，树立时间观念 5. 培养学生智慧创造品质：不守旧，不苟同，增强创新意识	1. 学生完成作业要求变化。学生要将知、情、意统一于作业中，注重思维、方法、情感的优化和发展。以自我反思和学生互助、教师指导为保证 2. 学生完成作业要求创新。学生要结合作业，主动加入新知识、新信息、新方法等新元素，提升开拓创新品质。以作业批注、旧题重设、试题创编等为保证 3. 学生完成作业要讲实效。学生要从做中学、学中做，知行合一，克服困难，提升勇敢顽强品质 4. 学生完成作业要求完善。学生要不断总结应对作业中的经验教训，不断优化完善，树立诚信求真品质 5. 学生完成作业要求坚持。学生要严格要求自己，完善作业中的方法、技巧和习惯，并坚持下去

续表

作业类别	总体要求	具体要求
培养习惯类	1. 培养学生良好的书写习惯：整洁、快速、有条理、有层次、有逻辑 2. 培养学生积极思考的习惯：审题与答题都要积极主动、科学思考 3. 培养学生认真总结的习惯：对完成作业的方法、书写、思维的优劣、正误、得失，进行全面认真的分析、总结，并持续改善 4. 培养学生认真计划的习惯：对作业时间、作业顺序、作业科目、作业总结等进行计划 5. 培养学生顽强学习的习惯：勇敢拼搏，顽强坚持，认真对待各类作业，不放弃，不放松	1. 强化和优化学生的作业习惯。以 21 天到 90 天作为一个评测周期，对习惯养成与定型的情况进行调研分析，并制订相应的跟进与改进举措 2. 各学科要结合本学科的特色与规律，分阶段推进学生各类学习习惯的养成教育。遵循“提高兴趣、认同、信心以接受—明确行为规范以行动—适时榜样教育以引导—坚持行为训练以自动化—及时评价奖惩以强化—营造良好风气以支撑”的规律 3. 作业管理者对学生作业情况要进行持续、全面的登记，由此对其习惯养成情况进行评判和调整 4. 各学科作业要具体化有关习惯的评价标准与调校细则，每周安排每个学生上报学习习惯数据，年级根据相关数据生成学习习惯发展图表，统一上报学校考评

（三）师生协商作业管理的负责人员

转变教学方式，保证学生保质保量地完成作业，需要各类管理人员参与到协商型作业的管理中来。

学生作为首要责任人，负责作业自查；小组长、科代表作为第一级管理者，负责初步收集数据；学科教师、班主任作为第二级管理者，负责批改及评价；备课组、年级组作为第三级管理者，负责协调、督促和指导；学校作为第四级管理者，负责统筹规划；教务处作为参与者，负责提供相关反馈。

二、师生协商作业管理的落实

（一）协商型作业设计的管理

良好的协商型作业设计，可以更好地提高教学水平，充分发挥作业的功能，所以需要遵循新课程的理念，充分考虑学生的核心素养提升，以学生为中心，将作业形式和生活紧密结合。题目从生活中来，又到生活中去，充分考虑教学情境化，如政治、历史学科可以设计演讲、辩论活动，地理、物理等学科可以设置实验探究类作业。协商型作业的设计注重以学生为中心，在学生完成作业过程中，鼓励他们学以致用，培养他们的逻辑思维，帮助他们树立正确的价值观。

（二）协商型作业布置的管理

学生的学习时间相对有限，在“双减”背景下，我们需要进行合理的作业布置，需要考虑作业的难度、作业前后衔接、作业量等问题，因此，作业的布置需要遵循以下原则。

1. 主体性原则。协商型作业的布置必须充分考虑学生的学情，通过与学生交流并进行调研，使学生感到被尊重、被需要，如此一来学生更愿意做作业，做得也更认真，这样才能实现作业效果最大化。

2. 差异化原则。学生对知识的掌握程度不同，相应地协商型作业要分层布置，体现差异化。对于逻辑思维较好的、基础扎实的学生，要设置能激发学生思维的、提高动手能力类的作业，全面提高学生的核心素养能力，同时充分发挥这些学生的榜样作用，鼓励他们担任“小教师”给其他学生讲题，培养学生的表达能力；对于基础较弱的学生，教师应充分设置巩固知识类的作业，帮助学生进行积累，把知识点吃透。

总之，尊重学生主体，才能调动学生完成作业的积极性；注重差异，才能实现因材施教，提高作业效率。只有坚持作业布置的主体性和差异化原则，才能科学地实现作业布置中质与量的统一，在符合学生认知规律的基础上，学生才能保质保量完成作业，为达成作业管理的目标创造有利条件。

（三）协商型作业评价的管理

作业评价作为教育评价的内容之一，必然要遵循教育评价的一些基本原则要求。但是作业评价因其自身的特殊性，为实现作业管理过程的有序优化，必须体现具体问题具体分析的思想。基于以上分析，确立了以下作业评价原则指导作业评价。

注重发展性评价。学生在进行协商型作业过程中，对学生的成长进行发展性评价，鼓励学生思考学科作业对自身的帮助，避免关注终结性评价，避免过分关注学生的成绩。

设置全面评价。避免评价的单一化，避免仅仅通过成绩评价学生的表现，需要设置多元化评价模式，如可以考虑定性评价与定量评价结合，考虑学生自评与学生互评的模式。

通过对学生作业的评价，教师可以对学生每个阶段的作业情况、接下来需要注意的地方进行判断与准备，最后从各个方面做出完整的评价结论。根据评价的情况，可以设置奖惩制度，调整和优化学生的作业行为。作业评价最为直接的目的，就是根据学生的作业行为及其作业结果，有理有据地调控和优化学生作业行为，以更好地实现作业功能。

在评价过程中表扬通过努力获得进步的学生，对多次出现习惯上的错误的学生，给予适当的惩戒。如学生的书面、完成态度等方面，未达到要求的均可给予适当批评。对于表现相当优异的学生，则通过奖励的方式去强化、激励和引导学生继续努力，同时以此来为其他学生提供示范和指引。无论奖励还是惩罚，因为有学生的作业相关数据，可以让学生知晓作业的现状、与他人的差距、自身阶段性的变化等具体情况，学生自然会心服口服，愿意在作业上做出积极的配合和及时的改变，从而真正实现作业管理的目的。

第五节　协商型作业的实践

以沪科版物理八年级第十章第一节《科学探究：杠杆的平衡条件》的作业设计为例，讲解基于课程标准的协商型作业设计。

《义务教育物理课程标准（2011 年版）》中对本节的要求是：

1. 知道简单机械。通过实验，探究并了解杠杆的平衡条件。

2. 了解人类使用机械的历程。了解机械的使用对社会发展的作用。

这一部分知识层面的内容包括简单机械和杠杆的平衡条件。这里所说的简单机械主要包含杠杆、斜面、滑轮和轮轴等杠杆类简单机械，它们是生产、生活中常用的机械，也是较复杂机械的基本单元。从掌握程度看，要求较低，都是“了解”水平。而对杠杆平衡条件的要求，则既包含过程，又包含结果。杠杆的平衡条件这一部分内容的学习是要求学生经历探究过程的，有一定的实验操作能力要求，特别是实验的评估环节。要求培养学生的评估能力，有评估实验过程和实验结果的意识，但最终结果仍是“了解”水平，重点是用平衡条件来说明生产、生活中为什么使用杠杆、滑轮，为什么杠杆、滑轮能省力或使用方便，不宜做繁杂计算与拓展，培养学生探索杠杆在日常生活中应用的兴趣。同时，教师应介绍我国古代劳动人民对杠杆的研究和应用实例，激发学生对祖国古代文明的自豪感，进而唤起他们对祖国的热爱。

基于以上对课标的分析，我们可以制订出本节课的学习目标：

1. 通过观察与实际应用，能说出杠杆的结构特点；能说出杠杆的五要素。

2. 经历探究杠杆平衡条件的过程，学会对实验过程和实验结果进行反思和评估，能说出杠杆的平衡条件。

3. 能应用杠杆的平衡条件对杠杆进行分类。

4. 关注简单机械的使用对人类生活的影响，了解机械的使用对社会发展的作用。

5. 结合我国古代对简单机械的研究和使用，了解常用简单机械的种类和名称，激发学生对祖国古代文明的自豪感。

本节课要求学生达到“了解”水平，但生活中杠杆类机械应用非常多，教学过程中不可能做到穷尽式列举讲解。为检测教学效果，根据教学目标设计评价作业的类型相对就可以比较丰富。本节课给学生提供的作业形式有以下几种。

1. 以书写或背诵的方式夯实基础知识，如支点、阻力、动力、动力臂、阻力臂等术语，尝试绘制本节课的思维导图；

2. 寻找杠杆在生活中的应用例子，画出杠杆在实际生活中的应用简图或将本节教材中相关插图的杠杆标出杠杆五要素，判断出相应的杠杆类型；

3. 尝试用专业术语说明剪头发、剪铁片等不同用途剪刀或剪指刀的特点，录制成讲解视频；

4. 设计实验，用杠杆、支架、钩码、刻度尺等器材或晾衣架、毛巾等生活用品，探究杠杆的平衡条件；

5. 查找资料，了解人类使用机械的历程，了解机械的使用对社会发展的作用，体验科学、技术和社会的关系，增强创新的意识，发展学生爱科学、爱祖国的情感。

协商的基本原则是能检测教学目标的达成程度，巩固教学成果。在这一原则基础上，由教师提供作业类型，学生进行选择。在选择前，教师给出选择意见：掌握不牢固的学生可以选择以书写或背诵的方式夯实基础知识；熟练掌握但不能灵活运用的学生可以选择绘制本课的知识思维导图；应用能力较强的学生可以选择拓展性较强的作业类型。第一轮学生自主选择，统计出班级内各作业类型的选择结果，然后教师再根据学生的课堂表现情况与学生协商，对选择的作业类型进行调整，直至达成统一意见。选定作业类型后，教师再给出相应作业类型的达成评估量表，以帮助学生自我检测学习目标达成程度。学生根据评估量表自主完成作业，获得五星即为达成作业目标。学生为稳妥获得五星可以适当超量完成作业，这样可以激发学生主动完成作业的积极性。作业完成后，教师对学生的选择予以肯定并对作业完成情况做出激励性评价，从而鼓励更多的学生参与协商型作业设计。

作业达成情况评估量表

作业类型	星级标准说明	自评星级	达成星级
1	能准确写出杠杆五要素★ 能辨别正确的杠杆五要素图★★ 能准确写出杠杆平衡条件★ 能用杠杆平衡条件判断生活应用中杠杆能否平衡★		
2	能正确画出教材中的一幅插图的杠杆五要素★ 能正确寻找并画出生活应用中杠杆的简图★★ 能正确判断出生活应用中或教材中杠杆的类别★		
3	能准确分析出一类剪刀的杠杆五要素★★ 能准确分析出一类剪刀的杠杆类别★★ 视频讲解清晰、明白★		
4	选择器材能完成相应的探究目的★★ 实验过程清楚明白，无知识性错误★★ 能正确分析实验结果并得出结论★		
5	查找资料全面清晰，能捋顺逻辑关系，清晰展示★★★★★ 资料全面但有些混乱，意图不清晰★★★★ 资料凌乱，但都和机械发展与应用相关★★★ 资料杂乱无章，混杂一些与机械使用无关的内容★★ 搜集资料非常少，且与主题机械使用相关度低★		

第六章

进阶式作业

作业问题一直是各国基础教育研究重点关注的问题。2018 年 12 月，教育部出台《中小学生减负措施》（“减负三十条”），明确规定，小学一、二年级不布置书面作业，三至六年级家庭作业不超过 60 分钟，初中家庭作业不超过 90 分钟，高中也要合理安排作业时间；以课标的要求为准，科学合理布置家庭作业，教育减负提质的同时呼吁作业应进行分层分类的科学化设计。2021 年 7 月，中共中央办公厅、国务院办公厅印发《关于进一步减轻义务教育阶段学生作业负担和校外培训负担的意见》，明确提出要提高作业设计质量，系统设计符合年龄特点和学习规律、体现素质教育导向的基础性作业。鼓励布置分层、弹性和个性化作业，坚决克服机械、无效作业，杜绝重复性、惩罚性作业。如何对作业进行科学系统性的分层设计，逐渐受到教育实践和理论研究的重视。因此，本章将从进阶式作业的概念出发，探讨进阶式作业的特征、类型、实施与管理，结合实践案例分析如何对作业内容进行进阶式设计，以此更适应学生的发展，提升作业的有效性。

第一节　进阶式作业的概念

在《说文解字》中：“进，登也。阶，陛也。陛，升高阶也。”在《现代汉语词典》中，“进”的意思是向前移动，“阶”的意思是台阶。“进阶”是指在原来的基础上有较大程度的提高，层次或等级提高。

关于“学习进阶”，国内外学者有不同的界定。

一是思维发展的观点，认为学习进阶是指学生在学习某领域的核心概念时，其思维由简单发展到复杂的过程。进阶式作业设计应指向学生思维的发展，逐渐促进思维的提升。

二是多维度发展的观点，将知识、能力等多个方面的发展作为进阶内容。学习进阶描绘了学生关于某一核心知识及相关技能、能力、实践活动在一段时间内进步、发展的历程，表现为特定知识、技能和能力的潜在发展序列。① 进阶式作业设计应考虑学生多维度能力的提高，在以核心概念的掌握为目标的前提下，提升相关的学科能力与素养。

三是学生个体发展过程的观点，有学者提出学习进阶关注了课程、教学、评价的对象——学生，从学生个体发展和学生群体发展的角度，学习进阶表达了学习的起点、过程和终点，以时间作为衡量学生学习效果的标尺，界定学生学习的内容和结果。因此，进阶式作业设计需要了解学生对于知识掌握的起始水平，设计相应的作业内容，每一项作业内容应指向明确达成的目标，同时需有清晰的评价标准的界定。

综上所述，进阶式学习是指学生在教师的指导下，有目的、有计划、有组织、有系统地进行的，在较短时间内接受前人所积累的科学文化知识、技能，并以此来充实自己的过程。学生的学习内容可以分为三个方面：①知识、技能和学习策略的掌握；②问题解决能力和创造力的发展；③道德品质和健康心理的培养。在学习进阶中，“进”明确了学生的认知发展目标，“阶”则指认知发展过程中遇到的一系列问题，而解决这些问题则需要学生在认知发展过程中具有依次进阶、逐级深化的思维方式。

那么，以作业设计为切入点，本研究认为进阶式作业设计是由教师根据课程标准设定一个个小目标，对应着每个小目标分别设计学习任务，通过一系列层层递进的学习任务形成最终的“进阶式作业”。在作业进阶的过程中，每个学生不仅能熟练掌握理论知识，而且能有效提升自身的关键能力、必备品格、价值观念等学科核心素养。进阶式作业设计需要明确作业标准要求，及时评价学生对知

---

① 皇甫倩，常珊珊，王后雄. 美国学习进阶的研究进展及启示［J］. 外国中小学教育，2015（8）：53-59，52.

识的掌握和应用情况，激励学生不断超越自己。作业任务不断达标，可以直接调动学生的积极性，挖掘学生的潜力，逐渐培养学生的高阶思维能力。

进阶式作业设计应符合学生认知领域的最近发展区，即在学生的认知水平的基础上进行探究问题的创设。同时，教师应尊重学生的意愿，让学生选择适合自己的作业。教师在保护学生自尊心的前提下，建议学生自己调整层次，尽可能使学生在自己原有的基础上不断进步。作业呈进阶式排列，彼此联系紧密，从基础落实到核心素养的培养，层层递进。学生每完成一阶作业内容，自身水平就提升一个台阶。随着知识、能力的不断提升，学生也可以选择一些更高难度的作业内容，巩固自身所学的知识。在由低阶到高阶的过程中，让学生逐渐达到自己能力范围内的最高要求，同时调动学生的积极性与主动性，挖掘学生的潜力，培养学生的高阶思维能力，进行深度学习。

因此，进阶式作业设计的本质意义：一是巩固旧知，筑牢基础；二是激励学生学习新知；三是将新知与旧知建立关系；四是成就感促成学习过程良性循环；五是学生深度思维、高阶能力的形成。

第二节　进阶式作业的类型

作业的类型划分有多种方法，我们主要依据教学顺序和作业形式等层面进行划分。

一、按照教学顺序划分

进阶式作业按照教学顺序可分为进阶式课前、课堂和课后作业。

（一）进阶式课前作业

进阶式课前作业，即进阶式预习类作业，是学生根据教师提出的不同层次的要求，运用已经形成或正在形成的能力，自己尝试提前思考和自主学习的活动，强调预习内容的分层性。它既是一种学习方式，也是一个学习过程。[①] 预习能使学生养成自主学习的习惯，有助于学生自学能力和独立思考能力的养成，学会预习是提高课堂效率、提高分析与解决问题能力的有力抓手。进阶式预习

① 方臻，夏雪梅. 作业设计：基于学生心理机制的学习反馈［M］. 北京：教育科学出版社，2014：68.

作业旨在通过布置不同等级的作业，让不同水平的学生都能在学习新课之前充分预习和思考，提高学生学习的效率，激发学生自觉学习的主观能动性，获得课堂学习的主动权，从而达到优化课堂整体结构和课堂细节的作用。

叶圣陶先生说过，学生通过预习，自己阅读课文，得到理解，当讨论的时候，见到自己的理解与讨论的结果相吻合，就有了成功的快感；或者看到自己的理解与讨论结果不甚相合，就作比量短长的思索。学生只要预习就会遇到感到困惑的问题，而困惑没法解决，到讨论的时候就集中了追求解决的注意力。这种快感、思索与注意力，足以鼓动阅读的兴趣，增进阅读的效果，都有很高的价值。①

按照学生的成绩将学生分成 A、B、C 三个等级，在学习初中生物《无脊椎动物的主要类群》之前，让学生阅读课本，并给学生布置进阶式预习作业。一、动物的类群有哪些？分类依据是什么？二、无脊椎动物有哪些类群？三、无脊椎动物各类群的特征及代表动物有哪些？四、节肢动物和环节动物有什么区别与联系？五、区别辐射对称与两侧对称。要求 A 等级学生通过预习完成五个问题，B 等级学生通过预习完成四个问题，C 等级学生通过预习完成三个问题。这种进阶式作业设计可以提升定位的准确性，提高作业完成效率，确保每个学生都能通过预习有所收获，使预习真正有效有用。

（二）进阶式课堂作业

进阶式课堂作业，又称为进阶式即时性训练，是学生随教学进度在课堂中进行的渐进式的学习活动。

在复习课中，切忌一步到位，要循序渐进，这才符合学生的认知规律。围绕复习内容，教师可以引导学生从理解概念入手，解剖典型例题找感觉，由浅入深，由简单到复杂，循序渐进，这样才能夯实基础。要做到进阶式，就得认真选题，将题目按由易到难的顺序排列，进行训练，可以先看例题，后做习题，最后进行探究，不断强化提高。要做到进阶式，也可以采取先个别后整体的策略，即“先单元后专题再模拟”的复习模式。

在复习初中生物《人体内的物质循环》这一章时，由于这部分内容较多，

---

① 柳汉维，张枝利．“非教他们预习不可”：有感于叶圣陶先生关于预习的论述［J］．辽宁教育，2014（10）：90-91．

学生容易混乱、遗忘，在进入专题复习之前，教师给学生布置进阶式作业。第一，在基础作业方面，教师要求学生叙述人体内物质运输的载体、器官及途径。第二，在提高作业方面，教师要求学生说出血液的组成及功能、血管的类型及特点、体循环和肺循环的路径。第三，在拓展作业方面，教师提出了问题，即为救治新冠肺炎患者，护士在其臂部打了一针，请说出药物进入血液后到达病灶处经过心脏的次数。

该设计从题目内容来看，第一部分内容可以让学生轻松找出答案，有助于学生巩固基础知识。紧接着，提高作业部分教师设计了更加详细的问题，让学生进一步夯实基础。拓展作业是与学生生活相关的药物流经、途经的应用题，这部分作业内容有助于提升学生解决问题的能力。题目难度相对较高，对于一些学习成绩优秀的学生而言，这部分作业内容能够提升他们的逻辑思维能力以及对知识的综合运用能力。

（三）进阶式课后作业

进阶式课后作业是在一节课或阶段学习后，让学生在头脑中再现所学知识，并在巩固所学知识的基础之上，提高知识的熟练应用程度的作业；是为避免单调化所引起的动机下降、练习作业的负荷过重等问题设计的活动。教师设计进阶式作业来增强学生的学习动机，主要体现灵活性，包括题目、方式等，也可引进拓展变式，使学生对概念形成正确的认知。

在作业难度相同的情况下，教师也可以从作业量入手，设计进阶式作业。譬如，在学习完初中生物七年级上册第二单元《多彩的生物世界》后，对该单元进行练习，教师为学生布置了该单元的套题，包括25道选择题，6道填空题。教师按照学生成绩将学生分成A、B、C三个等级，C等级学生需要在45分钟内完成至少27题，B等级学生需要在45分钟内完成至少29题，A等级学生需在45分钟内完成30题。在按照作业量设置进阶式作业的过程中，教师需要用平等、公正的态度看待每个学生。

二、按照作业形式划分

进阶式作业按照作业形式可分为进阶式制作类、调查类和实践类作业。

根据新课程标准的要求，相比常规的知识记忆和巩固，教师需要设计不同形式的进阶式作业，使学生关注学科基础概念与生活、社会、环境的联系，从而培养他们对学科知识的综合运用能力，以及用所学知识解释和解决现实生活中问题的能力。进阶思维更多体现在作业材料的选择、活动形式的确定以及调研内容的把握之中，层层深入、逐步培育学生的系统认知能力。

（一）进阶式制作类作业

进阶式制作类作业的设计通过布置不同难度、不同种类的操作或实验，帮助学生掌握一定的知识原理，实现能力进阶。初中阶段的制作类作业通常是为了丰富学习生活、为后续学习奠定基础，学生利用所学动手制作或设计某一作品，这里的作品可以是模型，也可以是实验。

在教授完四册生物课本之后，为了加深初中二年级学生对生物模型的认识和对各种结构的理解及记忆，教师可以引导学生用自己喜欢的材料制作不同的模型，比如在基础作业内容方面包含 a. 细胞模型（动、植物），b. 花，c. 根尖三个模型；在提高作业内容方面包含 d. 种子，e. 病毒（球状、蝌蚪状），f. 肾单位，g. 呼吸肌运动四个模型；在拓展作业内容方面包含 h. 眼球，i. 神经元，j. 肺泡，k. 关节四个模型。从上述内容来看，基础作业内容模型简单易操作，大部分学生都能完成；提高作业部分较基础作业难度有所加大，模型包含的结构较多，需要学生认真观察研究课本例图；拓展作业内容模型复杂精细，难度最高，对于一些学习成绩优秀的学生而言，这部分作业内容能够提升他们对知识的综合运用能力。

（二）进阶式调查类作业

进阶式调查类作业，就是根据教学内容和生活实际设计难易程度不同，但相互关联的系统性调查作业，把学生在书本中学习的内容和社会实际联系起来，提高学生人际交往、获取信息及实践的能力。

调查的内容要有一定的意义，可以实地查看、实人查询，也可以查阅书报、网站，让学生把调查意见和建议形成书面报告，这样有利于加强学生对科学、技术、社会和环境发展的关系的关注，帮助学生形成正确的科学价值观，树立人与自然和谐相处的理念，提升学生综合能力。教师应善于将教材中的小课题与学生的生活实际紧密结合，鼓励学生在自主完成作业的过程中，积极主动地发现生活中的各种问题，也可以在思考的基础上，大胆地提出问题。

学习初中生物七年级上册内容之后，为加深学生对基础知识的理解，提高学生的团队意识和小组合作能力，布置如下三份调查作业。

第一，在基础作业内容方面，调查校园内的种子植物。

提示：

1. 说出校园内种子植物的名称、主要特征及生存环境。

2. 尝试区分不同的种子植物。

3. 掌握调查的方法。

方法步骤：

1. 几名同学自由组成调查小组。

2. 根据学校的实际情况选择调查地点。

3. 仔细观察并记录不同植物的名称、主要特征及生存环境。观察过程中要爱护植物，不随意攀折、采摘或品尝。

4. 对不熟悉的植物先记录它们的大致特征，然后请教师解答或利用图书、网络等渠道查询相关资料，整理调查结果。

第二，在提高作业内容方面，调查光合作用和呼吸作用原理在生产中的应用。认识光合作用和呼吸作用的原理，就是为了更好地利用其为农业生产服务。学生可以从作物栽培，粮食、水果、蔬菜贮藏等方面展开调查。

提示：

1. 开展调查活动前要先设计好调查表。

2. 在调查过程中要详细地观察、询问和记录。

3. 调查结束后，以小组为单位分析讨论调查结果，形成调查报告，在班内交流。

4. 针对调查中发现的不当措施提出合理建议。

第三，在拓展作业内容方面，调查当地食用菌的种类。食用菌是指可供人类食用的大型真菌。我国广泛栽培的食用菌主要有蘑菇、香菇、草菇、木耳、银耳、平菇、滑菇等。食用菌栽培是我国种植业中的一项重要产业。

提示：

1. 确立调查小组，制订调查计划。

2. 选择调查场所。可以到附近的农贸市场、食用菌种植场、林场、草地、学校食堂、饭店等场所进行调查。

3. 做好调查记录。将观察到的常见食用菌的形态、颜色、生存环境（光照、温度、湿度）、营养价值等记录下来。

4. 撰写调查报告，以小组为单位，在全班进行交流。

从上述题目内容来看，基础作业部分在校园内就能够完成，地点固定，种类相对较少，学生时间宽裕，容易完成；提高作业部分实践难度有所提高，调查光合作用和呼吸作用原理在生产中的应用不仅要求学生知道光合作用与呼吸作用的原理、原料和产物，还要利用课余时间，走出校园，这就需要学生有较好的组织协调能力和语言沟通能力；拓展作业要求调查当地食用菌的种类，城区食用菌的种植数量少，需要学生提前确定调查场所，制订调查计划，难度最高，对于一些学习成绩优秀的学生而言，这部分作业内容能够提高他们分析、解决问题的能力和统筹协调能力。

（三）进阶式实践类作业

进阶式实践类作业引导学生从书面作业中走出来，走向社会，走进生活，将书本知识和实践应用结合，帮助学生提升思维水平、动手实践能力和解决问题的能力，有助于激发学生的探究欲望和创造性。实践类作业是新课程理念的体现，也最容易培养学生的综合能力，这种作业形式有利于培养学生的学习兴趣。

学习初中生物七年级上册内容后，为提高学生的动手实践能力，加深他们对基础知识的理解，布置如下三份实践作业。

第一，在基础作业内容方面，“观察洋葱根尖的细胞分裂”，细胞内有一些容易被碱性染料染成深色的物质，叫染色质。细胞内的遗传物质主要存在于染色质中。在细胞分裂时，染色质高度螺旋化，缩短变粗成为染色体。

提示：

1. 把洋葱根尖细胞的永久装片放在显微镜载物台上。

2. 用低倍镜观察，找到细胞约呈正方形、排列紧密的区域。

3. 转动转换器，换成高倍物镜，寻找处于不同分裂状态的细胞，注意观察细胞中染色体的变化。

第二，在提高作业内容方面，“观察池塘水中的微小生物”，池塘水中有众多的微小生物，大多用肉眼无法看到，借助显微镜才能比较容易地观察它们。

提示：

1. 取一滴池塘水制成临时装片。

2. 用低倍镜观察，尝试辨认各种生物。

3. 与同学交流观察结果。

第三，在拓展作业内容方面，“测量不同环境中的空气湿度”，不同植物的蒸腾作用强度不同，因而不同植被环境中的空气湿度也不相同。空气湿度可利用湿度传感器进行检测。湿度传感器可以将空气中的湿度值转换为数字信号，经过计算机的运算，快速、直观地显示出不同环境中的空气湿度。

提示：

1. 连接计算机、数据采集器和湿度传感器。

2. 打开计算机，进入相应软件。

3. 在同一时间段，依次测出树林、花园（以灌木为主）、草坪、农田等地点离地面 1.5 米高度处的空气湿度。

从上述题目内容来看，第一部分基础作业“观察洋葱根尖细胞的永久装片”，需要学生能够熟练地使用显微镜观察染色体，大部分学生都能完成；提高作业部分实践难度有所提高，不仅要求学生会熟练地操作显微镜，还要会制作临时装片；拓展作业内容不仅包含生物学知识，还包含传感器、计算机的使用及数据比较分析，难度最高，对于一些学习成绩优秀的学生而言，这部分作业内容能够促进学科融合，提高学生的综合能力。

第三节　进阶式作业的设计要求

一、进阶式作业的设计

（一）强调整体设计

一是整体考虑学生课前、课中和课后学习之间的关联性与系统性，高度重视课前、课中和课后作业设计之间的知识衔接与逻辑联系，真正实现作业的诊断、反馈、巩固、矫正等评价功能。

二是以单元或章节为基本单位设计作业，整合零散碎片知识，建构整体知识体系，从学科角度和课程层面确立单元作业目标，整体设计单元或章节作业，并注意单元与单元之间、章节与章节之间的统整性和思维进阶性。

（二）强调分层设计

教师根据课程标准划定若干个小目标，对应着每个小目标分别设计学习任务，通过这样一系列、层层递进的学习任务形成最终的进阶式作业。进阶式作业设计遵循思维进阶的规律，有梯度，有区分度，对不同学生提出不同的要求。进阶式作业的基本模式是“基础类作业＋理解类作业＋探究类作业”模式。

在具体的学科中，教师进行了类型的细化，以语文、数学学科为例说明进阶式作业的细类。

语文学科进阶式作业类型表

类型	作业形式	作业设计要求	举例说明
基础类作业	读写积累型	为了让学生掌握、巩固基础知识及培养基本能力。 1. 读：有感情地朗读课文，选择重点语段或自己喜爱的语段进行背诵；对于必背文言文、诗歌要求背诵并准确默写。 2. 整理现代文重点字音、字形、成语；整理文言文、诗歌重点实词、虚词以及特殊用法、译文等。	1. 读：例如七年级上册课文《春》，学生可以选择自己喜爱的语段，有感情地诵读并背诵；八年级下册课文《〈诗经〉二首》，要求把握好语气语调进行背诵并准确默写。 2. 写：例如八年级下册课文《桃花源记》，要求学生读准重点字词，并整理课下注释的重点实词、虚词等。
理解类作业	品析理解型	进一步学习基础知识，帮助学生理解和消化知识：理解课文重点词句，学会赏析重点词语和写作手法；理解课文内容，把握文章主旨。	在学生背诵记忆课下注释的基础上，要求学生理解《桃花源记》的重点语句，能用现代汉语翻译，能够字字对译，连词成句，语言通顺流畅；通过了解陶渊明的生活经历及《桃花源记》的写作背景，理解作者笔下的理想社会及作者的情感愿望。
探究类作业	采集创编型	采集、剪贴、展评与课文有关的图文资料，编辑专题手抄报、黑板报，根据对诗文的理解进行书法、绘画创作。	学生阅读《儒林外史》后，让他们将自己的学习成果用手抄报或思维导图的方式分析重点人物形象，展示在教室的墙壁上，既丰富了教室环境，又提高了学生阅读的兴趣。
	学科整合型	以发展的眼光看待学生，将语文知识与其他学科的知识结合，如读唱结合、写画结合等。	以多种形式展示自己的学习成果，例如对《〈诗经〉二首》的学习，布置学生采用多种自己喜欢的形式展示自己的预习成果，了解诗歌内容。喜欢朗读的学生可以配乐朗诵，喜欢唱歌的学生可以将诗歌改编成歌曲吟唱，喜欢绘画的学生可以绘制图画等等。

续表

类型	作业形式	作业设计要求	举例说明
探究类作业	演说交际型	演课本小品剧，看图讲故事，课文内容的续说、漫谈，诗文吟诵。	在学了八年级下册第四单元课文后，利用课文的单元活动，让学生进行仿写和演讲，往往能达到意想不到的效果，学生的思维能得到锻炼，此后也可以组织演讲比赛，提高学生的表达能力。
	考察探究型	深入社会进行参观访谈，走进大自然进行考察探究，并仿照课文，运用实物实地考察法、合理想象法写出科技小论文或考察报告。	结合八年级上册《昆虫记》名著阅读，组织学生观察昆虫，跟着课本学写观察日记或考察报告；结合清明节，布置学生利用假期郊游踏青，观察1—2处景物，在活动结束后，请学生写写踏青中最美的景色。此类作业中，学生在字里行间流露的兴奋、自然与真实是其他的作文习作中无法看到的。

数学学科进阶式作业类型表

类型	作业形式	作业设计要求	举例说明
基础类作业	知识型	学生通过学习掌握数学基础知识和基本技能。	学完一元一次不等式组的解法，布置学生完成课本内的相关题目来落实所学知识。
	操作型	借助必要的操作活动，将学生在实际操作过程中观察到的现象、实物、数据，进行分析、推理、判断或计算来解决生活中的实际问题。	做一个钟面，要求有时针、分针、秒针，画好钟面刻度，并总结其特征。
	整合型	以发展的眼光看待学生，将数学知识与其他学科的知识结合，如算画结合。	画几朵花，在花心中写上数字（如15），要求在周围的花瓣上填上合适的算式（如7+8，9+6等），组成一朵朵美丽的花朵。

续表

类型	作业形式	作业设计要求	举例说明
理解类作业		通过基本题目的变式进一步加深学生对所学知识的理解运用。	一元一次不等式组的考察变式： 变1　已知不等式组$\begin{cases}x+a>1\\2x+b<2\end{cases}$的解集为$-2<x<3$，则$a$=___，$b$=___。 变2　若关于$x$的不等式组$\begin{cases}\frac{x-2}{3}\leqslant m\\x-12>3-2x\end{cases}$无解，则$m$的取值范围是________。 变3　已知关于$x$的不等式组$\begin{cases}4-2x\geqslant 0\\\frac{1}{2}x-a>0\end{cases}$恰有4个整数解，则$a$的取值范围是__________。
探究类作业	探究型	引导学生从生活中发现问题，提出问题，再通过自己的实践，探索解决问题的方法或途径，然后指导学生把自己的探索过程记录下来，这样不但能解决实际问题，而且能培养学生提出问题、分析问题、解决问题的能力，有利于他们创新意识的形成。	1. 北师大版七年级上册数学综合与实践作业3“制作一个尽可能大的无盖长方体形盒子”。 2. 研究用电成本问题：比较分时电表和普通电表两种收费方式在什么情况下哪一种更划算。 3. 北师大版八年级下册数学综合与实践作业2“平面图形的镶嵌”。
	调查型	学生通过社会调查，用数学的眼光分析调查所得资料，从而进一步认识周围的世界，提出解决生活实际问题的方案。教师从现实生活中挖掘能引发学生去调查、实践的材料，营造自由宽松的氛围，引导学生提出新思路、新方法和新方案，并要求他们把过程记录下来，以提高学生的学习兴趣，增强他们的思维能力。	1. 北师大版七年级上册数学综合与实践作业2“关注人口老龄化”。 2. 北师大版九年级下册数学综合与实践作业3“设计遮阳篷”。

二、进阶式作业的布置

教师需精心选配不同层级的作业，做到层次清晰，题量适度，在实践中指导学生采用“梯度完成”策略。基础薄弱的学生以基础类作业为主，力争达标；中等生在完成基础类作业的前提下，适当增加提升类练习，激励进步；基础比较扎实、学习自觉性较高的学生以理解类、探究类作业为主，鼓励拔尖。学生根据自己的发展层级选择梯度作业。

学生发展层级和作业梯度表

学生组别	必做梯度	挑战梯度
第一发展层级	基础类作业	理解类作业
第二发展层级	基础类作业、理解类作业	探究类作业
第三发展层级	理解类作业、探究类作业	批改、讲授作业

在作业任务不断达标的过程中，调动学生的积极性，挖掘学生的潜力，逐渐培养学生的高阶思维能力。

三、进阶式作业的批改与反馈

（一）教师评价

不同层级的作业采用不同的批改方法。例如，第一发展层级的作业为基础类作业，需要教师全批全改，对未达标的学生进行二次批改，重点检查学生的订正情况，督促学生掌握知识点。理解类作业需要教师重点讲解，如仍有不理解的学生，就需要以面批和再抽检的方式进行落实。对于第一发展层级的学生采用当天面批，第二发展层级的学生隔天面批抽检，对于第三发展层级的学生可以采用一周抽检、讨论式面批的方法，培养其主动思考的意识。探究类作业主要是采用师生合作、教师示范、学生讲解的形式批改。作业的课堂讲评指导，应该改变“满堂灌”的方式，留出足够的时间抽检和讨论。

进阶式作业体系的作业批改分级表

作业类型	批改方式
基础类作业	学生订正；教师全批全改 + 二次批改
理解类作业	学生订正；教师讲解重点题型 + 个别辅导
探究类作业	师生合作，教师示范，学生讲解

教师在掌握了学生的元认知、高阶认知、作业动机、作业过程、作业情绪、完成时间、思维方式等情况的基础上，制订并实施具有个性化、差异性的作业干预策略。

（二）自我评价

依照“评价量规”指导学生自主评价，以评促学，以评促教。例如制订一系列“评价量规”，改变教师单一主体评价，建立“学生自评、学生互评、教师总评”的多主体评价方式。

第四节　进阶式作业的管理

一、完善进阶式作业规章制度

在学校已有作业设计与批改、作业练习、作业检查等常规作业管理制度的基础上，确立了以下三项针对进阶式作业的管理制度。

（一）进阶式作业备案制度

1. 严格控制作业。作业布置着眼于学生的发展，关注学生的差异，体现思维的进阶性，把握好作业设置的质、量、度，不布置机械重复性作业。

2. 注重作业形式。作业形式应结合学生的年龄特点、学习实际和知识掌握情况，培养学生积极的作业态度，提倡布置探究性、实践性、层次性的作业。

3. 严格审核制度。由教务处把关，教师把自己布置的作业报本级部主任审批后，各任课教师才能把作业布置给学生，并且在每天下午放学之前进行公示。

4. 教务处采取定期检查和不定期抽查结合的办法，对作业申报、审查、公示情况进行检查。定期对作业审批、公示情况进行检查总结。指导各学科组建立进阶式作业资料库，每学期备课组要通过选编、改编、创编等方式优化原有的进阶式作业设计体系，调整完善不少于 30%，争取形成各科的进阶式作业模式。

（二）进阶式作业常态调研制度

在当前加强规范办学行为、全面推进素质教育的背景下，教师必须从推进实施素质教育的高度，认识“作业”的内涵，改变传统的作业观，将进阶式作业理念纳入作业设计的范畴和视野。为了更好推进这一工作，学校制订了常态调研制度。

1. 教师方面

调研教师设计进阶式作业的情况。了解教师在进阶式作业设计方面存在的困难，切实加强校本培训和校本教研，提高教师的进阶式作业设计能力。组织教师研读最新的课程标准，梳理教材，明确学科知识体系和认知要求，掌握进阶式作业设计的依据和方法。

教师的进阶式作业设计调研分析

作业的进阶性特点	人数	百分比
有	25	25.5%
偶然有	60	61.2%
没有	13	13.3%

从以上数据分析可知，只有25.5%的教师在布置作业时会考虑作业进阶的重要性，还有13.3%的教师随意布置作业。

2. 学生方面

调研学生完成作业的情况。明确调查目的，了解学生课业负担的现状，分析造成学生课业负担重的原因，寻求用进阶式作业来解决的对策。对调查内容与结果进行分析，汇总调查结果反映出的问题，从学生方面、教师方面、家庭方面分析原因，基于以上分析制订具体措施。为学校科学地设计和落实进阶式作业提供依据，切实达到“低负高质”的进阶式作业设计。

学生的作业完成情况分析

作业完成时间	30分钟以内	30—60分钟	60分钟以上	经常不交
人数	265	144	74	3
百分比	54.5%	29.6%	15.2%	0.6%

从以上数据分析可知，54.5%的学生可以在30分钟之内完成作业，这部分学生成绩比较优秀，动手能力强；而还有15.2%的学生在60分钟以上完成作业，原因基本都是注意力不集中，完成作业有困难，还有动手慢的。不能按时上交的原因有很多，如作业太多没有时间做的、不会做的、不想做的等。

通过常态调研使教师优化进阶式作业设计方案，改变机械训练的现状，倡导学生主动参与、乐于探究的学风，培养学生获取新知识的能力、分析和解决问题的能力及交流与合作的能力。

（三）进阶式作业监督制度

教师可以采取每月反馈、学期表彰的措施。在定期的作业常规检查中，检查人员除对作业数量、作业完成质量、作业批改的检查以外，还应该关注进阶式作业设计理念在各学科的创新性实践情况，如作业类型是否多样、题目难度是否合适，作业中是否体现进阶机制等。在分析反馈作业时，除了分数反馈，检查人员还需形成详细的作业分析报告，教务处通过分析各年级、各学科的作业实践情况，总结典型经验，评选出在进阶式作业设计方面有特色的榜样人物，组织经验分享，以分析结果助推作业优化进程。

二、成立进阶式作业研究小组

在学校教务处的组织下，由教研组组长或备课组组长牵头，成立进阶式作业研究小组，研究进阶式作业在设计中遇到的问题。

组织教师参与研究活动，以教研组为单位，由组长负责，带领教师学习有关进阶式作业设计的理论知识，加强教师之间的交流，及时跟踪进阶式作业研究的结果。

每学期进行一次进阶式作业设计的培训，邀请专家进校园，指导教师开展进阶式作业设计的研究与实践，就进阶式作业设计实践中的问题进行研究、分析和讨论，提高教师的进阶式作业设计能力。

每学期进行一次进阶式作业设计展示，展现风采。每学期举行一次学科带头人讲解教师如何进行进阶式作业设计的讲座。

第五节　进阶式作业的实践

进阶式作业是有层次、有梯度的作业，它针对不同层次学生提出不同的要求，进行分类指导，从而让每一名学生都有选择和发展的空间，让不同层次的学生在原有基础上都能得到提高。在进阶式作业练习中，并不严格约束与限制学生的练习任务，而是鼓励学生自主选择，尝试突破更高一阶的作业练习，由此提升学生的知识水平和学习能力，使其一直保持积极进取的学习状态。进阶式作业是学生主动学习的最好的作业形式，具有挑战性，更利于激发学生的学习兴趣，使学生的思维得到拓展，能力得到提高。

第13课《最后一次讲演》专项练习

预习性练习

1. 为加点字注音。

晓得（　　）　屠杀（　　）　毁灭（　　）　赋予（　　）

悲愤（　　）　卑鄙（　　）　蛮横（　　）　诬蔑（　　）

挑拨离间（　　）

2. 根据拼音写汉字。

卑 liè（　　）　chuí（　　）击　shì（　　）力　恐 bù（　　）

lí（　　）明　无 chǐ（　　）　xī shēng（　　）

3. 写出下列成语的意思。

（1）光明正大：________________

（2）挑拨离间：________________

（3）卑鄙无耻：________________

4. 文学文化常识填空。

（1）本文作者________，本名________，字____，生于湖北省黄冈市浠水县，中国现代________，________，中国民主同盟早期领导人，中国共产党的挚友，________代表诗人和学者。1923 年 9 月出版第一本新诗集________。1925 年 3 月在美国留学期间创作________。1928 年 1 月出版第二部诗集________。

（2）讲演词，也叫演讲词、演说词，它常在各种大型的群众集会或较为隆重的场合使用，而且讲话人所讲的都是些较为重大的问题或是讲话人就某个专门问题进行的论述。讲演词具有________、________和________的作用，它可以把讲演者的观点、主张与思想感情传达给听众及读者，使他们信服并在思想情感上产生共鸣。

巩固性练习

1. 从修辞手法的角度，赏析下面的句子。

“无耻啊！无耻啊！这是某集团的无耻，恰是李先生的光荣！”

2. 第四段中的“他们”指敌人，“你们”也指敌人，为什么用了这两种指代？第五段中，谈及特务时直呼“你们”，面对听众时则用“我们”。请说一说这两种称呼有什么表达效果。

3. 课文中说“人民的力量是要胜利的，真理是永远存在的”，对于这句话你是怎样理解的？

综合性练习

《最后一次讲演》是一篇演讲词。我们可以围绕素材、结构、语言等角度，学习仿写。

“让爱永驻心中”素材	围绕“让爱永驻心中”主题选择材料，确定自己的观点主张，观点主张要正确、鲜明及突出，并为自己的观点找事实论据和道理论据。
篇章结构	仿照《最后一次讲演》的文本特质，聚焦素材，拟写演讲稿。 结构妙招：开头提出问题，或亮出讲话要点，以引起听众的兴趣和关注；重点是中间部分对演讲主旨的阐述；结尾回应开头，结束全文，或提出希望和祝愿，使听众受到激励和鼓舞。 情感妙招：通过使用富有感情色彩的词语、修辞、句式、人称变换等方式增强语势，直抒胸臆。
语言再现	《最后一次讲演》的语言可谓精彩。请学生学习作者的语言技巧，丰富你的语段。 （提示：请运用褒贬义词、修辞手法、感叹句、反问句、设问句等，运用其中的一种或几种方法来表现自己的观点和态度，语言要生动形象。）

作业答案：

预习性练习

1. 晓得（xiǎo） 屠杀（tú） 毁灭（huǐ） 赋予（yǔ） 悲愤（fèn）
卑鄙（bēi bǐ） 蛮横（mán hèng） 诬蔑（wū miè） 挑拨离间（jiàn）

2. 卑 liè（劣） chuí（捶）击 shì（势）力 恐 bù（怖） lí（黎）明 无 chǐ（耻） xī shēng（牺牲）

3.（1）光明正大：形容襟怀坦白，行为正派。

（2）挑拨离间：原指没有根据的话，现在多指在别人背后散布谣言，污蔑、中伤他人。

（3）卑鄙无耻：意思是形容品质恶劣，不顾羞耻。

4.（1）闻一多，闻家骅，友三，诗人，学者，新月派，《红烛》，《七子之歌》，《死水》

（2）宣传，鼓动，教育

巩固性练习

1. 用反复的修辞手法揭露敌人的无耻，又用对比的方法突出李公朴先生为进步事业而死的光荣。

2. 本段先是面对“大家”而怒斥敌人，所以用“他们”以指敌人。而话锋一转，直面特务，怒斥特务，于是用“你们”以指敌人。“你们”指的是国民党反动派及其帮凶；“我们”指的是演讲者和广大人民。揭露敌人的罪行和虚弱本质，用“你们”表达出愤怒和蔑视的感情；歌颂人民的力量，用“我们”表示演讲者与群众的亲密无间的战斗感情。

3. 我们有无数个像李公朴先生一样为正义而斗争的人，我们坚信人民的力量是伟大的，正义终将战胜邪恶，光明就在眼前。直抒胸臆，表达了作者对人民的强大力量和革命必胜的坚定信心。

综合性练习

1. “让爱永驻心中”素材：家人疼爱、同学友爱、社会关爱……

2. 篇章结构：开头——用故事或歌词引入

主体——用典型事例说明

结尾——号召人人奉献爱心

3. 语言再现：

让爱永驻心中

尊敬的教师、亲爱的同学们：

大家好！我今天演讲的题目是《让爱永驻心中》。

好想用第一抹光线的纯净，为世界画一双眼睛；好想用第一朵花开的声音，为世界唱一支歌；好想用我们初次触碰的心灵，写出那句动情的话：让爱永驻心中。

真正的爱是伟大的。黄继光的爱是伟大的，为了祖国和人民，为了正义和希望，他忍着伤痛爬到地堡射孔前，毅然地跃身而起，扑向火力点，以自己年轻的生命，为部队冲锋扫清了阻碍。

真正的爱又是极其平凡的。人们常说：“出门走好路，出口说好话，出手做好事。”这寥寥数语包含了多么至真至诚的爱。

看，那踏着三轮车的老人是谁啊？是白方礼爷爷，他靠自己蹬三轮车的收入资助了三百多名学生读书，他的每一块钱里都有爱的汗水，我们对这平凡的爱能不肃然起敬吗？

无论是一生只做一件事的我国核事业开拓者朱光亚院士，还是坚守藏区十几年的雪域高原“并蒂莲”胡忠、谢晓君夫妇；无论是绿了青山白了头发的人民好书记杨善洲，还是三次冲入火场救人的英雄王峰；无论是托住生命的“最美妈妈”吴菊萍，还是扎根乡村几十年的“最美教师”支月英……他们都启示我们：要让爱永驻心中。

不求大爱无疆，但求小爱有情。“只要人人都献出一点爱，世界将变成美好的人间。”让爱永驻我们心中，让爱充满人间！

作业评分标准表

类型	等级			评价
	A. 练习达人	B. 练习新星	C. 练习新手	
预习性练习	能熟练并正确写出生字词的字音、字形，且能准确解释重点成语，了解并掌握作者、作品及文体常识	能正确写出80%的字音、字形，能大体概括成语意思，了解部分作者、作品及文体常识	只能拼写个别生字词，对成语意思的理解模糊不清，对作者、作品及文体常识不甚了解	
巩固性练习	答题步骤清晰，表达作用分析准确	答题步骤不完整，表达作用分析不全面	答题步骤混乱，缺少一定的表达作用分析	
综合性练习	能围绕演讲主题选择合适且新颖的素材；观点鲜明、突出；结构清晰；能运用本课所学的两种及两种以上的手法丰富自己的语言	能围绕演讲主题选取较为合适的素材；能表达观点；有一定的结构脉络；能运用一种手法丰富语言	缺少一定的素材支撑自己的观点；结构混乱；语言单调，不丰富	

案例评析：

该作业设计分为三部分：预习性练习、巩固性练习、综合性练习。预习性练习对应的目标维度和学习水平为“识记”，题目类型为“填空”，难度“简单”；巩固性作业对应的目标维度和学习水平为“鉴赏评价”，题目类型为“简答”，难度“中等”；综合性作业对应的目标维度和学习水平为“表达应用”，题目类型为“写作”，难度“较高”。本案例具有非常典型的进阶式作业的特征，选取该作业设计作为典型案例来分析主要有几个原因。

第一，该作业设计覆盖全面，包含了学生课前、课中及课后的各项练习，其设计的思路体现了进阶式作业的设计理念。从识记、鉴赏评价到表达应用，是思维内化的过程，知识的层次由浅到深，运用知识的能力由低到高。该作业是在掌握学生学情的基础上进行的学习活动的设计，把重点放在知识层次（知识、能力和思维）上，遵循了学的规律，体现了学的逻辑。

第二，该案例在知识与活动之间建立了一定的关联。比如，学生借助工具书完成预习性练习，从文化角度了解该课涉及的汉字文化、文学常识等；巩固性练习则关联本课文体特征，凸显教学价值，对文体的手法、作用进行分析，让学生更容易理解文本内容，也更容易了解该文体的特点；最后回归到综合性练习，借助前期的学习，发散思维，以课内知识带动学生的自我表达，把碎片化的知识结构化，形成系统，可供迁移运用。

第三，语言是一种创造性的精神活动。优质的作业设计可以促进语言的生长：吸纳、存储、加工、倾吐，激发学生的创造力，使学生迸发智慧的火花，自由地表情达意。该作业设计能看到学生实实在在的听、说、读、写练习，以及学生知识、能力、思想和情感在不断发展。

第四，该案例设置了一些客观题，也有一些开放式问题，可以让学生充分地思考。“一千个读者就有一千个哈姆雷特”，每个学生在阅读文本之后的体会和理解都是不同的，学生可以自由阅读品鉴，依据作业提供的主题自由写作表达，这有利于学生不同思维之间的碰撞。同时该作业设计了评价量规，便于学生进行自评和互评，通过评价量规反馈作业问题，有效发展了学生的自主学习能力，激发学生学习的内生动力。

第七章

实践类作业

2021年4月8日教育部办公厅印发《关于加强义务教育学校作业管理的通知》，强调要“创新作业类型方式”，“科学设计探究性作业和实践性作业”。2021年7月24日，中共中央办公厅、国务院办公厅印发了《关于进一步减轻义务教育阶段学生作业负担和校外培训负担的意见》，明确减负的要求，有利于构建教育良好生态，促进学生全面发展、健康成长。只有确保义务教育“双减”政策落到实处，改变单一乏味的作业，有意识地布置实践性作业，让作业活起来，才能使学生动起来，促使学生在生活中学习，在实践中运用，在开放中创新。如果学生的课外时间依然只是完成单一的书面作业，沿袭着巩固、掌握知识这一传统的学习途径，如何能培养学生的核心素养，发挥学生的创新精神？因此，本章将从实践类作业的概念出发，探讨实践类作业的特征、类型、实施与管理，结合实践案例分析如何通过实践类作业让作业活起来，使学生动起来。

第一节　实践类作业的概念

实践类作业是指学生在教师指导下完成的各种活动的作业，它以学习者为中心，是学生主动学习的体现。它是对“学以致用”的实践，也是新时代背景下实现“减轻负担，提高质量”目标的重要手段。以实践活动为形态的作业形式既是课程动态的生长性延伸，也是承教启学的重要环节。关于“实践类作业”的概念理解，研究者从以下四个不同的角度对其进行了界定。

第一，是基于“课程视域”的理解。研究者将实践类作业视为达成课程目标的一种学习活动。这映射出非“教学巩固”的作业观，侧重于训练学生的感知觉、动作技能、思维等。换言之，实践类作业着眼于把理性化的、学科性的知识授受过程转化为学生感性化的、活动性的知识探究过程。

第二，是基于“过程性视角”的理解。王陈华和黄韬指出，实践性作业是指学生在教师的指导下，通过多种途径积极开展实践活动，用自己的实际行动去获取和理解知识的作业形式，它是书本知识与社会实践的结合点。① 郭圣涛认为实践性作业是指让学生在完成作业的过程中经历观察、调查、计算、实验、猜测、验证、推理等活动过程，引领学生从“理解”“运用”走向“分析”“评价”“创造”，从而实现深度学习的作业形式。② 这种理解以学习者为中心，表明实践类作业是基础的、面向全体学生的，并且具有普遍性。

第三，是基于“特征分析”和“要素构成”视角的理解。高淑琴以初中地理为学科背景，提出“立意”“情境”和“设问”是实践性作业设计的三大构成要素。③ 余晶和施平认为实践性作业是以学生的主动参与、独立操作、积极探究为主要特征，以体验生活、启迪思维、培养实践能力、促进学生学科素养的全面发展为目的的一种全新的作业形式。④

第四，是基于“类比视角”的理解。李建华从“实践性作业”和“书面性作业”的对比角度出发，认为新时代的学习是从学科逻辑走向生活逻辑，从书本走向生本……实践性作业对应的是素养型目标，而书面性作业对应的是知识本位的目标。⑤

研究者虽然从不同的角度对“实践类作业”进行了概念层面的阐释，但是不难发现，这些研究都突显了一个关键特点，即实践类作业是以学习者为中心的新的作业模式，突出学生学习的主动性。

---

① 王陈华，黄韬. 小学数学实践性作业的实践探究［J］. 教学与管理，2016（2）：50-52.

② 郭圣涛. 小学数学作业要以“质”提“效”［J］. 人民教育，2021（21）：68-70.

③ 高淑琴. 初中地理实践性作业的设计研究［D］. 呼和浩特：内蒙古师范大学，2017.

④ 余晶，施平. 基于地理实践力的实践性作业设计［J］. 中学地理教学参考，2016（12）：12-15.

⑤ 李建华. “双减”，需要我们重新认识作业问题［J］. 河南教育（教师教育），2021（10）：19-20.

第二节　实践类作业的类型

实践类作业目前主要依据“教学顺序”“作业内容”“作业方式”的层面进行划分。

一、按照教学顺序划分

实践类作业按照教学顺序可分为前置型和后置型实践类作业。

（一）前置型实践类作业

研究者立足于“先学后教”和“以学定教”的理念，提出了前置型实践类作业的设计思路。前置型实践类作业的作用在于启发学生思考、引导作业设计和指导学生交流。学生可以查阅工具书、相关文献资料，或者是完成具有演练性质的作业。

部编版语文五年级下册《草船借箭》前置型实践类作业设计

课题	草船借箭
熟读课文	1. 本文共有（　　）个自然段。 2. 默读一遍，朗读一遍，读通、读顺课文。
字词练习	1. 描一描本课生字词语，尽量把字写正确、工整。 妒忌　遮住　水寨　插满 2. 借助工具书或联系上下文理解下列词语，并选词填空。 妒忌　推却　委托　军令状　疑惑　神机妙算 （1）周瑜十分（　　　　）比自己有才干的人。 （2）诸葛亮（　　　　），顺利地完成了造箭的任务。
资料搜集	1. 搜集诸葛亮的资料。 2. 搜集《三国演义》的资料。
阅读质疑	1. 为什么鲁肃会帮助诸葛亮？ 2. 读了课文，我还要在上课时努力弄懂下面的问题：________________

该设计首先让学生通读课文，并通过联系上下文或借助工具书的方法理解生字词语。这些基础性作业旨在夯实学生识字、写字、朗读等能力，让学生扎实掌握语文基础知识，从而提高课堂效率。其次，鼓励学生在课前搜集有关诸葛亮及《三国演义》的资料，让学生对学习有强烈的期待，期望值越高，学生

的学习效果就会越好。最后，启发学生对课文进行思考，提出质疑，设计问题。这便于学生在课堂上集体交流，教师再点拨疑难问题就水到渠成，实现课前实践作业的“三部曲”，做到新时代背景下的“减负提质”。

（二）后置型实践类作业

后置型实践类作业一般有三种类型：一是巩固知识，加深理解；二是探究未知，提升能力；三是参与社会调查，加深学生与社会的接触程度。它是在学生已经掌握相关知识的前提下，教师为了促进学生综合能力而开发的课外作业。

后置型实践类作业可以结合新知识来设计，教师可以引导学生根据生活实际编一些与新知识相关的作业题目。比如，在教学小学六年级“按比例分配应用题”后，教师布置了这样一项作业：“请观察周围生活实际，收集并理解有关数据，编一道或几道按比例分配应用题。”第二天便收到很好的效果，学生的视角涉及生活的方方面面。“我与妈妈的年龄之和是44岁，妈妈和我的年龄比是3∶1，妈妈今年多少岁？”“我在超市看到一瓶饮料，是果汁与水按1∶19的比例配制而成的。这瓶饮料重2千克，需要果汁和水各多少千克？”通过创编题目，学生把数学与生活之间的关系展现得淋漓尽致，也进一步理解了按比例分配应用题的结构。

后置型实践类作业要基于“探究—实践”深度学习的理念来设计，不能设计泛泛的实践，让学生没有参与的兴趣。例如四年级在教学平行四边形和梯形的知识之后，有教师布置这样的家庭作业：做一做，用纸条或木条做一个平行四边形和一个梯形；找一找，指出日常生活中哪些平面图形是平行四边形，哪些平面图形是梯形；说一说，平行四边形有哪些特征，梯形有哪些特征；涂一涂，在日常生活中找一些平面图形并涂上不同颜色。这类作业，看似也能加深学生对平行四边形和梯形的理解、认识和运用，培养学生的动手操作能力，但实际上缺乏深度和挑战性。

后置型实践类作业，要有目的地促使学生观察和寻找生活中的数学，做生活的有心人。如让学生“调查你熟悉的三个人，用数字说明他们之间的区别”，“去十字路口统计十分钟内（或一定的时间内）来往车辆的情况，而后看能否建立‘红绿灯’模型，提出你的想法和设计方案”。类似的数学建模作业，让学生用研究的眼光分析周围世界，能提升学生的数学思维能力，培养学生的数学学科核心素养。

二、按照作业内容划分

实践类作业按照作业内容可分为写作型、应用型、阅读型实践类作业。

（一）写作型实践类作业

写作型实践类作业考查的是学生对所学知识的梳理和理解。写作型实践类作业的形式多样，从学科的角度可以撰写学科相关故事，比如历史小故事；语文学科可以根据课本内容撰写故事续编或者是故事新编。当然，为了锻炼学生的写作能力，可以让学生撰写小论文或者是为校园制作宣传标语或海报等。

为了提高学生的儿童诗创作能力，教师尝试利用劳动实践课程与儿童诗创作相结合的方式。学校为学生提供劳动实践的条件，让学生在参与劳动的过程中获得体验与感受。在劳动实践的基础上，教师引导学生将内心的感受通过眼睛的观察、手中的笔表达出来。

在做好前期的实践与指导工作的前提下，再举办诗歌节，设计贴合学生生活实际的题目让学生自由选择、自由创作。如在学校农创园的基础上，举办以“我们的菜园子”为主题的童诗创作大赛。学生有自己的观察实践，于是就出现了：“妈妈说 / 春天来了 / 我却看不见它 / 我摸摸花朵 / 花儿咧开嘴笑了 / 我摸摸小草 / 小草探头和我打招呼 / 原来 / 春天 / 藏在我的小手上”；“苦瓜的身子 / 被虫子咬过 / 留下一排排齿印 / 他的脸 / 被气青了”；“紫背菜有个愿望 / 想把紫绿色的裙子 / 染成全紫色的 / 小蚂蚁 / 让她去找茄子叔叔帮忙 / 茄子叔叔说 / 你自己的裙子 / 就是最漂亮的”；“吃掉草莓 / 吃掉西瓜 / 吃掉葡萄……/ 一个学期过去了 / 甜甜酸酸的味道 / 留在嘴里 / 也留在心里 / 这是凤凰小学的味道”……这些就是源于劳动实践及教学的诗。

在劳动实践及教学过程中，教师通过各种方法、途径发散学生的思维，调动学生的情感。让学生用听觉、嗅觉、触觉、味觉、视觉来感受，来提问，来想象，任何问题都是有价值的，都是可以探讨的。在学生创作的世界里，你想去哪里就去哪里。不管走到哪里，最终的目的地都是学生内心的世界，那里温暖、明亮，充满阳光与爱。让学生放飞想象，创作出一篇又一篇童趣、纯真的儿童诗。培养学生的创新意识和核心素养，促进学生全面发展。

（二）应用型实践类作业

应用型实践类作业是指学生应用知识和生活经验解决实际问题的作业形式，强调对学生应用意识和应用能力的培养。可以从“研究专题”和“教学单元”

层面出发设计应用型实践类作业，将学习和社会公共服务结合，增强学生的社会责任感，巩固知识，发展能力。

初中化学应用型实践类作业

作业设计：

小明发现家里的茶壶使用一段时间后，壶的内侧结了一层水垢，他想去除这层水垢。请根据我们所学的化学知识，利用生活中常见的物质，设计简要的实验方案帮助小明解决问题。

答案：

通过查阅资料可知，水垢的主要成分为碳酸钙，利用厨房中常见的食醋（含有 10% 左右的醋酸）可以和碳酸钙反应来去除水垢。

设计实验方案：

实验原理：碳酸钙 + 醋酸 $\longrightarrow$ 醋酸钙 + 水 + 二氧化碳

实验步骤：取适量食醋加入茶壶中，轻轻震荡以充分反应，至固体溶解后，用清水洗净。

案例评析：

该作业设计基于人教版化学九年级上册《二氧化碳制取的研究》来设计。此题重点考查学生对知识的应用能力，需要学生自己查阅资料，了解水垢的主要成分是碳酸钙，再根据本节课所学的碳酸钙与稀盐酸的反应进而联想到用酸性物质来溶解碳酸钙，而食醋中的醋酸是我们生活中常见的酸。按照这样的解题思路设计实验方案，解决生活中的实际问题，有一定的难度。

第一，化学是一门以实验为基础的学科。教师在实际教学中多创设一些实验教学，有利于激发学生的学习兴趣，引导学生在交流讨论、动手操作过程中培养科学探究素养。本试题引导学生利用课堂上学到的知识解决实际问题，加深学生对所学知识的理解，强调和锻炼了学生的应用意识和应用能力。

第二，该案例解决了操作的时间和资金上的困难。该案例利用生活中常见的水垢作为问题的出发点，考查学生对书本知识的灵活运用，体现了化学学科与生活息息相关的特点。

第三，该案例注重对学生能力的培养。书本上的知识对学生来说比较遥远，学生进入实验室进行科学探究的时间、资源有限。该案例很好地利用了生活中常见的问题，让学生完整参与了一个科学探究活动，在实践中增强对课本知识的定位与认识。

（三）阅读型实践类作业

按照实践类作业内容的划分依据，实践类作业还包括以“阅读”为主要形式的作业。阅读型实践类作业的目标在于拓展学生的知识领域，从而丰富学生的知识积淀。语文学科可以通过阅读型实践类作业达到良好的情感教育，引导学生思考课内外知识的内在联系。当然，其操作要点在于找准着眼点且有正确的方法指导。

《义务教育语文课程标准（2011 年版）》对第三学段的学生提出了明确的阅读要求。对于《三国演义》这部名著，教师结合部编版五年级下册第二单元课文《草船借箭》设计了如下阅读型实践类作业。

这一单元《草船借箭》的课后思考题是：“三天造十万支箭这么难，诸葛亮为什么主动立下军令状？他立下军令状后，周瑜为什么很高兴？”研读问题，不难发现，阅读古典名著的常用方法就是“推敲人物行为的原因，感受人物的性格特点”。据此可以先设计第一个作业，比如诸葛亮在《三国演义》中是智慧的化身，请阅读《三国演义》的片段《空城计》，思考诸葛亮是怎样实施“空城计”的，司马懿为什么会中计。圈画出表现人物特点的语句和同学交流。

这样的作业设计，使学生通过阅读拓展运用课堂中学习的古典名著阅读方法，在答题过程中进一步分析古典名著对人物形象的塑造。紧接着可以设计如下作业清单。

<table>
<tr><td>阅读激趣导入</td><td>1.《三国演义》这本书中，除了神机妙算的诸葛亮，还有很多英雄人物，你最想了解哪个人物？最想了解哪些故事？</td></tr>
<tr><td>初步掌握阅读古典名著的方法</td><td>2. 回顾本单元阅读古典名著的方法，完成结构图。
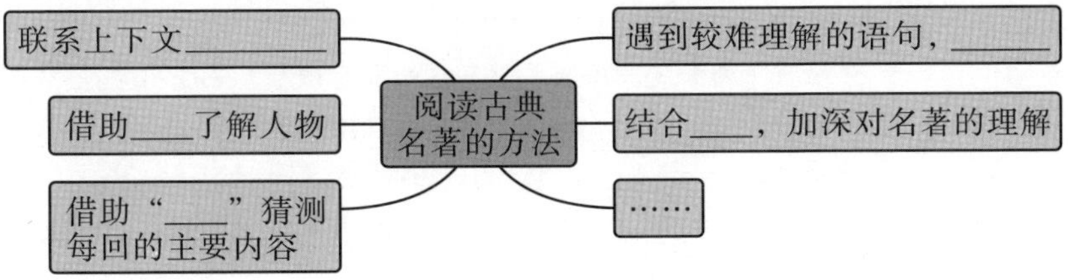
</td></tr>
</table>

续表

<table>
<tr><td>猜测名著主要内容</td><td>3.《三国演义》是中国文学史上第一部章回体小说，与《水浒传》《西游记》《红楼梦》并称为中国古典四大名著。学生阅读古典名著时可以借助每一回的题目，即“回目”来猜测每回的主要内容。请查找资料，写出《三国演义》第四十六回的回目，再默读下列回目，猜猜写了什么内容。
第一回：宴桃园豪杰三结义　斩黄巾英雄首立功
第二十一回：曹操煮酒论英雄　关公赚城斩车胄
第三十七回：司马徽再荐名士　刘玄德三顾茅庐
第四十三回：诸葛亮舌战群儒　鲁子敬力排众议</td></tr>
<tr><td>为喜欢的任务设计名片，进一步感受人物形象</td><td>4.“观三国烽烟，识梁山好汉，叹取经艰难，惜红楼梦断。”读中国古典四大名著，更读其中的文学魅力；读个中人物，更读他们不凡的经历；读有字之书，畅游名著的世界；读无字之书，增长精神的财富。诸多个性鲜明的人物是名著中的灵魂，有了他们，故事就变得令人回味无穷。请参照下列人物名片，为《三国演义》这部名著中你最喜欢的一个人物做一张名片，在班级中展示。
<table>
<tr><th colspan="5">羽扇纶巾多智谋，运筹帷幄胜千里</th></tr>
<tr><td>姓名</td><td>诸葛亮，字孔明，号卧龙</td><td>朝代</td><td>三国时期</td><td rowspan="4"></td></tr>
<tr><td>辅佐主公</td><td>刘备</td><td>人物特点</td><td>足智多谋，上知天文，下知地理，熟谙人心；通晓音律，善于书画</td></tr>
<tr><td>人物身份</td><td>蜀汉丞相，中国古代杰出的政治家、军事家、发明家、文学家</td><td>主要事件</td><td>火烧新野、舌战群儒、草船借箭、七擒孟获等</td></tr>
<tr><td>相关文学作品</td><td>《出师表》《诫子书》《蜀相》《咏怀古迹五首·其五》</td><td>历史评价之一</td><td>有一诸葛，已可使三国照耀后世，一如两汉</td></tr>
</table></td></tr>
<tr><td>趣味歇后语</td><td>5. 请将下列和《三国演义》有关的歇后语补充完整。
草船借箭——__________　　徐庶进曹营——__________
关公赴会——__________　　张飞吃豆芽——__________
司马昭之心——__________　　周瑜打黄盖——__________</td></tr>
</table>

《三国演义》的阅读课重在品味人物的形象，需要教师引导学生把人物纳入情节中去分析和品味人物形象，但是不随意给人物定性。人物在不同的环境和情节

当中会展现不同的面，可以让学生从这一点出发，为《三国演义》中的人物设计名片，让学生在阅读中感知人物的性格特征。

三、按照作业方式划分

实践类作业按照作业方式可分为调研型、课题型、操作型、实验型、编演型、观察型、探究型实践类作业。

（一）调研型实践类作业

调研型实践类作业主要是指让学生通过调查的方式，用研究的眼光来分析调查后得到的资料，从而进一步认识世界，设计出解决生活实际问题的方案。实践的方式可以是采访、做公益活动、参观访问、发放调查问卷等。根据调查范围，可以分为内部调查和社会调查。

针对粤教版地理八年级上册《合理布局发展交通运输业》一课，教师根据深圳光明区的交通发展现状，设计了如下调研型书面作业。

<table>
<tr><th>作业类型</th><th>作业内容</th><th>设计意图</th></tr>
<tr><td rowspan="4">基础性作业（必做）</td><td>1. 在我国各种交通运输方式中，地位最为突出的是（　　）。
A. 公路运输　　B. 铁路运输
C. 航空运输　　D. 内河运输</td><td>考查学生对交通运输方式地位的认识。</td></tr>
<tr><td>2. 下列交通运输方式中，最机动灵活，速度较快，可以满足“门对门”服务的是（　　）。
A. 铁路运输　　B. 公路运输
C. 水路运输　　D. 航空运输</td><td>考查学生对不同交通运输方式的认识。</td></tr>
<tr><td>3. 深圳某医院急需从北京运一批药品救治病人，最合适的运输方式是（　　）。
A. 海洋运输　　B. 航空运输
C. 公路运输　　D. 铁路运输</td><td>引导学生思考不同情境下合适的交通运输方式。</td></tr>
<tr><td>2017 年 12 月 6 日，我国首条穿越南北方分界山脉的西成高铁全线开通运营。下表是 2018 年 3 月 21 日西成高铁部分车次的运行时刻表。请读表，完成 4—6 题。
<table><tr><th>车次</th><th>始发站（西安北）</th><th>终点站（成都东）</th></tr><tr><td>D1913</td><td>7:50</td><td>11:51</td></tr><tr><td>D1927</td><td>11:00</td><td>15:19</td></tr><tr><td>D1937</td><td>14:00</td><td>17:43</td></tr><tr><td>D1949</td><td>18:07</td><td>22:23</td></tr></table></td><td></td></tr>
</table>

续表

作业类型	作业内容	设计意图
基础性作业（必做）	4. 西成高铁穿越的山脉是（　　）。 A. 秦岭　　B. 祁连山 C. 太行山　　D. 南岭 5. 西成高铁连接的省区是（　　）。 A. 四川、山西　　B. 四川、陕西 C. 重庆、陕西　　D. 四川、甘肃 6. 贝贝计划于 2018 年 3 月 21 日乘火车从西安到成都，希望中午 12 点前能到达目的地，请你根据表 1，为他选择一趟合适的高铁车次（　　）。 A. D1913　　B. D1927 C. D1937　　D. D1949	引导学生结合地理位置与交通运输之间的关系，完成相关的作业题，培养学生的综合分析能力。
实践性作业（选做）	阅读图文材料，回答下列问题。 材料一　2020 年 3 月 31 日，深圳地铁 6 号线与 10 号线同日启动试运行，并于 8 月通车运营。6 号线线路起于松岗站，途经宝安区、光明区、龙华区、福田区、罗湖区，止于科学馆站，大致呈“7”字形走向。截至 2022 年 6 月，6 号线全长 49.514km，共设车站 27 座。 结合深圳地铁 6 号线，以随机访谈形式探究地铁开通后对周边区域的影响，并收集对地铁 6 号线的建议。调研结果以小组汇报形式呈现。	发现身边的地理知识，利用访谈调研形式，让学生思考交通方式及交通线建设对人们生活的影响。

调研型实践类作业在课程内容的基础上，给予一定的背景材料，让学生以个人或者小组形式开展调研。该作业对于学生的能力有一定的要求。在教师的指导下，学生基于不同模块进行调研探究，并得出相应结论。例如第三节的内容，要求学生掌握五种交通运输方式的特点，并学会在不同情境下选择对应的交通运输方式，了解不同的交通运输方式给人们的生活带来什么影响。因此，本次作业以调研探究的形式，使学生在学习基础性知识的过程中，了解生活中不同交通运输方式带来的影响。例如结合深圳市光明区地铁 6 号线的开通，让学生在探究学习的过程中，了解交通运输方式对生活的影响。学生可以根据地铁不同时段的人流量统计数据、不同时期的遥感地图及周边居民的访谈内容，加深对交通运输方式的理解。

（二）课题型实践类作业

以课题为主要载体的实践类作业主要突出学生的主体性，强调学生对问题的主动研究。一般来说研究的环节包括“确立主题阶段—探索阶段—交流总结阶段—形成成果阶段”，从内容上看义务教育阶段的课题主要是结合生活的课题作业，强调培养学生的核心素养和整合能力。

在人教版生物学八年级下册第七单元第二章《生物的遗传与变异》教学后，教师结合“神舟十二号”载人飞船的时事背景，以《太空种子有何神奇之处？》为题设计如下课题型实践类作业。

太空种子有何神奇之处？

1. 确立主题阶段

经过这一章节的学习，学生了解了太空育种的原理和特点。2021 年 9 月 27 日下午，“神舟十二号”载人飞船返回舱在北京举行开舱仪式，航天技术人员取出了航天搭载物品，其中包括搭载的特色作物种子。其实，从“神舟一号”飞船到“神舟十二号”飞船都会把种子带到太空中遨游，为什么要送种子上太空呢？太空种子有何神奇之处？同一物种，上过太空的种子跟普通的种子种出来的果实会有什么区别？同一物种，上过太空的种子跟普通的种子在种植的过程中会出现差异吗？

提出问题

你们小组想探究的问题是：________________________________

2. 探索阶段

做出假设

针对你们小组提出的问题，你们能做出什么样的假设：________________

制订计划

请参考以下几点提示，根据小组确定的探究课题，制订探究计划。

（1）请了解市面上在售的太空种子有哪些，确定实验材料。

（2）充分了解你选定的实验材料的种植习性及相关注意事项，掌握基本的植物种植技术。

（3）设置对照实验，确定实验组和对照组。

（4）设置重复组，以减少实验误差。

（5）确定你们要观察、记录的植株生长过程中的性状，并提前设计好记录表格。

（6）请小组长做好组内各成员的任务分工工作。

（7）请思考：要实施本探究计划，你需要购买哪些东西？预计花费多少钱？做好经费预算。

讨论和完善计划

初步制订出探究计划后，通过小组讨论，检查并完善计划，也可请教师帮忙提出建议。

实施计划

按照修改后的探究计划进行实验，按照计划时间点观察并填写记录表。

得出结论

根据实验结果，你们可以得出什么样的结论：______________________

3.交流总结阶段

请整理实验材料并在班里展示、交流。

（1）你们小组得出的实验结论与其他小组类似课题的实验结论一样吗？如不同，原因可能是什么？

（2）你们小组种出的太空种子的果实的外观、食用口感等与市面上所售卖的一样吗？如不同，原因可能是什么？

4.形成成果阶段

请整理课题材料，形成报告，如“太空种子跟普通种子的对比种植”实验报告，“航天农作物VS普通农作物”分析报告。

本课题型实践类作业，结合“神舟十二号”载人飞船时事背景，围绕学生所学的“太空育种”“种子的萌发”“植株的生长”“开花和结果”等知识展开，让学生亲历从课题选题到最后形成课题成果的全过程。这类全过程式探究的作业注重培养学生提出问题、做出假设、制订计划、记录和处理数据等能力。这一类作业设计还十分重视学生对探究过程的反思与讨论，以及出现问题后分析原因的能力，是典型的指向培养学生科学思维和科学探究核心素养的课题型实践类作业。

（三）操作型实践类作业

以动手操作为形态的实践类作业，主要表现在具体的做、拼、折、量等过程中，从而帮助学生完成对知识的理解和运用。学生根据所学知识或任务要求，利用适当的工具和材料，遵循一定的技术规范，做出手工制品、模型、设计原型、工具及仪器等，体现完整的活动过程。

当前我国的太空技术发展迅速，为了培养小学生的创新精神，教师以学校的科技创新节为契机，给小学里的高学段学生布置了以“水火箭”为主题的操作型实践类作业：水火箭大比拼。

作业设计：火箭是进行太空探索的重要工具，其中火箭发射升空和返回舱回收是非常关键的两个环节。我们可以通过制作水火箭对这些过程进行模拟，请参考图中的做法，用课上学到的知识，加上自己的设计，制作一个属于你自己的小型水火箭。

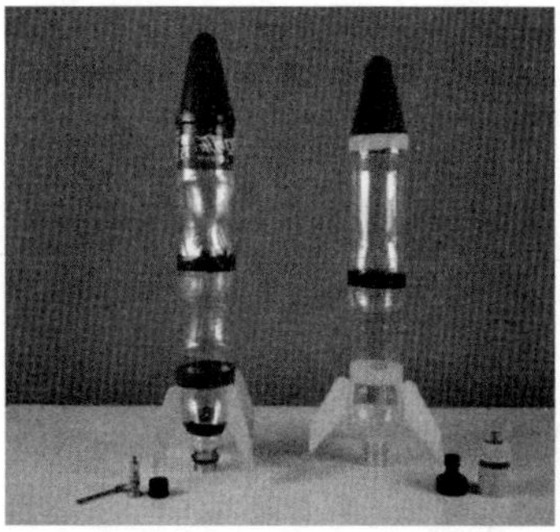

作业评分标准：

等级	说明	举例
A	1. 两层火箭结构完整坚固，外表面有独立设计制作的图案、装饰品	1. 外表面有火箭名称、学生名称等信息 2. 外表面有特色标志 3. 连接缝隙能够完全隐藏
	2. 火箭能正常发射，轨道线性良好，降落过程结构完整，降落伞能顺利打开并工作	1. 火箭顺利发射升空，轨迹有较好的线性 2. 降落伞成功打开 3. 在降落伞的支持下，火箭能在空中停留较长时间
B	1. 两层火箭结构完整，外表面有图案、装饰品	1. 外表面有型号信息 2. 外表面有图案 3. 连接缝隙能够隐藏
	2. 火箭能正常发射，轨道有线性，降落过程结构破坏不大，降落伞能顺利打开	1. 火箭顺利发射升空，轨迹呈线性 2. 降落伞成功打开 3. 在降落伞的支持下，火箭能减速
C	1. 有两层火箭结构，外表面有修饰 2. 火箭能发射，降落伞能弹出	1. 外表面完整，连接稳固 2. 有修饰痕迹 3. 火箭经过尝试，能发射
D	能制作基本外形，但无法发射	简单粘连，且漏气

案例评析：

本案例具有典型的操作型实践类作业的特征，选取其作为典型案例分析是考虑到以下几点。

第一，操作型实践类作业需要学生将学科知识和实践结合，通过学科知识和技能协同解决问题。本题目是基于“发射水火箭”专题课程设计的开放性题目。通过让学生运用课内学习的零碎知识整合制作完成手工制品，并且在外观和功能上同时对学生提出要求，充分调动学生运用知识的积极性，提高其学习兴趣。学生在科学学习的过程中，有着非常强烈的运用知识的意愿，这一手工作业可以很好地鼓励学生运用科学知识，同时检验其对科学知识的掌握程度，便于教师因材施教。

第二，该案例在设计时便是“发射水火箭”系列课程的核心，学生能够在系列课程中得到制作该作品相关的理论知识，同时将制作过程安排在实践活动过程中，可以帮助学生平衡理论学习和实践活动。同时教师可以引导学生利用回收材料进行制作，培养学生形成正确价值观。

第三，该案例的评价角度也较为多元。评价一个综合性手工制作，不仅要对外观进行评价，而且要对作品实际发射的功能性进行评价。此外，各个评价维度也有分级，能够帮助不同学习层次的学生找到自己的不足和提升方向，有效地发挥了评价本身的教学价值。

（四）实验型实践类作业

以实践设计为主要方式的实践作业聚焦学生在实践中如何通过方案设计使知识具象化的问题。实验型实践类作业从范围上来说主要针对枯燥抽象的知识，以直观化、可视化的方式呈现这些知识，把问题变得具体、简单。

在人教版化学九年级上册第一单元《物质的变化和性质》中，学生学习了物理变化和化学变化的定义及相关案例。教师通过理论联系实际，引导学生动手实践，结合生活中常见易得的物质材料，布置了“蛋壳雕花”实验型实践类作业，将知识内化为学生更深层次的认知。

实验题目	蛋壳雕花
实验目的	1. 理论联系实际，理解物理变化和化学变化 2. 培养学生的观察、思考和动手实践能力 3. 培养学生的想象力和创新能力
实验器材	熟鸡蛋、蜡烛、白醋、铁钉、热水、纸巾和打火机等

续表

实验题目	蛋壳雕花
实验原理	蛋壳的主要成分是碳酸钙，白醋中含有醋酸，醋酸可以与碳酸钙反应腐蚀蛋壳，因此可在蛋壳表面留下痕迹
实验步骤	1. 将熟鸡蛋置于热水中加热 3 分钟，取出后，用纸巾擦干 2. 用打火机点燃蜡烛，倾斜蜡烛使蜡泪滴落在蛋壳表面，用蜡泪覆盖整个蛋壳 3. 用铁钉尖锐端在覆盖了蜡泪的蛋壳表面雕刻自己想要的图案、数字或文字 4. 将雕刻好的鸡蛋放置于白醋中，充分反应 5. 将鸡蛋取出，并用热水加热，去除蛋壳表面的蜡泪
实验现象记录	
实验分析	实验中的物理变化和化学变化：________________________

该作业设计是实验型实践类作业，实验目的紧贴教材理论知识，理论联系实际，实验器材廉价易得，实验原理深入浅出，实验步骤简单且容易上手。学生积极思考，培养了动手实践能力和创新能力。

学习理论知识特别是定义、规律、公式时，如果仅依靠记忆来学习，不但效率较低，而且效果不佳；如果结合实验可以为学生提供感性认识，提高学生对学习的兴趣和主动性，确保学生学习的主体地位。家庭实验要利用好身边的材料，用心观察生活，如食盐、纯碱、小苏打、醋、汽水、冰糖、胶水、铅笔、剪刀等都可以作为实验材料。开动脑筋设计实验方案，不仅能提升学生对知识的掌握程度，而且能提高学生的实践、创新和学习能力，培养学生的化学学科核心素养。

（五）编演型实践类作业

立足于学生丰富且饱满的表现欲和创造欲，以及他们对“议、编、演”的体验倾向，研究者设计了编演型实践类作业。

在沪教版牛津英语（深圳）三年级上册 Module 1 Unit 3 Are you Kitty？这一课的教学中，教师设计了编演型实践类作业以便学生掌握本课句型。

作业设计：

请学生结合课本第 12 页 The wolf and the sheep 这个故事的内容，进行故事的拓展或者改编，把你设计的对话写在书上，并和你的家人进行角色表演，拍摄视频发到微信群里。可以参考句型：

Hello/Good morning，I'm...

Look，my eyes/ears are...　My nose/mouth/tail is...　I am cute/lovely/small/...

Your eyes/ears are...　　Your nose/mouth/tail is...

答案：

1. 拓展对话，增加狼对自己外貌的描述，以获得羊的信任；增加羊对狼的询问，表达自己的怀疑。

Wolf：Look，I am white. My ears are small. My eyes are big. I'm cute.

Sheep：But your mouth is big. Your tail is long.

2. 拓展内容：增加狼被抓之后的故事。

Wolf：I'm sorry. Don't kill me.

Sheep：Get out of here.

Wolf：I'm hungry. Please help me.

Sheep：You should find the food by yourself.

案例评析：

英语课程标准强调学习要以学生为主体，三年级的学生爱表现、善模仿，对表演类活动特别感兴趣，设计编演型实践类作业可以激起学生开口表达的欲望和热情，也能保证活动以学生为中心。让学生进行角色扮演再现故事、复述故事这一任务，不仅考查学生对文本语言熟悉的程度，也考验学生分工合作的能力。因此学生完成作业后，不仅掌握了单元核心句型，提高了英语口语表达能力，而且提高了自身解决问题、学会合作的能力。除演绎教材的文本内容以外，还可以让学生进行故事拓展和改编，丰富学生的想象力，发散学生的思维。此外，让学生将表演视频发到班级群里，每个学生都能欣赏其他人的表演作品，使一些表演能力和表达能力较强的学生起到榜样示范的作用，让其他学生学习的同时，也能激起自身的表演欲望。

（六）观察型实践类作业

观察是学习的起点，培养学生的观察能力也是实践类作业设计与实施的目标。观察型实践类作业的设计需要注意“有序观察，把握特点”“动态观察，观中激思”“随机观察，积累素材”，需要教师深入理解观察法和科学观察的意义，结合核心素养要求才能设计出一份合理的作业。

学习了初中物理有关反射现象的内容之后，为了加深学生对反射现象的理解，教师根据学生家庭实际状况，设计了“镜面反射与漫反射家庭实验”的观察型实践类作业。

器材：镜子、白纸、手电筒

实验 1：镜子放在水平桌面上。用手电筒照镜子，在不同角度观察亮度的情况。

实验 2：白纸放在水平桌面上。用手电筒照白纸，在不同角度观察亮度的情况。

要求：①设计表格描述实验现象。②用你学过的原理解释现象。③评估实验。

作业评分标准：

分值	说明	举例
6 分	1. 能设计出规范、简洁的表格，并能规范描述实验现象。（2 分）	1. 表格略。（2 分）
	2. 能用镜面反射、漫反射的原理解释实验现象。（2 分）	2. 光照到镜子上发生镜面反射，反射光线有规律地射出；光照到表面不平滑的白纸上发生漫反射，反射光线杂乱无章，射向各个方向。（2 分）
	3. 有深入的思考，能对实验过程进行改进，体现控制变量法，观察、研究、发现生成性问题。（2 分）	3. 在黑暗的环境中操作，实验现象更加明显。用海绵代替白纸效果更佳。改变手电筒到镜面和白纸的距离，会影响到实验结果。（2 分）

续表

分值	说明	举例
4分	1. 能设计出表格，并能规范描述实验现象。(2分)	1. 表格略。(2分)
	2. 能大致用镜面反射、漫反射的原理解释实验现象。(2分)	2. 光照到镜子上发生镜面反射，反射光线有规律地射出；光照到凹凸不平的白纸上发生漫反射，反射光线杂乱无章，射向各个方向。(2分)
2分	能大概说明实验现象，并设计表格。(2分)	表格略。(2分)
0分	未进行实验，未描述任何实验现象。(0分)	不会做。(0分)

案例评析：

第一，镜面反射与漫反射是两种反射现象，它们都遵循光的反射定律。掌握好这两种反射现象，能加深学生对光反射现象的理解。教师针对教材中关于两种反射现象的实验进行了改进，在家庭环境中也可实施，学生可通过该题目熟悉整个实验流程，而教师提供一定的器材和设计方案，引导学生，使学生不至于无从下手。

第二，该案例还存在一些闪光点，比如作业的答案不唯一。非唯一答案可以让学生充分思考，锻炼学生更加全面看待问题和分析问题的思维。这样，学生间的交流可以产生大量思想上的碰撞，在此过程中教师进一步操作的空间很大。同时该案例还制订了评价标准，评价体系较为完善。

（七）探究型实践类作业

从审辨式思维素养的培养角度出发，研究者提出了探究型实践类作业的设计方案。以学习为中心，教师从教学内容、学生认知等方面引导学生深入探究，提出解决问题的方法和策略，其中心环节是探疑和解疑，让学生学会思考与论证，鼓励学生辩证思考与理性判断。

当四年级学生在学完信息技术上册的 Word 文字处理软件和下册的 Excel 电子表格软件后，教师给学生设计了一份探究型实践类的作业。

项目主题	小学生视力情况调查
项目背景	据统计，我国低视力人群近千万，尤其是在儿童及青少年当中，患病率极高。为什么会有这么多人近视？仅仅是用眼习惯造成的吗？保护眼睛从小做起。作为四年级学生，希望通过本项目的实施，能提出改善建议，向一、二年级的小朋友做宣传。
任务线	1. 查找小学生佩戴眼镜的相关数据，并根据数据寻找可能的信息。 2. 设计问卷并发放问卷，从身边人开始搜集数据。 3. 使用电子表格对问卷数据进行整理。 4. 合理计算数据，得到更多信息。 5. 美化表格。 6. 使用图表来表示结果。 7. 汇总分析数据，了解近视可能会引发的并发症，得出科学而有价值的结论，提出建议方案改善视力，预防近视。
项目成果	将调查到的数据进行分析，得出科学而有价值的结论，使用 Word 文字处理软件撰写“小学生视力情况调查报告”。
项目评价	围绕项目规划、项目实施过程、项目学习态度、项目中期作品、项目最终作品成果、交流展示效果等几个方面进行评价。采取自评、师评、小组互评的方式，利用评价量规进行评价。

该作业设计有助于学生达到以下要求。

1. 了解利用计算机进行数据分析的一般流程。

2. 熟练掌握利用电子表格进行数据统计的方法，体验“用数据支持观点”的研究策略，形成运用数据思考、分析问题的意识。

3. 增强团队合作意识，提高人际沟通能力。

4. 掌握电子表格的基本操作，体验电子表格计算数据的便捷性。

5. 通过撰写、完善、美化调查报告，进一步熟练掌握文字处理的相关技巧。

实践类作业的设计来源于生活、教材和学生，体现出较为细致的特点。除上述分类以外，还有研究者按照教学目标将实践类作业划分为知识与技能型、能力与创新型、情感与态度型、个性心理型等类型。虽然类型多样，但是所有类型的实践类作业设计的共性在于与学科核心素养的有效融合。这表明作业形式只是作为促进学生发展的载体，给学生提供一个实践知识、创生知识的机会，关键在于学生自我探究意识的形成。当然，根据不同的角度，实践作业可以划分为多种类型，但要明确的是，作业分类必须为作业改革的具体操作提供思路才是有价值的。

第三节　实践类作业的设计要求

实践类作业的设计遵循一定的规律和原则。通过对已有文献的分析可知，研究者主要从设计的理念、目标、方法、形态和过程等维度展开论述，而这几大维度本身又体现了不同范畴的组合关系。

一、设计理念：自主性和合作性相结合的原则

实践类作业强调学生以主体身份参与作业设计、实施和评价的全过程。实践类作业的设计是要把学习的主动权还给学生，体现出学生学习的自主性。对于学生来说就是可选择性，不仅要向学生提供可选择的实践主题，还要有可选择的权利。另外，学生在实践过程中的能力养成也需要多方力量的支撑。小组合作是完成实践类作业比较切实可行的方式，学生可以从小组其他成员身上感受和学习不同的思维方式和解决问题的策略。

《水浒传》是人教版语文九年级上册推荐的一部必读名著，是一部为“造反者”树碑立传的奇书，也是我国第一部歌颂农民起义的长篇章回体小说。这本书通过描写众多草莽英雄不同的人生经历和反抗道路，鲜明地表现了“官逼民反”的主题。对于这样一部鸿篇巨制，教学时完全依赖课堂的路子是走不通的。因此，在《义务教育语文课程标准（2011 年版)》所提出的“要重视培养学生广泛的阅读兴趣，扩大阅读面，增加阅读量，提高阅读品位。提倡少做题，多读书，好读书，读好书，读整本的书”理念指导下，教师可设计弹性作业、趣味性作业，使作业布置、完成和提交的形式多样化，进而达到知识融会贯通的目的，提高学生的学习兴趣。

作业设计：

为《水浒传》人物制作好汉卡。

《水浒传》的最大艺术成就是塑造了一大批鲜活的英雄人物形象。这些梁山好汉号称“一百单八将”，如宋江、吴用、林冲、鲁智深、武松……无不有血有肉，个性鲜明。找出其中你最喜欢的一个，注明好汉的姓名、绰号、性格、经

历、武力值等信息，为他制作好汉卡。对比你们所做的好汉卡在具体内容上有何区别，并分析为什么有这样的区别。

答案：

学生一：武松、行者、武力值10、景阳冈打虎、血溅鸳鸯楼

学生二：武松、行者、武力值9、景阳冈打虎、武松杀嫂

不同事件代表了武松的不同人生阶段。学生一选择"血溅鸳鸯楼"是因为他认为这是武松走向滥杀、绝望的转折点。学生二选择"武松杀嫂"是因为他认为这是武松踏入孤儿世界的重要节点。

学生一注明"武力值10"是认为全书能赤手空拳打虎的好汉只有武松一位。学生二注明"武力值9"是认为李逵比武松更强，李逵虽有武器，但连杀四虎的行为更为英勇。

案例评析：

首先，作业设计意在培养学生的自主性，让学生形成对书中人物的独特认知，培养他们独立思考的习惯。

其次，通过不同的学生制作的不同的卡片，引导学生讨论，在讨论中启发学生在相似英雄人物之间做出区分，使其对文本的理解更细致，对人物认识更加深刻。

最后，趣味性的作业设计告别了以记忆、背诵为主的传统模式，引导学生从玩中学，从学中思。

二、设计目标：探究性和综合性相结合的原则

实践性作业是让学生利用科学的方法从已知探究未知，作业的目标、主题、选材等要素需要统筹考虑，注重课内外、跨学科和校内外三个方面的要求。

在学生学习了简单的数学调查方法后，结合生物学与化学的相关知识，教师设计"居民对室内甲醛污染的认知情况"综合型实践作业，将各学科知识融合，锻炼学生探究社会问题的能力。

作业设计：

新装修的房子因为使用油漆、木材等，会散发出刺鼻的味道。这些刺鼻的有害气体就包括了甲醛，长期处于甲醛环境之中对人的身体健康会产生影响。请学生以小组为单位，调动身边资源，开展"居民对室内甲醛污染的认知情况"

调查活动，设计调查问卷，分析调查数据，并针对数据结果，为降低室内甲醛浓度提出合理的建议。

作业答案：

1. 制订调查计划。小组成员讨论并制订合理的调查计划，而后进行详细的分工安排。

2. 搜集资料。搜集关于室内空气污染的资料，了解室内污染物的种类、危害及来源。

3. 设计调查问卷。根据收集到的资料，合理设计调查问卷，全面了解居民对室内甲醛污染的认知情况。

4. 发放问卷。利用网络调研工具发放线上调查问卷，并利用课余时间在地铁口、快餐店、校门口等人流量大的场所发放纸质问卷，了解大家对室内甲醛污染的认知情况。

5. 分析数据，撰写调查报告。

作业评分标准：

等级	说明	举例
A	能够制订详细的调查计划，并严谨展开调查工作，利用搜集到的调查数据，合理分析相关社会现象，运用各学科知识给出有价值的建议	1. 调查计划包括：对研究背景的详细了解，确定调查对象的分布范围，选用合理的调查方式和方法；调查研究的时间和步骤安排 2. 调查问卷中的题目相互独立，保证覆盖面广，不会重复 3. 巧用数学工具分析数据，找到有价值的信息 4. 能够综合运用各学科知识，针对分析结果给出有价值的建议
B	能够制订计划并开展调查，对搜集到的数据进行科学分析，针对相关问题给出建议	1. 提前制订计划，并完成调查过程 2. 调查样本数量充足且具有代表性 3. 能够科学地分析数据，总结真实有效信息
C	能完成调查过程，但调查过程缺乏科学性与严谨性	1. 设计调查问卷、搜集数据、完成调查过程 2. 调查样本没有代表性，数据来源不够严谨 3. 不能从数据结果中得到有价值的信息

案例评析：

上述案例引导学生以研究者的身份，针对“居民对室内甲醛污染的认知情况”开展社会调查。这种综合实践型作业，能够充分调动学生学习的积极性，锻炼学生的逻辑思维，考查学生在调查过程中对各科目知识的综合掌握与运用，培养他们的科学素养。

三、设计方法：适切性和进阶性相结合的原则

虽然学生在知识基础与认知水平上存在差异，但是每一个学生都应该得到自我发展的机会，这需要设计实践类作业的“梯度”层次。实践类作业设计需要从单元视角和学情出发，注意作业设计的量和难度的分层。教师需要充分了解班级里每个学生心理和生理的特点，进行多维度分析，学生也需要经过适当的训练。

北师大版数学八年级上册勾股定理作业设计

准备工具：

长方形纸片、剪刀、彩笔。

具体操作：

制作一个圆柱，用彩笔在圆柱上标出右图中点 A、点 B。

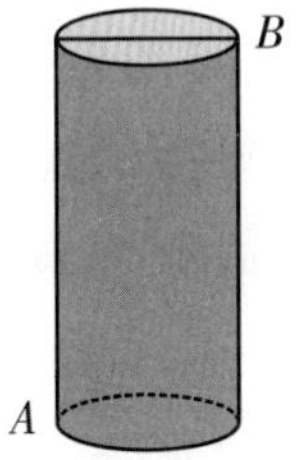

问题探究：

1. 结合自己制作的圆柱，尝试从点 A 到点 B 沿圆柱侧面画出几条路线，你觉得哪条路线最短呢？

2. 将该圆柱侧面剪开展成一个长方形，从点 A 到点 B 的最短路线是什么？你发现了什么？

问题解决：

如图所示，有一个圆柱，它的高等于12厘米，底面上圆的周长等于18厘米。在圆柱下底面的点 A 处有一只蚂蚁，它想吃到点 B 处的食物，此时沿圆柱侧面爬行的最短路程是多少？

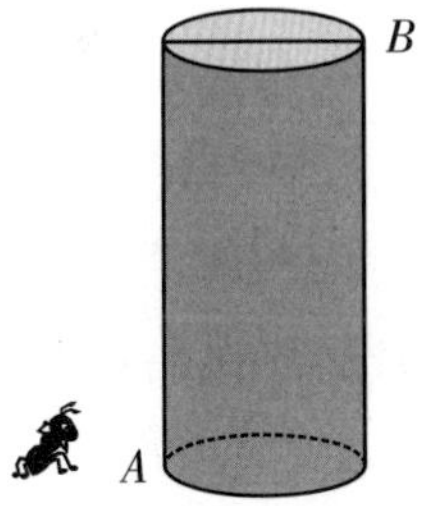

案例评析：

案例中的最短路径问题对学生而言是较为棘手的问题，且其中涉及的问题情境是学生在日常生活中很难直接观察到的，需要学生具有较强的空间思维能力才有可能顺利解决这类问题。勾股定理本身的复杂应用对学生来说也是有难度的，但通过上述案例中的处理，将理论作业转变成探究式实践作业，对有一定操作能力的初中生来说是具有极大吸引力的，这让学生不再因“多而难”的文字感到苦恼。

另外，解决最短路径问题，其本质就是将空间问题平面化，利用勾股定理及其逆定理解决实际问题。如何引导学生将空间问题平面化，并能结合已学的勾股定理知识去解决问题，这就需要通过对实践类作业进行梯度设计来实现。学生通过实际操作，依次解决探究 1 与探究 2 的问题。探究 1 设计的目的是让学生树立空间意识，将空间意识尝试应用于路径问题中，进一步发展学生的模型思维；在此基础上对探究 2 的问题进行探索，其目的是将空间问题平面化，引导学生能自然联想到用勾股定理相关知识来解决实际问题。经过两个梯度问题探究，学生再遇到相似的问题，即使没有现成的圆柱模型也能很好地解决相应问题。

四、设计形态：生活性和实践性相结合的原则

将作业植根于丰富的生活，还原学习的本真，这是实践类作业生活性和实践性的基本内涵。实践类作业应以实践活动为主线，学生通过积极主动参与各种实践活动，增强自身的实践意识和实践能力，可见实践类作业需要重视对生活资源的挖掘。

道德与法治是一门与生活密切相关的学科，是落实立德树人的关键课程。立德和树人不能光靠说教，而应该基于学生的生活实际，以身边事为载体，引导学生关注生活、反思生活，帮助学生形成良好的思想道德品质。实践类作业的设计和使用让师生重新将目光回归生活本真，将所学运用于生活实际。

在部编版道德与法治七年级上册《走近教师》这一课的教学中，教师设计以“教师的一天纪实”为主题的小组实践类作业，便于学生更全面地了解教师。

作业设计：请学生以小组为单位任选一名或多名教师，观察这名教师在学校的一天，记录教师每天都做些什么事情，连续跟踪调查一周，其间可对教师和同学进行采访。最后将实践成果在课堂上与大家分享。

通过对教师的观察和记录，学生掌握了翔实的一手资料，发现教师除了日常上课，还需要花时间和学生交流谈心、改作业、备课、开会……有了翔实的记录，学生能更全面地了解教师，了解教师“一切为了学生”“为了学生的一切”的良苦用心。

此项实践作业的素材来源于生活，也回归到生活实际，让学生对本课的学习有更深的感悟。

五、设计过程：基础性和全员性相结合的原则

全体学生都享有实践活动的参与权。实践类作业从学情出发，重视基础知识和基本技能，主动扩大实践活动的参与面，改变学生被动接受作业的现状。这都保证了实践类作业设计的顺利实施。

在名著导读系列之《骆驼祥子》一课中，教师可以做以下作业设计。

我是小小戏剧家——《骆驼祥子》	
设计意图	《骆驼祥子》是语文七年级下册必读书目，是老舍先生的经典作品。基于作业设计基础性和全员性的原则，本次作业要求班级全员参与，所有学生各展所长，在活动实施的过程中找到自己发光发热的点
学生分工	根据学生的特长和兴趣，请学生自由参与。全班分为以下几个小组：剧本创作组、演员组、道具设计组、灯光舞美组、后勤组、摄影组、宣传组
活动流程	1. 剧本探讨会：确定选取哪一章节进行改编，并在教师指导下创作剧本 2. 演员围读会：小演员们进行剧本围读和日常排练 3. 道具设计、灯光舞美配合 4. 后勤组：负责演出过程中的后勤筹备 5. 宣传组：设计宣传海报、演出门票，并且在演出后撰写公众号文章 6. 摄影组：负责整个过程中的摄影工作，为宣传组提供材料 7. 专家点评：如果有能力，可以请有关指导教师、专家到场指导 8. 评奖颁奖 9. 集体合影
评选奖项	最佳导演；最佳演员（男女各一名）；最佳舞美、道具、灯光；最佳后勤；最佳宣传；最佳摄影

此项作业最大限度地让全班学生参与，根据学生的特点分成多个小组，发挥学生的特长，让全班学生在参与的过程中体会祥子生活的不易，在具体情境中感受旧社会底层百姓遭受的剥削。

关于实践类作业设计要求的研究，旨在回答“如何科学地设计实践类作业”的问题。具体来讲，从实践类作业设计要求涉及的内容来看，研究者对此具有高度的共识；从实践类作业设计要求蕴含的本质来看，不是为了实践而实践，而是为了促进学生的有效学习和深度学习、发展学生的核心素养而实践。

第四节　实践类作业的管理

目前，关于实践类作业管理的研究既涉及从宏观的视角进行整体优化的研究，也涉及从局部的角度强调完善作业管理中各个部分之间合力构建的研究。而从实践类作业管理研究的基本内容来看，主要涵盖了实践类作业的布置技巧和评价反馈两个方面。

一、关于实践类作业布置技巧的问题研究

（一）实践类作业布置的路径依赖问题

实践类作业设计要注意课内外融合、学科间融合和校内外融合，避免陷入机械、单调和封闭的误区。要注重高阶思维能力的发展和学习习惯、态度、心理品质的养成，摆脱功利性依赖，探寻学科本质，有利于培养学科核心素养。实践类作业设计最好以校本教研为背景，与学校机制相结合。

《义务教育英语课程标准（2011 年版）》明确要求教师在教学中要为学生创造语言实践机会，培养学生的综合语言运用能力、创新能力和实践能力。为了积极落实新课标的要求，学校科组要将作业设计纳入每周集体备课活动中，按照学生不同年龄段的特点，贴合教材主题，研讨设计不同的实践类作业。以沪教版牛津英语（深圳）为例，该教材每册课本以模块为单位展开教学，每册书共 12 个单元，每个模块围绕一个主题展开。在五年级下册第三个模块 Things we do 中，Unit 7 主要涉及家长开放日的话题，教师可以布置“设计学校家长开放日方案”的实践作业，引导学生运用本课重点句型 First，next，then，after that，finally 为即将到来的家长开放日设计活动方案。教师将提交的方案在班级板报公布，全班同学可以投票选出最优方案，获胜的方案最终将运用到家长开放日中，提高学生自我效能感。

实践类作业为学生提供了充分的表达机会。在上述案例中学生可以用图画和文字设计方案，将课内知识与实际生活紧密联系起来，学以致用。而方案的成功实施将大大提升学生学习英语的自信心，激励学生更好地将语言实实在在地运用到实际生活中。该作业符合学生的年龄特点和生活实际，能够很好地提升学生的语言运用能力。但是需要注意的是，在任务实施的过程中，教师除提供必要的口头指导之外，还应提供必要的语言指导，如果忽略了这个问题，那

些语言表达能力较低的学生就会无从下手甚至敷衍了事。

（二）实践类作业布置的方法优化问题

依托信息技术在储存、汇总、统计、调整等方面的优势，提高实践类作业管理的便利性和质量是当前专家在实践类作业布置方法领域关注的焦点。当前智慧校园建设快速推进，教师可以利用智慧平台，加强对实践类作业的整体特征、学科差异等方法性的把握。这样，实践类作业的设计不仅能够呈现终极结果，更重要的是显现其设计过程。

粤教版小学信息技术第四册下（B 版）第二课《躲避怪兽》作业设计

<table>
<tr><th>游戏说明</th><th>第一关</th><th>第二关</th><th>第三关</th></tr>
<tr>
<td>GoC 编程中有一支神奇的笔，我们暂且称它为“笔精灵”，它能够隐身、变速、行走作画、探险寻宝。有一天，笔精灵来到了黑暗森林，发现黑暗森林到处都是怪兽，非常危险，只有完成闯关找到金钥匙才能逃出去。
表：笔精灵、金钥匙、怪兽的图示说明
<table>
<tr><th>图示</th><th>名称</th><th>说明</th></tr>
<tr><td></td><td>笔精灵</td><td>会画线留痕与不留痕移动，会隐身，会变速</td></tr>
<tr><td></td><td>金钥匙</td><td>是通往下一关的开门密钥</td></tr>
<tr><td></td><td>蘑菇怪</td><td>固定在某处站岗，只有碰到它时，它才会发起攻击</td></tr>
<tr><td></td><td>三角怪</td><td>具备巡逻功能，当它在自己的领地看见笔精灵时，会发起攻击</td></tr>
<tr><td></td><td>障碍物</td><td>不可以在它上面留踪迹，才能跨过障碍</td></tr>
</table>
注：地图中每个小正方形格子的边长是 50 个坐标单位</td>
<td>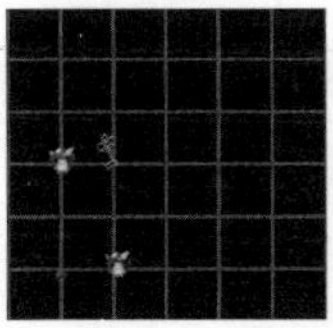</td>
<td>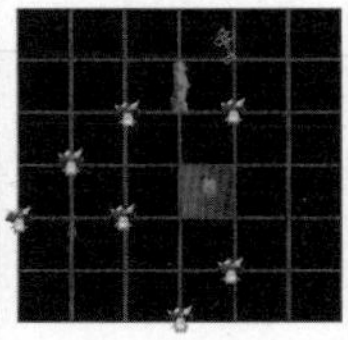</td>
<td>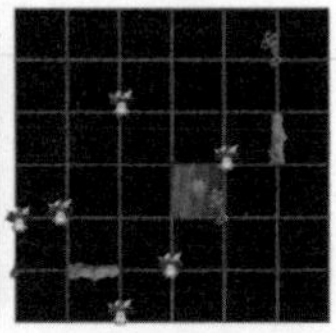
这一关要找到两把金钥匙，需要先找到就近的金钥匙，才能去找较远的第二把金钥匙。</td>
</tr>
</table>

在这个游戏作业中，学生先仔细查看并分析探险地图，然后在纸上画一画行走路线，最后通过 GoC 平台编写代码并编译运行，这样可以让学生沉浸在整个闯关游戏中去掌握显示笔、隐身、抬笔、落笔等相关命令，深入理解这些命

令的区别及作用，让学生从玩中学、从学中玩，进一步培养他们的编程思维及逻辑思维，培养学生发现问题、思考问题、解决问题的能力。将作业以闯关游戏形式设计出来，最大限度地调动了学生的学习积极性，同时也减轻了学生的学习压力，更有利于学生掌握知识和技能。

爱玩游戏是学生的天性。游戏化作业的设计，一方面可以有效激发学生的学习兴趣，另一方面可以将信息技术教学内容与游戏充分融合。游戏化教学作业的设计不但可以创造愉悦、轻松的学习氛围，还可以让学生从玩中学，从玩中做，将知识内化，进而巩固知识。

二、关于实践类作业评价反馈的问题研究

作业评价作为作业设计的要素之一，也直接影响着作业管理的质量。实践类作业评价需要注意评价主体和评价方式。评价主体一般包括教师、学生、家长，多用短语评价、口头评价、展览评价的方式，这一过程也可以包括学生互评、教师点评和学生成果展评。

在小课题“彩色水果种植的研究”的实践过程中，每一个实践任务如何实施操作，可能会出现什么样的结果，学生在实践开始前是没有概念与经验的。如何让学生熟悉实践过程，并有兴趣、有激情地完成实践任务？这时的评价反馈会起到非常关键的作用。

针对上述问题，在实践过程中除文字记录以外，还可以设计以下作业：

1. 用思维导图的方式计划实践过程；

2. 用思维导图的方式记录实践过程；

3. 用思维导图对比彩色玉米与水果玉米的差别。

学生完成作业后，教师对学生的思维导图进行评价与展览，但这个作业的目的并不只是展览，更重要的是培养学生对实践过程的预见及在实践过程中对各种问题的理论与实践的对比，使其对涉及的知识有更深刻的理解。而教师在作业中的评价不仅是对学生思维导图作业的评价，更多的是对学生实践的指导。学生在作业完成的过程中对实践过程有了系统的了解，在教师的评价中对实践过程有了更深的理解，对于实践可能会出现的问题也会有大概的预见，而实践过程又是对思维导图的一种验证，这就大大提高了学生对实践的热情及实践结果的期待。

案例评析：

上述案例是一种“探究式验证”的实践类作业，它跳脱了封闭的学科知识范围和偏重机械记忆的局限，是为跨学科式培养学生探究品格和探究能力而精心设计的作业形式。它立足于多学科知识之间、知识与实践之间的联系，并以具体问题和真实情境为驱动。教师的评价立体起来，不再只是文字和语言，更是一种指导方向。

关于实践类作业的管理研究，研究者主要聚焦于“如何保证实践类作业的稳步实施和践行”，这是从理论到操作层面的深入式研究。但是除对实践类作业布置和评价方面的探讨以外，后续研究还需要站在学生角度进行。例如，关于学生如何操作实践类作业等涉及实践类作业操作程序方面的问题研究，是当前实践类作业管理研究中较为薄弱的地方。

第五节　实践类作业的实践

针对学生作业负担过重的问题，需要人们在减少重复性、机械性作业的同时，提升对实践类作业的应用实践研究。研究者主要根据实践类作业设计的预期效果及其具体功能，进行不同作业形式的实践应用和创新。但是也有的研究由于自身对实践类作业的认识不足，导致其在应用中也显露出相应的问题。

一、对实践类作业应用良好的案例研究

（一）体现探究思维的实践作业

研究者基于对学生问题意识、应用意识和创新意识的培养，设计了体现探究思维的实践作业。例如，在教学“人民币的认识”之后，便设计“我是小小银行家”的课题作业研究。作业内容为：“了解人民币的历史；从‘单位’‘材料’和‘版次’等不同的角度认识人民币；根据盲文、编码、颜色、数字大小认识人民币；调查研究‘为什么人民币只有 1，2，5，10，20，50，100 的币值？’。”这是一种探究型的实践类作业，突出了把“学生学会学习”作为作业改革的目标之一。

（二）体现问题思维的实践作业

以“负数”项目为主题，教师设计和探索了“走进负数世界”的项目性

作业。其中该项目作业的要求是阅读指定书目，找到对以下三个问题的解释。第一，已经学习了自然数，为什么还要引入负数的概念？第二，从古至今，负数经历了怎样的发展历程？第三，负数到底是什么样的数？最后，以汇报展示的形式组织“走进负数大世界”的交流活动。该设计以项目为依托，培养学生“问题思维”能力，不仅提升了学生查阅资料、处理信息和表达观点的能力，也为学生的自主创新提供了较大的空间。以类似科学研究的方式亲历解决问题的过程，使学生对知识的理解更深刻。

（三）体现分层思维的实践作业

遵循“分层设计、异步指导”的理念，研究者设计了体现分层思维的实践作业，让作业设计充满弹性。例如，对于“升和毫升”的作业设计，根据作业量和难度，教师分别设置了调查类、制作类和探究类的实践作业。

其中，难度低的作业内容为“寻找身边的容器，并且将调查的结果用 A4 纸和画笔制作成精美小报”；难度中等的作业内容为“利用 1L 量筒，制作一个 1L 的容器”；难度高的作业内容为“四年级学生要去游泳，游泳完要给每个学生滴眼药水，每只眼睛各滴 0.5mL，140 个学生去游泳，你觉得应该带几瓶 10mL 的眼药水”。该设计从个性差异和能力差异等方面设计分层性的实践类作业，体现出教师充分了解每个学生的“数学现实”，并且把发展每个学生的“数学现实”作为数学实践作业设计的起点与归宿。如此体现分层思维的实践作业设置需要赋予学生自主选择的权利，让学生能够自己选择符合自己认知风格的作业。但是，在进行分层的实践类作业时，也要警惕显性分层作业的固定设置会导致不同层次学生思维桎梏的风险。

（四）体现想象思维的实践作业

想象思维属于创造性思维的一种，同时想象也是创造的基础。例如，物理作业可以设计以“没有摩擦，世界将会变成怎么样？”和“摩擦力无穷大，世界又是怎么样？”为题进行写作；或者语文作业可以设计以“假如蔡桓公听了扁鹊的劝告，那么……”或以“假如我是扁鹊”为题，写一篇短文。这些实践作业都给予了学生充分的想象空间，让他们能够自由发挥，表达对知识的独特理解。上述实践作业的设计与实施立足于学生想象思维的培养与发展，因为敢于想象、善于想象是创造的关键。当然，想象思维应该以知识、技能和经验为基础，这就需要教师提示和引导学生结合自己的实际情况去想象可能的事情。

（五）体现推理思维的实践作业

围绕学生推理思维发展的实践作业设计需要从现实生活的实际情境出发。例如，学生设想在实践考察活动中，发现同样是一条河流，沿着河流上游到下游，堆积物的颗粒大小差异明显，遂而设计思考“河流上游和下游堆积物颗粒大小不同的原因”的作业。作业要求学生尝试自主设计一个实验来验证河流流速与物质粒径大小的关系。上述实践作业实际上属于实验设计形式的作业，这个作业设计的过程以学生的地理学科实践力为主线，有助于增强学生判断、推理和验证的行动意识和行动能力。另外，题目选取的背景做到了将生活情境和学科问题结合，体现运用学科知识来解决生活问题的过程。不过，值得一提的是，这种以实验设计为形态的实践作业，各个环节实现的难度相对较大，这就需要教师针对不同水平的学生做出相应的调整，切忌让所有学生都盲目套用一个模块。

（六）体现跨学科思维的实践作业

基于真实问题情境，也有研究者将不同的学科加以整合，形成了适合学情的学科融合性作业。例如，在学习完“统计图”一课之后，教师设计了这样一份具有跨学科思维的实践作业，立足新冠疫苗接种的真实情境，要求学生从网上搜集几个省市新冠疫苗接种的数据，并完成近一周这些省市疫苗接种的统计表，据此设计一张统计图，分析这些省市疫苗接种人数变化情况，谈谈自己的看法，并写一封疫苗接种倡议书。上述实践作业的设计和应用，涉及信息技术学科知识、数学知识以及数据的搜集整理、分析判断，还涉及语文知识。体现出由一个数学知识的“生长点”延伸生成了一条多学科知识的“融合链”，这不仅实现了数学与各学科知识之间的联系、渗透，而且培养了学生的综合思维，促进学生高阶思维能力的发展。

二、对实践类作业应用不足的案例研究

（一）缺乏目标设计，导致应用的浅层性

实践类作业目标设计如果缺乏思考，就会导致设计和应用的浅层性，然后流于形式。例如，在关于周长概念的实践类作业设计上，通过描、量、算等实践操作活动以及交流活动，加深学生对周长概念的理解。但是，如果仅仅选择对规则图形描、量、算，那么也只能帮助学生学会如何计算规则图形的周长，

却不能让他们学会计算不规则图形的周长。这对于学生思维的发散性和深刻性并没有起到推动作用。提高作业的效能必须要基于课程标准、教学目标和学情。学生对周长概念的理解，需要学会计算规则和不规则图形的周长，从而体现和确保作业设计的层次性和完整性，即能够在理解水平和应用水平上层层递进，助推学生思维发展。

（二）缺乏内容表述，导致应用的平淡性

实践类作业的语句和作业的规则也会影响作业效果的发挥。如果缺乏对语句和规则的加工和反思，那么其实际应用将表现出平淡性的特征。例如，《圆的初步认识》实践性作业设计，其作业目标是复习圆心、半径内容，初步建立圆的概念并提高动手操作能力。其作业内容为："利用圆规，画一个圆，并标出半径，你能标出多少条半径呢？有什么发现？"但是，如果创设一个情境，让学生在真实情境中构建对圆的认识，效果将会大不一样。这一实践类作业设计主要是以画圆的形式复习圆的基本概念，但是由于实践类作业中语句和规则"内容表述"的缺乏，即使需要动手完成这项体验，也很难激发学生的探究兴趣。如何将一份实践类作业设计出丰富的形式，需要研究者改变设计思路，增添能激发学生完成作业和挑战的元素。

第八章

方法类作业

“双减”政策出台后，为促进教学质量的提升，研究者从作业设计研究入手，改变传统作业设计以解题和答题为主的模式，转而重视研究问题解决的综合性过程，提出了方法类作业这一新型的作业形式。方法类作业更加强调发展学生的知识迁移能力，培养学生的问题解决思维。本章从方法类作业的概念、类型、设计要求、管理及实践等几个方面对方法类作业进行阐述，并结合教育一线工作者的经验总结和相关的理论导引，给出方法类作业在应用中的实际例证，对方法类作业的科学性和可行性进行探索，以提高作业的效率和质量。

第一节　方法类作业的概念

传统的作业设计以解题和答题为主，很少对如何解题进行深入探讨，因此作业呈现的方式主要是结果导向型。自“双减”政策出台后，随着“减负增质”理念的更新和推进，研究者从问题解决的综合性过程这一视角出发，对作业设计进行了更深入的挖掘，提出了方法类作业这一新型的作业形式。

一、方法的含义

方法类作业是基于“过程与方法”目标的作业设计策略。这里的方法并不等同于教师的“教”法和学生的“学”法。而如何理解方法的含义，研究者主要是置于“过程与方法”目标语境中进行挖掘和深入研究。

“过程”有两层含义：一是指概括的外在学习活动的过程，即搜集资料、探究问题等；二是指具体的内在学习思维的过程，即搜集资料的过程与方法、探究问题的过程与方法等。其中“搜集资料”“探究问题”不是教学目标，而“学会如何搜集资料”和“学会如何探究问题”才是教学目标。由此可见，“过程与方法”的目标学习在认知发展上的有效性、迁移性、变通性和持续性的特点，远远超过“复制”课本的学习，因为它更加强调学生“如何学习”和“学会学习”。

综合来看，“过程与方法”中的“过程”是指学习者的思维过程，是学生思考问题的认知建构过程；“方法”是指学生通过学习获得相对合理的思考和解决问题的思维方式。因此，可以将方法类作业中的“方法”理解为科学方法，即学生在解决问题时的思维方式。

二、方法类作业的含义

方法类作业就是指任何基于达成“过程与方法”目标的作业形式。在这一大前提的认识背景下，研究者在不同的层面阐述了对方法类作业的理解。

方法类作业是指学生以类似科学研究的方式亲历获取知识、运用知识和解决问题的过程；也有研究者基于新课程“过程与方法”目标的理解，指出方法类作业是使学生掌握并运用观察、实验、记录、分析、比较、分类、归纳、概括等一般科学方法的作业形式，并对其内容标准进行具体分析，即归纳为客观性、主体性和规定性的学习活动过程与方法；还有的研究者是从系统性的角度出发，构建了达成“过程与方法”目标的作业框架结构，即搜集和考证、理解和想象、解释和评价、提出和解决问题、成果表达和交流。

综上所述，基于作业测量内容“重知识，轻方法”的背景，研究者提出的关于达成“过程和方法”目标的作业设计，实现了从关心“是什么”和“为什么”到强调“如何知道是什么”和“如何认识为什么”的设计转变。因此，“方法类作业”更加强调学生知识迁移能力的发展、问题解决思维和策略的培养。可以说，这种形式的作业不仅关注思维逻辑，而且强调认识方法的价值和运用方法工具。换言之，是对“授人以鱼，不如授人以渔”的注解。

第二节　方法类作业的类型

笛卡尔曾说："最有价值的知识是关于方法的知识。"关于方法类作业类型划分的角度有很多，结合已有的文献及实际教学情况，可以从学习顺序、学习内容、学习方法等层面进行方法类作业类型的划分。

一、按学习顺序划分

方法有"学得""习得"之分，根据学生的学习顺序可分为前置型和后置型方法类作业。

（一）前置型方法类作业

前置型方法类作业基于"以学定教"的教学理念，注重学生从实践、体验中获得对方法类知识的初步感知，并将获得的认知与学习方法迁移到新的学习情境中。以作文写后指导为例，教学目标是根据学生写作过程中存在的问题而设定，教师根据诊断学生作文过程中出现的问题开展教学，或内容或审题立意，或选材，或详略结构安排，或文从字顺等，从学生的实际写作情况着手，有序列地开展作文教学。教师对学生已掌握的学习方法进行总结归类、提炼提升，融合方法类作业的关键点、深化点与发展点，推动学生学科核心素养的提升。

（二）后置型方法类作业

后置型方法类作业是指教师先讲解方法，学生根据教师提供的方法迁移运用。比如在七年级学习自读课文前，教师教学生用批注式方法学习自读课文。批注式学习方法包括掌握批注的符号、批注的角度。批注符号主要包括波浪线、三角星、五角星、双横线或双竖线等，批注角度可以从中心主旨句、语言修辞、议论抒情句、写作方法等切入，学生从不同的角度写批语做注解，加深对课文的理解，有助于学生掌握自读课文的学习方法。因此，布置后置型方法类作业时，教师先教方法，学生根据教师介绍的方法反复练习，加以验证，灵活使用，才能有所创新。

二、按学习内容划分

方法类作业按学习内容可分为知识技能型、方法指导型和探究思辨型方法类作业。

（一）知识技能型方法类作业

知识技能型方法类作业侧重识记、理解和积累。比如语文古诗词和文学常识的学习，除理解性记忆外，还可以根据艾宾浩斯遗忘曲线进行识记，在识记知识掌握后，遵循大脑记忆规律，在 5 分钟后重复一遍，20 分钟后再重复一遍，1 小时后，9 小时后，1 天后，2 天后，5 天后，8 天后，14 天后再记忆，掌握并长期运用这个记忆方法，有助于学生准确地识记一些基础知识和常识。知识技能型方法类作业强调强化练习，由点到面，反复运用，达到举一反三的效果。

（二）方法指导型方法类作业

方法指导型方法类作业侧重运用具有指导意义的方法指导学生理解运用所学知识。比如语文学习尤其强调阅读与写作，以阅读为例，阅读的形式多样，可以是默读、朗读、精读、略读、快速阅读、比较阅读、整本书阅读等各种形式。而具体到每个年龄阶段的阅读形式也因学情与教学目标的不同而不同，比如默读是指不出声、不指读，而朗读是大声地流畅地读出来。教师通过具有操作性的方法与步骤，帮助学生掌握不同学习范式的差异，加深对作业的认识，触类旁通。

（三）探究思辨型方法类作业

探究思辨型方法类作业强调从做中学，从学中做。探究思辨型的学习往往围绕一个主题，从不同角度阐述事理的来龙去脉。探究思辨型材料形式多样，包括文字、图片、图文结合、表格、时间轴等，材料主题明确，跨度大，较分散，以方法类学习为主，提问方式开放，主题却相对集中。比如语文学科中非连续性文本的学习运用，选材大多紧扣时事热点或社会新闻，引导学生关注社会生活的同时，引导学生树立正确的人生观和价值观。探究思辨型作业往往有一个主问题链，从“点状思维”到“关联思维”，从微观到宏观，从辩证法到唯物论，培养学生的聚合思维，学生对素材进行过滤、选择、重组与创新，最终形成个性化的作业。

三、按学习方法划分

方法类作业按学习方法可分为理论方法型和实践型方法类作业。

（一）理论方法型方法类作业

理论方法型方法类作业主要考查学生运用概念、判断、推理、概括、归纳、演绎、分析、论证、比较等方法进行思考的能力。和学习其他学科一样，学习语文时，要经常运用逻辑思维进行思考。比如议论文的论证思路的学习，从提出问题到分析问题再到解决问题，从现象到本质，从特殊到一般等，要把握文章或材料的内在结构，运用议论文的逻辑方法了解议论文写作的范式。这不仅有利于学生理解文章写了什么，更有助于学生知晓作者为什么这么写，实现由表及里的升华。

（二）实践型方法类作业

以动手操作为形态的实践型方法类作业，主要表现在对具体实验或活动等过程的指导，从而帮助学生动手完成相应的动作和相应的任务要求。该作业形式聚焦学生如何将抽象的方法运用在具体实践活动中，将复杂的流程解说融入实际操作中。比如八年级上册第一单元新闻题材的学习，在教授学生新闻阅读方法之后，教师指导学生根据时事新闻进行新闻采访和新闻写作，让学生在实践生活中运用所学知识，提升自身的文学文化素养。

综上所述，不同类型的“过程与方法”类作业，其要求不同，指导方法也不同，学习方法也有异。但“过程与方法”类作业，都凝练了基本的学科基础知识，融合了学科的学习方法，是灵活创设作业情境的具体表现，问题设计具有层次性和系统性，方法指导具有针对性和方向性，评价导向指向学科素养和学生核心素养的提升。

第三节　方法类作业的设计要求

方法类作业的设计要求是指在设置与实施作业时依据的标准和表现出的一般规律。通过对已有文献的梳理，可以发现研究者主要是从参与方法类作业设计的过程和经历总结出方法类作业的目的、设计、内容、评价的共识性原则。

一、作业目的：能力提升原则

方法类作业的设计以“能力提升”为原则，着眼于学生对学习策略的掌握和思维的培养。在学生“知其然，并知其所以然”的同时，方法类作业还要设计引导学生思考解决问题所用的方法及策略是什么，途径是什么。让学生在体验中运用观察、分析、交流、推断、预测等方法提升思维能力，让作业真正成为学生探索、思考、想象和创新的工具。而且作业要有明确的交流目的、真实的交流意义和具体的操作要求，使学生能够在个体操作和团队合作的实践活动中提高语言表达与思维能力，并在展示活动中感受成功的喜悦和意义。

比如在初中英语教学中，教师都会普遍性地布置阅读理解题。布置阅读理解题的目的是什么？是希望学生在解题过程中掌握什么样的能力，是分析判断能力，还是总结归纳能力？又是怎么分析判断出来的，是怎么总结归纳的，有什么样的方法和途径？诸如此类的问题都可以让学生自己总结出来。新课程理念倡导的“任务型教学”的精髓就是要培养学生的综合语言运用能力。初中生正处于想象力丰富且对世界充满好奇的发展阶段，因此教师在作业设计中可以布置一些具有实践性的任务，培养学生在真实生活中运用语言的能力，让学生在活动中参与和完成真实的生活任务。同时，作为一门重要的中考科目，作业的布置也应兼顾知识巩固和学习方法及能力的拓展。

沪教版牛津英语（深圳）七年级下册 Unit 5 Water 一课，讲述了水的循环、淡水的匮乏和浪费等知识，教育学生用自己的实际行动保护水资源。学生学习该课后，了解到水在日常生活中的重要性，感受到了“水是生命之源”的真正含义。为了让学生掌握更多节约用水的实际做法，教师给学生布置了一份“创想家庭节水金点子”探究型作业。要求学生利用已有的语言知识结构，现有的词汇量和语法知识，以小组合作的形式，通过各种不同的途径搜集资料，提出节约用水的金点子。作业布置下去后，学生找到自己的搭档，便开始行动了。他们有的开始观察家庭日常生活中节约用水的情况，并做好记录；有的学生上网输入关键字查找相关资料；还有学生找到 Students' Post 去阅读相关的文章。经过一个星期的搜集与整理，学生都获得了一些资料。他们的建议如下。

1. After we wash our faces，we can use the water to water the flowers and trees.
2. When we finish washing，we should turn off the tap in time.
3. When we use soap to clean our hands，we mustn’t let the tap flow.
4. We should use the water–saving equipment in our bathroom and kitchen.
5. We must fix the leaky tap.
6. We ought to wash our clothes by our hands instead of by washing machine.
7. We must take a shower instead of a bath.
8. When it rains，we can try to save the rain to make full use of it.

……

探究结果百花齐放，既有生活中随手可做的小事，又有关于节水设备的使用，还有对雨水的充分利用。可见，这个探究型作业充分拓展了学生的思维，拓宽了他们的知识面，完全让学生走出了书本知识框架。

总之，以知识学习与生活实践相结合、独立完成与小组合作相结合的原则，关注知识与生活实践密切结合，在实践性、探究性作业中提升学生的能力是作业设计最重要的目的。

二、作业设计：符合学生身心健康发展原则

作业的设计要符合学生的身心发展规律，符合学生掌握学科知识、发展学科能力的规律，题目的编制甚至排列都要符合学生的认知特点，题目的内涵及表述要做到科学、准确。根据学生的认知特点和学习风格，整体安排学习策略的发展目标，有计划、有步骤地指导学生掌握具体的学习策略，把学生培养成为自主的学习者。因此，在符合学生身心健康发展原则的前提下，教师需要基于单元主题，设计不同目标的、递进式的作业任务。

以沪教版牛津英语（深圳）九年级上册 Unit 2 Great minds 的单元课时作业为例，对这一单元的阅读、语法、写作课时的作业设计如下。

单元整体目标	课时	课时作业
经过本单元学习之后，学生能： 1. 掌握单元核心词汇（词汇、词组和选定句型 5—10 个），读懂课文关于 Albert Einstein 的故事，了解伟人幽默的一面和平凡人机智的一面。	阅读 1 课时	1. 借助一些媒体辅助平台，提升词汇学习效果，掌握单元主题核心词汇和词组并应用。 2. 判断句子成分的练习，从而加强学生对单元主题核心句子的记忆效果。

续表

单元整体目标	课时	课时作业
2. 理解故事类文本的结构化知识 opening–rising action–turning point–falling action–ending 或 beginning–build up–climax–esolution–ending. 3. 感知和获取名人的基本信息。 4. 讲述一位名人的故事。 5. 写一篇关于名人的故事。 6. 利用书籍和网络搜集信息，了解伟大人物的成就和有趣故事。	阅读2课时	1. 模仿朗读作业。从语音笔记、语调笔记和节奏笔记入手，提升英语语音语调，并在句子中正确应用。 2. 单元重点词组和句型巩固练习，并要在句子中正确应用。 3. 根据思维导图总结故事大意，并应用到其他故事中。 4. 文化背景知识探索：搜集资料，了解西方文化中的智慧与幽默。
	语法课时	1. 语法笔记整理。 2. 根据单元主题重点句和语篇情境，再次应用单元语法知识。
	写作课时	1. 借助课堂上学习的写作思维导图，写一个关于陈望道的故事。 内容提示：陈望道出生于1891年，于1977年去世，是一位教育家、作家，同时也是第一份中文全译本《共产党宣言》的翻译者。 2. 通过小组合作，利用书籍或网络搜集中外智者或伟人的名言，并通过班级投票选出十句名人名言制作成一份海报。

作业的真正内涵应该是学习的深化，是根据学生在这一阶段的身心发展特点而制订的学习任务，学生通过作业这种深化学习方式来发展认知能力和创造能力。

三、方法类作业的设计原则

根据学生身心发展和课程学习的特点，尊重学生的个体差异，满足学生不同的学习需求，设计具有层次性和多样性的作业，给每个学生提供思考、创造、表现和成功的机会，最大限度地调动学生做作业的积极性。作业来自生活，多设计与生活息息相关且开放性较大的作业，坚持“条件不唯一、问题不唯一、答案不唯一、解法不唯一”。可尽量多设计一些动手操作的作业，培养学生的动手创作能力和空间想象能力。如初中英语，一天的作业可体现字——词——句的渐进过程，一周的作业可运用大单元作业设计，综合基本练习、变式练习及综合练习，体现循序渐进的过程。

方法类作业有以下四大设计原则。

1. 多样性原则。作业内容设计要多形式、多题型，使学生的能力得到全面锻炼，作业题一定要精选精编，合理控制题量，重视作业效果，以作业为载体达到巩固和运用所学知识的目的。

2. 层次性原则。个性化作业的设计尽量从学生的实际出发，考虑学生原有的基础，建立多层次的弹性作业结构，以满足不同层次学生的需求。教师更要把握作业的难易度，既要满足学优生“吃得饱”，又要保证学困生“吃得好”。

3. 针对性原则。紧扣教学目标，有针对性地设计作业的内容和形式。针对学生年龄、性别、爱好、能力等方面的差异，因人而异，因材施教；依据学生能力的差异，可以采用分层布置个性化作业的方式。

4. 典型性原则。作业内容一定要精心设计，认真筛选。教师应当布置典型性强的作业题，做到既面向全体学生，又发展学生的个性，满足知识基础不同、智力因素各异的学生的需求。

在围绕沪教版牛津英语（深圳）八年级下册 Unit 1 Helping those in need 进行大单元整体作业内容设计时，教师要根据不同能力的学生布置不同的作业，增加作业的层次性和多样性，让每个学生都能自主选择，都能体验到成功的喜悦，从而激发学生的学习积极性。于是，教师根据学生的差异，将作业内容分为基础性作业及个性化作业，如下表所示。

单元课时	知识目标	基础性作业设计（必做）	个性化作业设计（选做）
Vocabulary	● know the meaning of the new words and can use the words to make sentences	●单词基础变形 ●首字母填空 ●选择填空	● Free talk: What group of people need our help ? ● how can we help them ?
Reading 1	● Read three students' reports on their voluntary work	●课文跟读 ●完形填空 ●信息询问	● Retell（mind-map） ● Tell my story ● Questions I have
Reading 2	● To master some usages of some useful expressions and develop an ability of how to get a further understanding of the text	●短文翻译 ●阅读理解	●补全句子 ● A letter of thanks
Grammar	● Learn how to use infinitives	●单词正确形式填空 ●语法填空 ●补全句子	● Questions 1 have
Listening Speaking More practice	● Listen to a radio programme about money raising activities ● Learn to talk about plans ● Talk about the voluntary activity you would like to take part in	●完成句子 ●语法填空 ●阅读理解	● Group discussion: What other voluntary organization do you know about ? What do they do ? ● Free talk in group（mind-map）
Writing	● Write a letter to the head teacher to ask permission to raise money	●写作训练	● Interview & Report
Review	● Review the knowledge points in this unit	●周末综合练习	● Make a poster to call on others to join your charity event ● A diary of voluntary work（with photos）

四、作业评价：多元评价原则

《义务教育英语课程标准（2011 年版）》明确指出要优化评价方式，并且着重考查学生的综合语言运用能力。教师可以采用多元优化的评价方式，评价学生综合语言运用能力的发展水平，并通过评价激发学生的学习兴趣，促进学生的自主学习能力、思维能力、跨文化意识和健康人格的发展。方法类作业的评价原则也适用于此。在评价方法类作业过程中，教师不只是一个简单的评判者，还是一个指导者，对学生采用的方法给予适当的指导，并提出改进的意见。预设可能出现的作业情况，确定跟进措施，确定积极有效的方法。方法类作业更加关注学生在学习过程中的表现和进步，作业多元化，评价自然也要多元化，不能只单纯地做终结性评价。如初中英语教学中，教师会布置文章续写的作业，只要学生能自圆其说，有理有据，且书写认真、卷面整洁即可。此外，可采用生生互评的方式，让学生通过相互评价发现别人的长处，了解别人解决问题的方法，找到自身的不足，明确努力的方向，也是一次学习的过程。这些都有利于对方法类作业作出正确评价。

在评价方法类英语作业时，应当遵循如下几个原则。

1. 评价主体多元化

传统的作业评价是教师单向的评价，学生处于被动地位。教师可以采用多种形式，例如学生自评、小组互评、教师总评等多主体评价，让学生通过这些评价，及时纠正自己的错误。把评价权交给学生，真正培养学生主动探索的主体意识，实现评价主体多元化，确保评价结果的真实性。

2. 评价手段多样化

在选择评价手段时，教师应根据作业目的、作业内容、作业设计、学情等采取适当而多样的评价方式，让评价结果更全面、更具有代表性与说服力。这里提供几种评价手段以作参考。

（1）激励性语言评价

作业批语是教师情感输出的载体，它体现教师对学生作业的意见和态度，体现教师对学生学习成果的认可或否定。批语内容所蕴含的情感意义，从某种角度来看，会直接影响学生的学习情绪。因此，教师要特别注意学生的情感体验。

在批改英语作业中，不要一味地用等级 A，B，C 或者 good，well done，nice 等单一的词语，教师可以用更加丰富的句子来表达。

① If you can write carefully，your homework will be better. I think you can.

② What a beautiful handwriting！ If only be more careful！

③ I'm so glad to see your great progress in your exercises.

④ Well done！ Try to be better next time，will you？

⑤ It's nice of you to write this way.

⑥ I'm sure you can do your work better next time.

⑦ No pains, no gains. I hope you will make more progress in the future.

⑧ Please never give up trying.

⑨ Glad to see your improvement in handwriting.

⑩ I'm expecting clearer/more beautiful handwriting from you next time.

⑪ You'd better pay more attention to word order.

（2）成果档案袋评价

教师帮助学生建立成果档案袋，记录学生每个月或半个学期最好的作业、最好的笔记、最好的试卷、最好的评价表等，定期开展展示活动，让成功伴着每一个学生走过轻松愉快的学生时代。

（3）重复性评价

多数学生常常很难一次就将作业做得完美，但是每个学生都希望得到赞扬与鼓励，都希望获得成功。为此，教师可以采取一次作业多次评价的方式，即学生做完作业，自评、互评、师评后再进行修改，教师二次评价。这样多次评价一份作业，不仅有利于学生养成改错的好习惯，还会让学生获得更多的成功体验，从而增强学生学习的自主性和自信心。

总之，新课标教学理念告诉我们，对学生的作业进行科学的布置和评价，要使学生能感受作业带来的成功与喜悦，能起到激励和教育学生的作用，提高其综合运用语言的能力，促进每个学生的发展，提高其学习效率。

第四节　方法类作业的管理

如何设计能够贯彻和落实“过程与方法”目标的作业形式，研究者主要从“方法类作业的体系构建”“方法类作业的过程性指导”和“方法类作业的批改与评价策略”等层面来进行探讨。

一、方法类作业的体系构建

基于整体性的视角，研究者提出了方法类作业体系构建的思路。朱继军以中学历史课程为例，构建了“过程与方法”目标的框架结构，主要包括搜集和考证、理解和想象、解释和评价、提出和解决问题、成果表达和交流。① 何彩霞以高中化学课程为例，指出方法类作业以新课程目标和内容标准为基本依据；挖掘具体教学内容潜在的过程与方法；考虑学生基础和学生认知发展水平；明确学生在过程中应发生的学习行为。②

以北师大版数学九年级上册《利用三角形测高》这一节课的作业片段为例。

为了测量学校旗杆的高度，现有工具皮尺、标杆、镜子。请你设计方案并完成测量旗杆高度的任务。

（1）你准备使用哪些工具实施方案呢？

（2）请把你的方案实施示意图画出来。

（3）你还需要测量哪些数据呢？

（4）请结合示意图和测量的数据求得旗杆的高度。

（5）请你总结一下此次测量过程中运用到的方法。

本题基于课程目标和内容标准进行设计，本节课的目标是通过测量物体的高度，综合运用三角形相似的判定定理和性质解决问题，增强学生的应用意识。该设计通过问题串的形式引导学生解决问题。第一，工具选择就是让学生选择方案的具体策略。第二，让学生把实施的示意图画出，引导学生把生活中的问题抽象成数学的问题。第三，开始方案实施的步骤引导，通过测量关键的数据解决问题。第四，让学生对成果进行展示和总结，引导学生归纳解决问题的方法。

二、方法类作业的过程性指导

方法类作业立足于学生的知识迁移、思维发展和能力提升。因为方法类作业中关于“过程”和“方法”的训练要求具有不完全性和不完整性，所以研究者将训练学生进行方法类作业的过程性指导作为方法类作业管理的重要内容。朱继军以中学历史课程为例，指出“过程与方法”目标的作业设计目的是培养学生的“批判性思维”，并且从历史学科思维过程与思维方法的角度出发，提出可以从“鉴证知史，论从史出的证据意识”“求同存异，海纳百川的多元意

① 朱继军．中学历史课程“过程与方法”目标研究［D］．上海：华东师范大学，2009.

② 何彩霞．化学新课程“过程与方法”目标的理解与设计［J］．化学教育，2010，31（1）：25-28.

识”“历史思考，辩证分析的逻辑意识”三大方面培养学生成为批判性思考者。①高晶华和黎倩雯以中学地理课程为例，指出通过教材、结构、内容等改革来实现“过程与方法”目标，突出学科技能和能力培养。②

北师大版数学八年级上册《勾股定理》作业设计

方法学习：

数学中，对同一个数学对象用两种不同的方法表示出来，从而建立相等关系，然后利用方程解决问题，这种方法我们称为“算两次”。

方法理解：

2002 年 8 月国际数学家大会在北京召开，会标是以我国古代数学家赵爽的弦图为基础设计的，大会会标如图 1 所示，它是由四个形状大小完全相同的直角三角形与中间的小正方形拼成的一个大正方形，其中，直角三角形的两条直角边长分别为 a、b，斜边长为 c。

一方面：大正方形的面积可以表示为 c^2；

另一方面：大正方形的面积可以表示为____________；

所以可以得到一个恒等式为____________。

方法应用：

已知在 Rt△ABC 中，$\angle C=90°$，$AC=3$，$BC=4$，则 AB 边上的高为______。

方法拓展：

1. 如图 2，小明家里有一块三角形木板，三角形各边长分别为，$AB=10$，$AC=17$，$BC=21$，求△ABC 的面积。

2. 如图 3，小明要把这块三角形木板加工成一块正方形木板，使得正方形一边在 BC 上，两个顶点分别在 AB、AC 上，加工成的正方形的边长是多少？

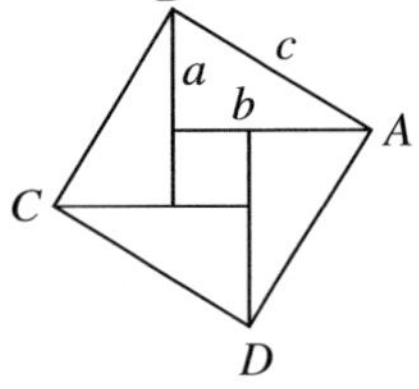

图 1

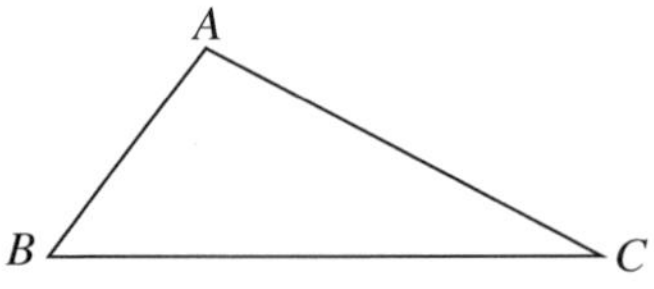

图 2

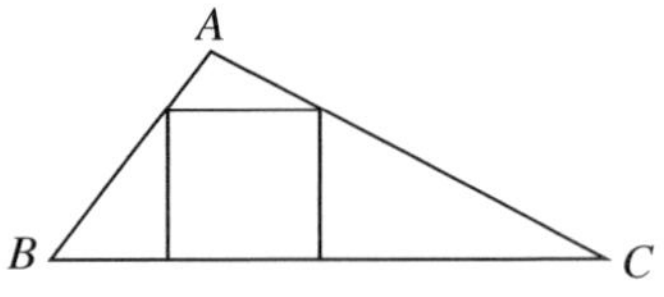

图 3

① 朱继军. 中学历史课程“过程与方法”目标研究［D］. 上海：华东师范大学，2009.

② 高晶华，黎倩雯. 我国地理新课标“过程与方法”目标研究述评［J］. 地理教育，2010（Z1）：16-17.

本案例是基于北师大版数学八年级上册第一章《勾股定理》的背景而设计的题目。教科书中在证明勾股定理成立的时候使用了“算两次”的方法，在大单元作业设计的时候就有针对性地把“算两次”的方法作为本单元作业的核心。而此案例就是围绕“算两次”的方法为核心进行设计。作业设计的层次非常明显，从“算两次”的方法的呈现、理解、应用，再到最后的拓展。学生在完成此作业的过程中，会经历知识的学习、知识的迁移、思维的发展和能力提升等关键环节。

三、方法类作业的批改与评价策略

对于方法类作业批改与评价的策略探讨，研究者主要从“内容”和“形式”两方面进行论述。

（一）方法类作业批改与评价的内容

段玉山认为学习过程中“过程与方法”目标达成的评价内容主要是针对学生获取知识的每个阶段所表现出来的动机、态度、活动、水平、技能、能力的评价。[①] 李家清以高中地理课程为例，提出了“过程与方法”四个方面的评价实践：一是收集、整理和分析信息的能力；二是发现和解决问题的能力；三是表达和交流的能力；四是掌握基本方法的评价。[②]

（二）方法类作业批改与评价的形式

储名方指出基于解题方法的作业评价形式有总结式、专题式、对比式、辨析式、训练式和选优式。[③] 吕美德则通过案例列举说明了对“过程与方法”的评价与测量通常采用活动观察法、实验报告评价法、问卷调查法、情境测验法和成长记录评价法等。[④] 有的研究者指出基于“过程与方法”目标达成的评价方式包括形成性评价和终结性评价。可以通过收集学生在学习过程中的作品、表现记录等建立考核档案。除此之外，也有的研究者依赖命题技术和评分手段来考查其目标是否达成。

---

① 段玉山．地理新课程课堂教学技能［M］．北京：高等教育出版社，2003：2.

② 李家清．新课程高中地理“过程与方法”的教学评价实践［J］．教育科学研究，2006（8）：18–21.

③ 储名方．对作业有效设计与评价思想的再认识［D］．上海：华东师范大学，2010.

④ 吕美德．高中地理新课程目标测评研究［D］．福州：福建师范大学，2005.

基于方法类作业的评价策略，设计以下评价表格。

评价指标	等级			备注
	A	B	C	
方法的理解				A 等，正确理解方法的含义及其内涵 B 等，理解方法的初步含义，过程有错误的地方 C 等，对方法不理解，过程错误或者无过程
方法的表达				A 等，能准确地用自己的语言或者用示意图表达出方法的应用性 B 等，对于方法的表达基本达到要求，但在个别地方有问题 C 等，不能准确地表达出方法，无过程
方法的应用				A 等，能够准确规范地使用方法解决问题 B 等，能初步使用方法解决问题，但过程出现小问题 C 等，不能很好地用方法解决问题，无过程
方法的拓展				A 等，能够使用方法灵活地解决问题 B 等，能够使用方法初步尝试解决问题，但过程不完整 C 等，对于方法的推广不能很好地使用，无过程
综合性评价				3A 及 3A 以上为 A 等，2A 为 B 等，其余情况为 C 等

此设计评价细目表，分别从方法的理解、表达、应用和拓展四个方面进行评价，对应了知识的获取、知识的迁移、思维的发展和能力的提升这几个方面，最后综合四个阶段的评价情况形成综合性评价。此设计的优点有二。第一，从评价表格中可以看出学生在每个阶段的能力情况，这种阶段能力的及时性反馈可以让教师在后续教学中有明确的方向。第二，可以让学生清楚地了解自己的水平处于哪个能力阶段，又是在哪个能力阶段遇到了困难，对于后续的作业整理和学习也更有针对性。

综上所述，虽然直接针对或者提出方法类作业设计与实施的研究较少，但是研究者也都通过对方法类作业的理解进行了探索。基于当前研究者对方法类作业的设计与管理的探讨，发现他们都旨在将学习重心从强调知识的积累和巩固向强调知识的探究过程转变，这说明了学生掌握思维的过程与方法才是作业设计的目标。另外，循着这一基本理念，方法类作业设计也要强调教学过程中形成的综合性能力，以及与教学阶段性所形成的能力相结合。

第五节　方法类作业的实践

方法类作业是基于“过程与方法”目标而设计的作业形式，如何确定和落实目标，研究者结合自身在教育一线的经验总结和相关的理论导引，给出了实际例证。

一、通过表达和交流拓展学生思维发展

学生积极的情感体验能调动自身主动学习的热情，他们在表达和交流学习成果的过程中展示自己的思维过程和方法。

这是一份由校团委布置的暑假社会实践作业。为庆祝中华人民共和国成立70周年，深入贯彻落实党的十九大精神，提升中学生的精神文化内涵，推进中学生良好学习习惯的养成，丰富中学生的暑假生活，决定发动学生了解新中国成立70年以来家乡的变化。学生收集自己家族中的优良家风故事和名人英雄事迹，通过开展研学实践活动和阅读相关图书资料，用讲故事的方式，向同龄人介绍和推荐自己的家乡，表达对家乡、对乡亲的热爱之情。

案例评析：

此项作业创设开放的活动情境，通过引导学生自主学习、自主探究，促进学生体验探究历史的方法。在这一过程中，学生主动参与、主动探究、主动思考、主动实践，锻炼思维和升华思想。学生接受形象、直观、生动的家乡历史和红色教育，深刻体验其中承载的红色基因，增进政治认同、思想认同和情感认同。通过讲故事的方式呈现学习成果，学生学会了自主反思、自我表达、分享交流，也掌握了成果表达和交流的基本方法和策略。学生具备充足的思维空间和探索渠道，在自主探究、互动交流的过程中获得知识与能力，广泛积累学习经验。

二、通过分解和整合达成学生理性认识

方法类作业的设置往往包含了“是什么”“为什么”“怎么样”的内容，它需要学生首先将任务分解，然后把分解的各部分内容综合归纳成新的知识，即整体统筹看待某个问题。

在学习湘教版地理八年级上册干湿地区划分这个知识点的时候，有这样一道思考题，四类干湿地区的分界线基本与800mm、400mm、200mm等降水量线一致，然而东北地区东部和北部降水量在400—800mm，为什么也属于湿润地区呢？这是一道综合性开放型题目，需要学生以小组合作的形式，分析区位因素、降水量与蒸发量的对比关系、气温等，逐步推断出其原因是上述地区纬度较高，气温较低，蒸发量较小，降水量大于蒸发量。

案例评析：

新课程改革要求教师不是单纯教教材而是用教材教，把教材作为手段和媒介教授地理知识，根据教材内容引导学生拓宽思维空间，使他们掌握更多教材以外的知识和技能。为此，教师要面向学生日常生活和社会生活领域，引导学生利用跨学科的知识，或者通过自主查阅书籍、上网搜集资料等途径，提取有价值的信息，并且对资料进行整合加工，进而推理观点，在一定程度上培养学生的逻辑思维、推理能力和对事物的理性认识。通过这样的作业，教师鼓励学生从地理视角提出问题，指导有能力、有兴趣的学生运用素材支撑观点、分析现象、解决问题，从而促进学生学科素养的提升。

三、通过抽象化具体展示学生解题策略

根据作业内容的重难点和学生思维的兴奋点，可以把复杂、抽象的作业主题细化为若干个具体的、可操作性强的子任务，对于学生而言也符合其认知发展水平。

正处于青春期的初中生，身心迅速发展而又缺乏生活经验。教师在心理课堂上围绕“生涯规划”这一话题设计心理作业，采用霍兰德职业兴趣测验进行分组，安排相同选择的学生分为一组，并进行适当的调整。学生通过团队合作、自主探究，进一步确定具体的活动目标和操作任务。

第一，初识自我。小的时候，你想过自己长大要干什么吗？小时候的梦想

现在改变了吗？现在，你想过自己将来要从事什么工作，过怎样的生活吗？你了解自己的个性、兴趣和特长吗？第二，深入探究。你通过什么方式了解自己喜爱的职业？你向往的工作符合你的特质吗？第三，十年后的我。如果你能够进入想象的天地之中，见到十年后的自己，你印象最深刻的部分是什么？你从事的是什么工作，可以具体谈谈吗？第四，梦想与行动。在初中阶段，你可以通过哪些方式锻炼这些能力？现阶段你可以做哪些改变？

案例评析：

这一作业应用案例追求“过程与方法”目标的基本路径是通过化抽象为具体的方式操作的：对比较抽象的“生涯规划”进行细化和层层分解，制订最适合的计划，聚焦自我探索和发现，同时运用环境资源，在短期内充分发挥自我潜能，有方向地稳步向前。

四、通过结论找条件生成学生解题思路

学生在学习过程中面对理科课程需要逻辑性和抽象性思维，单纯依靠教师讲解是不够的，必须调动学生自主学习的能力，知其然也要知其所以然，一个很重要的学习方式就是逆向思维。

在地理课堂上学习太阳直射点的移动规律时，先学习地轴与地球公转轨道面的夹角约为66.5°，这就使得太阳直射点有规律地在南北回归线之间来回移动，也出现了除赤道外，各地昼夜长短变化和太阳高度的变化。然后提出假设，如果太阳永远直射赤道，又有什么变化？学生通过思考、分析得出，如果太阳永远直射赤道，各地正午太阳高度永远不变，昼夜长短没有变化，没有四季之分。通过逆向思考，学生对这一知识点的理解不断深化，进一步理解了地球公转的影响，也提高了综合思维的能力。

案例评析：

上述地理作业应用案例追求“过程与方法”目标的基本路径是由所求结论来寻找条件。逆向思维的应用，可以帮助学生在学习过程中思考。教师通过一系列的问题和错误示范引导学生加深对知识的认知，从而帮助学生理清解题思路。

总的来说，基于“过程与方法”目标而设计的作业形式就是通过让学生经

历某种过程来培养他们的思维品性，这里所指的学习过程也蕴含了学生一定的学习行为。所以，在此类作业的设计与实施中必须要明确的是学生在作业过程中的学习行为到底是什么，这样才能真正实现对学生学习过程的关注，从而达成“过程与方法”的目标。

第九章

兴趣化作业

作业是否有效落实直接关系到课堂教学效果的好坏，在应试教育思想的影响下，很多人误以为作业越多越能够提升学生成绩，这却成为学生厌学甚至成为“问题学生”的重要原因之一。随着新课程改革，作业创新已经成为潮流，兴趣化作业可以有效提升教学效果，激发学生的学习兴趣。本章依据人本主义学习理论、快乐教育理念和活动中心课程理论，把兴趣化作业设定为游戏类作业、活动类作业、趣味类作业和开放类作业等几大类型，遵循一致性、趣味性、激励性、情境性、启发性的原则，构建多样的兴趣化作业评价体系等，让兴趣化作业的布置具有可操作性。

第一节　兴趣化作业的概念

一、兴趣和兴趣化的含义

兴趣作为推动教育和学习的动力与情感，一直以来都是教育家广泛关注和探讨的重要话题。杜威基于关系和生长的辩证视角，将兴趣看作个体与活动对象之间的“居间事物”“生长中的能力的信号与象征”以及个体“对新的经验的态度”。[①] 赫尔巴特认为，兴趣以认知和同情为核心，它不是指表面的兴奋和愉快，而是一个与观念、情感和活动

① 樊杰，兰亚果．杜威基于关系与生长视角的兴趣与教育理论［J］．全球教育展望，2018，47（5）：47-55.

等广泛联系的具有个性意义的东西。[1] 而从兴趣的产生条件来看，兴趣是指个体力图认识、探究某种事物或从事某项活动的选择性态度和意识倾向。

化的基本字义，是指性质或者形态改变。用在名词或形容词后，表示转变成了某种性质或状态。[2] 因此，兴趣化就是指激发学生兴趣的过程，是激发兴趣的一种模式。

二、兴趣化作业的含义

以激发兴趣为设计原点的作业，可以统称为兴趣化作业。当前研究者主要是基于兴趣化作业的相关特点来对其进行概念的界定。有研究者指出兴趣化作业的核心在于守护和激励学生的生长潜能，并且通过提供丰富的活动，提高学生内在的尊严和信心，从而帮助他们在健全的关系中走向健全的自我。能够激发学生兴趣的作业设计，其目的就是让学生能够在求知、探索、实践中产生愉快的情绪和体验。如此也表明了兴趣化作业就是把幸福当作教育的目的，把快乐作为教学的重要目标和原则。

虽然从严格意义上来讲，研究者的表述不能算是对兴趣化作业提出正式明确的概念界定，而且也确实很难对其定义进行完整的表述，但是可以确定的是，兴趣化作业就是把“学有兴趣、学得愉快”的核心理念置于作业设计体系之中。这肯定了学习的最好刺激源就是对所学材料感兴趣。这也说明，兴趣化作业的设计与实施是极具必要性的，它有利于提高学生学习的能动性、学习的效率，促进学生的个性发展。

第二节　兴趣化作业的类型

当前学界以“激发兴趣”为设计原点的作业主要有游戏类作业、活动类作业、趣味类作业和开放类作业等几大类型。

---

① 郭戈．兴趣教育思想发展的“三部曲”：卢梭、赫尔巴特和杜威的兴趣说［J］．当代教育与文化，2011，3（4）：38-45.

② 陈美媛．上海市小学体育兴趣化教学改革的实证研究［D］．上海：华东师范大学，2017.

一、游戏类作业

游戏是儿童的天性和权利，也是儿童认识世界的途径。利用游戏机制和游戏元素提升学生的作业体验和作业参与度是普遍的做法。设计游戏类作业需要注意激发学生的好奇心、好胜心和求知欲，诸如知识性游戏和益智性游戏可以提升学生的数感和运算能力，地图类游戏可以提升学生的空间感知能力和地理素养等。总的来说，借助游戏的教育功能，将游戏融入作业设计之中，能够发展学生的运动、语言、思考、想象、解决问题的能力并调节负面情绪。

二、活动类作业

活动类作业关注学生做作业过程中的亲身体验和真实感受，具体是指学生在完成作业时以主动探索、改造活动为特征的内隐思维活动和动手操作的外显实践活动。活动类作业形式多样，各学科大多具有本学科特色的活动形式。语文学科可以采用成语竞赛和辩论赛等形式，数学学科可以设计对空间测量或者是心算数学方面的活动。总的来说，活动类作业设计需要注意多元化，综合运用调查式、评价式、展览式等形式。

比起传统作业，活动类作业更强调让学生在生活、实践中完成。此类作业主要通过引导学生主动将课本上的知识与日常生活相联系，注重实践探究，同时将学生的真实感受和体验放在首位，使学生在做作业的过程中体验知识的实际运用。作业不仅仅是课堂的延续，也是生活的一部分。

三、趣味类作业

在兴趣化作业设计的形式和内容上，研究者还致力于把知识融入生动的、具有趣味性的情境中，以说、玩、画、做、演、读等形式呈现。这种巧妙地将学生喜爱的方式融入作业之中的设计思路，能够使作业更加符合学生的认知特征和思维特点，从而实现作业效果的最大化。

（一）说类作业

说类作业就是要求学生以口头表达的方式来完成的作业。它集中调动学生的脑、耳、口等器官，发展学生的语言组织和表达能力。说类作业可以有多种类型，比如让学生当“小教师”，或说故事。当然，说的对象也可以是多样的，自己独自说、对他人说等，让学生在说的过程中培养逆向思维，落实学科素养。

部编版历史八年级下册《经济体制改革》作业设计

作业设计：

请学生根据课本第38—39页“凤阳农民打花鼓庆丰收”“农民领取家庭联产承包责任制合同书”“1984年中华人民共和国成立35周年国庆游行时的标语‘联产承包好’”这三张图片，结合所学知识，说一说：家庭联产承包责任制是怎么来的？内容是什么？有怎样的影响？

答案：

1. 1978年，安徽凤阳小岗村农民实行分田到户，自负盈亏，农民有了生产自主权，生产积极性大大提高。1983年，家庭联产承包责任制已经基本在全国农村普遍实行。

2. 家庭联产承包责任制是在土地公有制的基础上，把土地长期包给各家各户，农业生产基本变成分户经营、自负盈亏。

3. 家庭联产承包责任制的实行，激发了农民的劳动热情，带来农村生产力的大解放，农业生产和农民收入均有很大提高。

案例评析：

初中历史教学强调唯物史观、时空观念、史料实证、历史解释、家国情怀五大核心素质的培养。培养这些核心素质，不仅要依靠教师的面授口传，还需要学生对相关历史问题进行独立思考、总结归纳、阐发己见。说类作业能很好地锻炼学生的思维能力、表达能力，从而达成培养学生核心素养的目标。八年级学生已有一定的历史知识储备，逻辑思维和口头表达能力也相应提高，可以较好地完成说类作业。在准备说类作业的过程中，学生们可以互相协作、共同学习，在一定程度上提高学生的口头表达能力，促进学生之间的友谊，让学生获得成就感。

（二）玩类作业

从“‘玩’中学，学中悟”的理念出发，研究者也设计了各式各样的玩类作业。玩类作业可以从情智能力的角度布置，特别是数学学科，合理利用数学游戏，有利于推动计算技能从量变向质变转化。

在学习完表内乘法后，可以设计以下玩类作业进行巩固。

作业设计：

两人一组，一人转动长指针，一人转动短指针，之后根据指针停留的位置，说出相应的乘法口诀。先说出正确答案的一方积 1 分，先得 5 分则获胜。

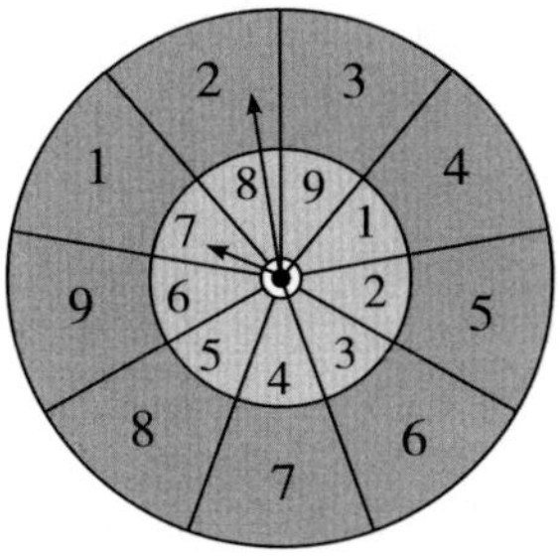

案例评析：

第一，该设计尊重学生好玩的天性，将转盘这一游戏元素融入乘法口诀的学习中，让学生从玩中学，感受数学趣味。竞争元素的引入使得挑战性增加，能让学生“玩”得更投入。

第二，该设计利于培养学生的数学核心素养。转盘元素和竞争元素的融入提高了学生对数学运算的兴趣，在巩固知识的同时提升运算能力。

（三）画类作业

绘画是学生不可忽视的一种表达形式。画类作业可以是以图文结合的画报为载体，可以是创编绘本的形式，还可以分年级和年龄采用诗画结合、思维导图等形式，设计画类作业，培养学生的审美能力和创新意识。

在校本诗画课程《童眼看世界》的教学中，教师以儿童诗《眼睛》为切入点，设计一连串的问题，以诗意的语言带着学生展开丰富的联想。本节课教师设计了这样一种诗画类作业：运用《眼睛》中的元素，发挥想象力，用版画的方式，画出心中美好的世界，画完后再为自己的画配上一首小诗。选择儿童诗中的元素，要注意丰富画面，添加点线装饰。

案例评析：

以儿童诗《眼睛》为切入点，丰富学生的想象力，激发学生对于本课的兴趣，再通过阅读名言启发学生在生活中养成善于发现美的习惯。在第二环节读诗品诗中，引导学生有感情地朗读诗歌，感受诗中的无限美景，想象诗歌描绘的意境，发现生活中的美好。第三环节激发想象，通过提问的方式引导学生思考还有哪些景色或事物也走进来了，如“有群山环绕的湖水”“夜晚的星空”“和爸爸妈妈在一起”“我和妹妹一起玩”。教师通过追问，比如“你和妹妹在一起玩什么？”“你们在玩的时候心情如何？”，丰富学生画面中的细节，同时也鼓励学生想别人想不到的，从而发散学生的思维，彰显学生的个性。教师可以用充满诗意和有温度的语言引导学生描绘他们眼中的世界，打开他们心灵的眼。以《眼睛》中的元素为切入点，不断地引导学生发挥想象，从而碰撞出思想的火花。最后通过微视频的示范，在方法上给予学生指导。要求学生为自己的画面配上一首诗歌，表达自己的创作构思和画面意境，这样的作业设计在提高学生动手实践能力的同时，提高了学生的文学素养，促进学生对美的追求，使学生在诗情画意的美好氛围中，尽情享受诗画创作的快乐。在创作中，学生不断学习，不断收获，尽情享受创作带来的成就感。诗画美术作业给学生带来了无限的创意，进而提高学生的表达能力。

（四）做类作业

做类作业，是让学生在积极动脑、亲自动手的过程中，获得直接的感官体验和经验积累。学生可以剪贴处理课本图文资料，自做学具等，也可以不用局限于教师提供的题目，还可以主动提供创造规律空间的做类作业，提升自身的设计意识。

在部编版化学九年级下册第十一单元课题1《生活中常见的盐》中，碳酸氢钠作为一种常见的无机化合物，在化工、餐饮、医疗等领域中有着广泛的应用。碳酸氢钠是白色固体，溶于水形成弱碱性的无色溶液。而紫甘蓝是生活中一种常见的蔬菜，其所蕴藏的花青素可作为酸碱指示剂。利用这一化学性质，可制作“隐形墨水”。

实验材料：

棉签、碗、白纸、小喷壶、碳酸氢钠、蜡烛、紫甘蓝、水。

实验步骤：

1. 首先，取少量碳酸氢钠固体于碗中，加适量水使之完全溶解。其次，用棉签蘸取碳酸氢钠溶液，在白纸上写下文字。待白纸完全干燥后，字迹隐形。最后，用点燃的蜡烛烘烤纸面，可显现出黑色字迹。

2. 取少量紫甘蓝切碎，置于碗中，加适量热水。待浸出花青素后，将浸出液装入小喷壶。用碳酸氢钠溶液在白纸上写字并待白纸干燥后，用小喷壶喷洒紫甘蓝浸出液于白纸上，可看到字迹处显紫色。

案例评析：

该作业设计以学生动手做为核心，锻炼其实践创新能力，感受科学知识的魅力，开发学生智力。同时寓教于乐，模仿古人在有限的技术条件下，利用简单的化学知识，为书信加密。此实验让学生在实践中提升了做的能力，又强化了理论知识的学习，提高学生对化学学科的兴趣，拓展课外化学实验，提高学生将化学知识运用于实际生活的能力。

（五）演类作业

将作业以演的形式呈现出来，可以将静态文字转变为动态场面，从而动态识记知识之间的关系。角色扮演、演讲和辩论是目前常用的演类作业形式，而课本剧的表演形式更适合于故事情节较强的文本，让学生在演的过程中理解文本的含义。

在沪教版牛津英语（深圳）三年级下册 Module 2 Unit 4 Animals in the zoo？这一课的教学中，设计了"演"这类兴趣化作业以激发学生学习英语的兴趣。

作业设计：

请学生根据课本第 20 页 The old man and the monkeys 这个故事的内容，和你的家人选择喜欢的角色进行角色表演，拍摄视频发到微信群里。

表演的时候，请学生注意：1. 注意单词 cool，hats，our 的发音；2. 观察老人和猴子的情绪变化，使用合适的语气、表情、肢体语言进行演绎；3. 必要时学生可以加入自己的语言。

老人的情绪变化：

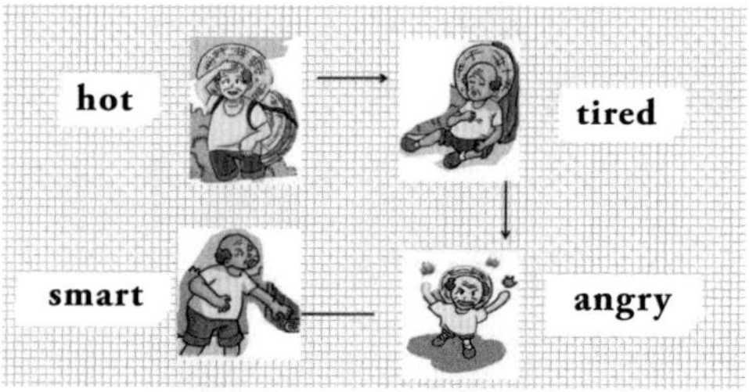

猴子的情绪变化：

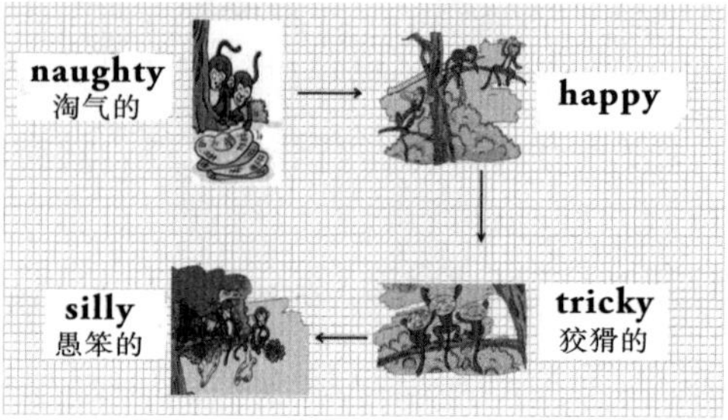

案例评析：

《义务教育英语课程标准（2011年版）》强调以学生为学习主体，三年级的学生爱表现、善模仿，对表演类活动特别感兴趣，设计演类兴趣化作业可以大大提高学生学习英语的兴趣，让学生从玩中学，从学中乐。此外，演绎过程需要学生进行一定的语言输出和情感表达，这需要学生熟悉文本内容、把握人物情感。因此学生在演绎前，需要先主动学习课文生词和熟读课文句型，达到能够复述故事的程度。这种方式能够巩固学生所学新知，提高学生的语言表达能力。

（六）读类作业

以学生视角呈现阅读这一过程，也是兴趣化作业设计的一种形式。在阅读中探寻学科背后的知识，教师可以将不同的文本以某些规律或某一主题组合排列在一起，加强学生文学技巧的表达，训练学生的思维能力。

以《汤姆·索亚历险记》这本书为例，统编版语文六年级下册第二单元节选了这本名著中的一段。

轻松、幽默而略带讽刺夸张，是这本书的语言特点。浪漫有趣，有惊无险，是这部名著吸引孩子的地方。选编本文的目的，一是通过对文章的阅读，学生能了解这部外国名著的内容，关注人物的命运，把握人物的性格；二是激发学生读整本书的兴趣。因此在学完课文后，教师可以布置以下作业吸引学生继续阅读这本名著。

作业设计：

1. 汤姆早年失去双亲，被寄养在姨妈那里。在姨妈眼中，他是一个淘气、捣蛋的孩子，在学校也是一个令教师头疼的问题儿童。关于他离家出走历险一事，从你的角度来说，你赞同吗？请列举两个以上的理由。

2. 汤姆机智勇敢，富于冒险精神，对待朋友重义气，但又好吹嘘显摆，在他身上你能找到自己或身边伙伴的影子吗？请你阅读这本书，找出书中汤姆的具体表现，并思考生活中有哪些伙伴的行为也很像他，去分析分析。

3. 假如汤姆要选一个伙伴一起去冒险，你觉得汤姆会选（　　）作为自己的伙伴，你的理由是什么，写出两点。

A.《西游记》孙悟空　　B.《草房子》桑桑

C.《鲁滨逊漂流记》鲁滨逊　　D.《绿野仙踪》多萝西

案例评析：

第一个作业设计有助于激发学生的阅读兴趣，让学生能够从汤姆联想到自己，从而产生共鸣。第二个作业设计有助于学生以文本链接生活，从生活中去发现类似的情境。第三个作业设计有助于考查学生课内课外的知识联系，让汤姆选一个人和他一起去冒险，需要学生先了解其他几本名著的主人公，有助于拓宽学生的视野。

四、开放类作业

基于对作业内容、数量、格式“统一”形式所造成的弊端认识，研究者尝试对富有新颖性和趣味性的开放类作业进行设计与实践的研究。根据开放角度的不同，可以将开放类作业划分为题设条件开放、题设情境开放和题设解法开放的作业形式。

（一）题设条件开放的作业形式

题设条件开放是指学生能够通过题目中设置的问题进行逆向思考，补充或者选择相应的条件。题设条件开放的作业形式包括条件过于充分的问题、条件不足的问题和条件隐藏的问题，面对不同类型问题，学生根据已有知识和生活经验解决问题。

以北师大版数学七年级下册《利用三角形全等测距离》为例，教师可以设计如下题设条件开放类作业。

作业设计：

1.请你用两根等长的木条和一把刻度尺，分别测量玻璃瓶的内径和外径。（请尽可能用多种方法解决问题。）

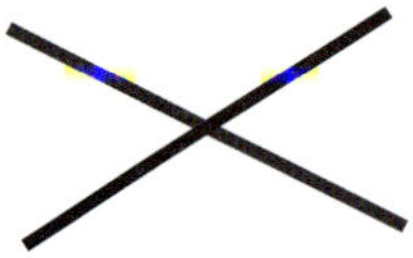

2.请你利用周末时间去学校旁边的公园里测量出池塘最远两点 A、B 之间的距离。公园里没有船，无法直接测量，请你根据实际情况自选测量工具完成测量任务，并写出你的设计方案。

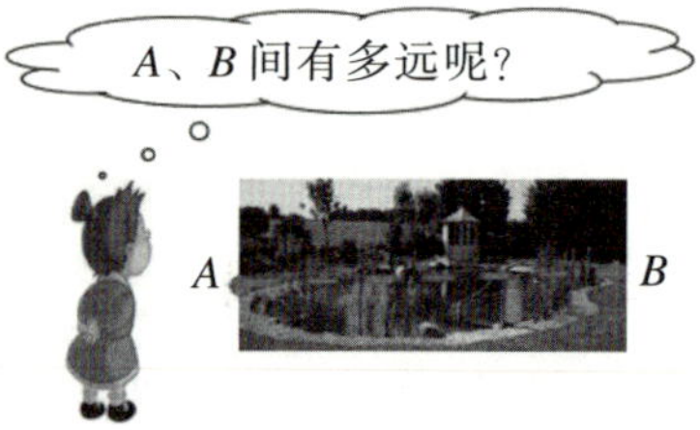

案例评析：

上述案例通过对利用三角形全等测距离问题的探索、思考、操作、发现，引导学生初步体验建立全等模型解决实际问题，培养他们的探索精神与科学态度。在对数学问题进行探究的过程中，学生需要根据题目要求或结合自身实际情况自主选择相应条件解决问题，将开放性问题具体化为封闭性问题，全过程不断刺激学生思维的多向性与逻辑性，进一步增强学生的应用意识与运用数学知识解决实际问题的能力。

另外，案例设计让学生去实地考察探究，充分感悟数学来源于生活又服务于生活的道理，进而培养学生主动运用所学知识发现问题和解决问题的能力。同时，生动、有趣、真实的实践活动让学生在体会数学应用价值的前提下，通过他们自己有条理地表达设计方案，体会数学乐趣，提高学习数学的积极性，增强学好数学的信心。

（二）题设情境开放的作业形式

建构课内外、校内外之间的桥梁，离不开对作业情境开放的基本要求。家、校、社三方共同育人已经成为社会共识，教师可以利用相关资源设计作业，培养学生的社会生活实践经验。

在部编版道德与法治四年级下册《做聪明的消费者》这一单元的课后作业，可以设计以“我的购物经历”为主题的单元实践类作业。本单元分为《买东西的学问》《合理消费》两课，可以通过学生与父母一起亲身体验购物过程，加深学生对抽象的消费内容的理解。

本单元具体内容包括：“怎样买到称心如意、合格安全的商品”，“怎样保护好自己作为消费者的合法权益”，“当自己的权益被侵犯，我们要如何维护自身合法权益”，“怎样进行合理消费、避免浪费，做一个文明、聪明的消费者”。根据以上目标，设计题设情境开放的作业，具体如下。

1. 学生列好购物清单，做好购物计划；

2. 亲自到商场购物，关注商品是否正规、是否有“三包”卡，注意收集购物小票；

3. 回家后，反思此次消费是否合理，哪些东西是必需品，自己是否根据实际需要采购，此次购物哪些属于盲目的、不合理的消费；

4. 询问家里购买这些商品的频率，调查家里日用品是否有浪费现象；

5. 根据家里的收入情况，合理规划这些日用品的使用，给未来制订更合理、更节俭的计划。

该作业设计属于家庭生活单元实践类作业，作业设计紧贴教材知识，又贴合生活，理论联系实际，轻松、有趣、实用，能引导学生积极思考，培养学生的公共参与意识和规划能力。

（三）题设解法开放的作业形式

从锻炼学生的发散性思维和创新性思维角度出发，研究者提出了题设解法开放的作业形式。题设解法开放是指从不同的角度、用不同的方法来解决问题，由一题多法的思路开放和一题多解的结论开放两部分组成。

在学习北师大版数学五年级上册《尝试与猜测》后，可以设计以下题设解法开放的作业。

作业设计：

鸡兔同笼，有30个头，68条腿。鸡、兔各有几只？（请尽可能用多种方法解决问题。）

作业答案：

方法一：猜测法

鸡有几只	兔有几只	腿有多少条
29	1	62 ×
28	2	64 ×
27	3	66 ×
26	4	68 √

答：鸡有 26 只，兔有 4 只。

方法二：假设法

1. 假设全是鸡

鸡腿数：2×30=60（条）

鸡腿数比总腿数少：68−60=8（条）

兔比鸡多的腿数：4−2=2（条）

兔的只数：8÷2=4（只）　鸡的只数：30−4=26（只）

答：鸡有 26 只，兔有 4 只。

2. 假设全是兔

兔腿数：4×30=120（条）

兔腿数比总腿数多：120−68=52（条）

兔比鸡多的腿数：4−2=2（条）

鸡的只数：52÷2=26（只）　兔的只数：30−26=4（只）

答：鸡有 26 只，兔有 4 只。

方法三：鸡翅法

鸡有两翅两腿，则翅腿总数：30×4=120（只）

腿数：68 条　翅数：120−68=52（只）

鸡的只数：52÷2=26（只）　兔的只数：30−26=4（只）

答：鸡有 26 只，兔有 4 只。

方法四：抬腿法

鸡和兔子都抬起 2 条腿，剩余腿数：68−30×2=8（条），此时鸡坐在地上，每只兔子有 2 条腿在地上。

兔的只数：8÷2=4（只）　鸡的只数：30−4=26（只）

答：鸡有 26 只，兔有 4 只。

案例评析：

第一，该设计创设了“鸡兔同笼”这一有趣且经典的情境，并鼓励学生发散思维，创新方法，不局限于某种特定的思维或方法。因此，学生在解题的过程中不仅能开拓思维的广度和深度，还能体验解决问题策略的多样性和优劣性。

第二，学生运用多种方法解题还可发展数学核心素养。如在借助数感进行尝试与猜测的同时也在发展数感；在不同的方法中反复理解数学信息，分析数量关系，理清思路，进行计算，有利于提升学生的推理能力。

第三，非唯一解题思路可以活跃学生思维，让学生充分思考。在这样的情况下，同学间的交流可以产生大量思想的碰撞，教学过程中，教师进一步操作的空间很大。

此外，为了培养学生思维的深刻性，研究者还设计了综合开放的作业形式。综合开放的作业是指只给一定的情境，其条件、解题策略和结论都要学生按照既有知识设计和寻找。可见，这种形式的作业主要是促进学生综合应用已有知识去分析思考。

在部编版语文五年级下册第三单元综合性学习《遨游汉字王国》中，为培养学生的思维能力，我们可以设计以下综合开放类作业。

<table>
<tr><td>课题</td><td>遨游汉字王国</td></tr>
<tr><td>课前学习任务</td><td>阅读书中学习材料及搜集资料，自学完成下列学习任务
（1）传说（　　）创造了汉字
（2）按顺序填写出汉字演变的五个阶段，并概括每个阶段的字体特征
<table>
<tr><th>演变阶段</th><th>字体特点</th></tr>
<tr><td></td><td></td></tr>
<tr><td></td><td></td></tr>
<tr><td></td><td></td></tr>
<tr><td></td><td></td></tr>
<tr><td></td><td></td></tr>
</table>
</td></tr>
</table>

续表

课上学习任务	猜字谜，编字谜 1. 给一半，留一半（　） 2. 一口咬掉牛尾巴（　） 3. 一个字，两个口，下面还有一条狗（　） 你也来编个字谜吧： ______________________________
课后学习任务	根据书上的建议，选择自己感兴趣的课题，制订活动计划，可开展猜字谜、汉字故事会、手抄报、思维导图等活动

案例评析：

首先，让学生通过阅读书中材料及搜集资料的方式进行课前自主学习，这给予了学生做作业的主动权。在了解汉字演变的过程中，学生可以选择自己喜欢的方式搜集资料，如阅读图书、搜索网络、请教他人等，这样学生就在潜移默化中了解了汉字的历史，实现跨学科融合，增强了综合应用能力。其次，在课堂中鼓励学生参与猜字谜、编字谜的游戏，激发学生兴趣，引导学生愿学、乐学，营造轻松快乐的学习氛围。最后，让学生在课后根据自己的兴趣选择课题，制订活动计划，可开展猜字谜、汉字故事会、手抄报、思维导图等活动。这些活动操作性强，激活学生参与互动的积极性，培养学生的自主探究能力，使课文静态的文字变成学生脑中优美的图画、生动的场面。学生能够根据自己感兴趣的内容画画、表演、做手工，在完成作业的过程中，运用新知识、新理念去理解、解决各种实际问题，从中增长知识，拓展思维，提高综合能力。

研究者主要根据不同学科、不同年级的教学内容，将作业融于游戏、绘画、制作、故事、表演等多种形式之中，也提出让学生自己设计作业，自己选择作业，把做作业的主动权交给学生。可见，兴趣化作业很好地展现了基于学生兴趣的目的性追求。学生不仅在完成作业的过程中感受到了好玩，而且也领悟到了学习的意义和价值。

第三节　兴趣化作业的设计要求

对于兴趣化作业设计要求的探讨，当前研究者主要围绕兴趣化作业的产生理念、条件、方式和过程等方面进行阐述，概括起来，兴趣化作业的设计需要体现出一致性、趣味性、激励性、情境性和启发性的原则。

一、一致性原则

兴趣化作业需要娱乐与学习相统一，内容与教材相统一，娱乐而不脱离课标与教材，热闹且有内容。

北师大版数学七年级上册《从三个不同方向看物体的形状》作业设计

准备工具：

数个正方体小积木、彩笔、数张白纸。

作业要求：

请根据以下题目要求，拼一拼，画一画，猜一猜。

1. 用正方体小积木拼出下方几何体（见图 1、图 2），仔细观察并认真思考下述问题。

（1）请你分别从正面看、从左面看和从上面看，观察每个几何体得到的平面图形，你都观察到什么图形呢？请尝试画一画。

（2）从中你能得出什么结论？

图 1

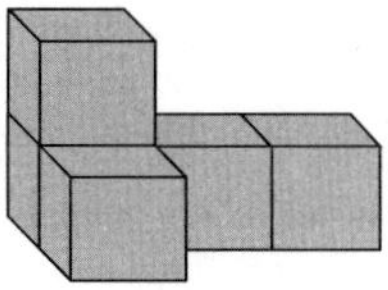

图 2

2. 用正方体小积木拼出你喜欢的几何体，仔细观察并认真思考下述问题。

（1）请你分别从正面看、从左面看和从上面看，观察该几何体得到的平面图形，你观察到了什么图形呢？请尝试画一画。

（2）请把（1）中的操作活动多试几次，你能验证你的结论吗？

3. 一个几何体由几个大小相同的小立方体搭成，从上面观察这个几何体，看到的形状如图3所示，其中小正方形中的数字表示在该位置的小立方体的个数，请你用手中的积木尝试拼出这个几何体，再试着画一画你拼出的几何体。

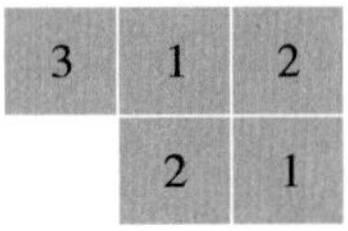

图 3

4. 下图是由一些相同的小正方体构成的几何体从不同方向看到的图形：

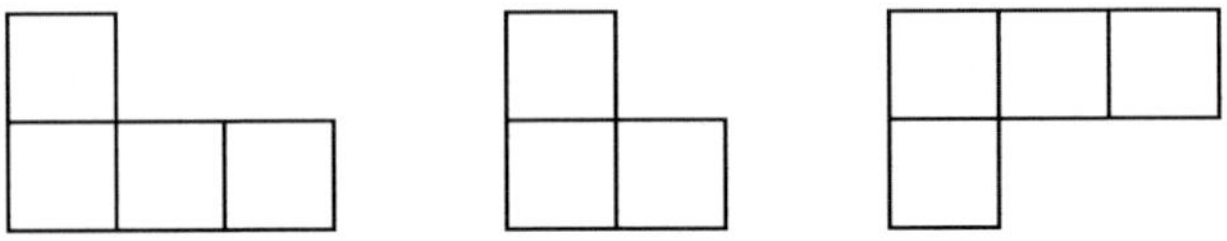

从正面看　　从左面看　　从上面看

你能用手中的正方体小积木拼出相应的几何体吗？如果能，你能拼出多少个这样的几何体呢？试着拼一拼，画一画。从中你又有什么新发现呢？

案例评析：

“兴趣是最好的教师”，初一学生刚从小学升到中学，培养学生对数学的兴趣是十分重要的。上述案例注重让学生动手操作，通过学生常玩的积木游戏方式让学生在愉快、轻松的氛围中体验探索数学奥秘的乐趣。同时，通过层层递进的问题向导，循序渐进地让学生经历由观察模型、搭建模型、画出三种形状图，到脱离模型、由数（从上面看的形状图及相应位置的立方体的数量）悟形（立体图形）、由形（立体图形）悟形（形状图）、搭模验证等过程，充分调动学生学习数学的积极性，发展学生的空间观念。引导学生在活动过程中感悟知识的生成、发展与变化，整个活动探究过程与本节课的教学目标和内容保持一致，既为新课的深入探究打下坚实的基础，也实现了对学生主动探索、敢于实践、善于发现的科学精神和创新意识的培养。

二、趣味性原则

趣味性是指主体趋向于认识和掌握某一事物所具有的一种积极情绪的心理倾向。兴趣化作业能使学生的个人爱好与学习内容相结合，让他们始终处于一种探寻新知的兴奋状态。要注意以下几点才能吸引学生：首先，事物本身具有变化性、新异性的特征；其次，探寻新知需要与学生已有的知识经验相结合；最后，教师虽然要让学生对事物保持愉快的情感体验，但不可以强迫学生。可见，将知识融入生动的、具有趣味性的情境中，能够使作业符合学生的年龄特点和思维特征，这是兴趣化作业设计的基本要求。

三、激励性原则

兴趣化作业指向在“玩”的过程中产生成就感。如何保持“玩”的兴趣与质量？兴趣化作业应该使学生化“外驱”为“内需”，从而激活学生的直观想象；需要发挥正向激励的引导作用，并呈现出具体的操作过程；引入竞争机制，将作业内容嵌入相关活动或游戏中。

部编版语文四年级下册的第三单元为诗歌单元，要求学生了解诗歌的特点，体会诗歌表达的情感，并尝试写诗。在完成《繁星》这一课的教学后，教师设计了以下作业：1. 请你再次朗读这几首诗歌，回顾本节课讲过的诗歌的特点；2. 根据课上讲述的诗歌的特点，请你完成两处仿写；3. 如果可以，请你仔细观察你身边的事物，加上自己的想象，尝试创作两首儿童诗。

在批改作业的过程中，教师发现了两首趣味十足、诗意盎然的儿童诗。

蜡烛

蜡烛就像一把剪刀

把黑夜剪破了一个洞

蜡烛就像点点星光

给房间带来亮光

在停电的夜晚

小小烛火是孩子唯一的乐趣

蚊子

蚊子蚊子很奇怪

是个厉害的歌唱家

却不喜欢听掌声

掌声一响它就逃

教师收到这两份作业后，立即将其分享在班级群里，表扬了这两个学生对儿童诗的理解能力并肯定了他们的创作能力。第二天，教师还在课堂上组织了一次儿童诗分享讨论会，原本选择仿写的学生纷纷摩拳擦掌，参与到诗歌的创作中来，学生对创作诗歌的兴趣大大提高。

案例评析：

上述案例在设计时首先抓住了层层递进的方式，让学生从读诗到感受诗歌，然后让学生在教师搭好的语言支架上进行仿写，最后一层才是鼓励学有余力的学生去挑战创作诗歌。教师做到了激励不同层次的学生完成作业，并且在作业中思考诗歌的特点。教师的肯定和认可对创作该诗歌的学生起到了正面激励的作用。随后开展的诗歌讨论会，也让更多的学生欣赏到了这两首优秀作品，对其他学生也起到了激励作用。

四、情境性原则

具体可感、生动形象的情境能够调动学生的思维，让学生有更加积极的作业交流和情感体验。兴趣化作业应该让学生身临其境，走进具体的问题情境，在对现实生活抽象的基础上开展进一步的艺术加工。

中学化学教材中有大量与日常生产、生活联系的内容，教师可根据需要选择典型的、学生可体验到的、有启发性的内容创设问题情境，这样一来，学生可以把课堂上学到的理论知识与实际问题联系起来，学以致用。

作业设计：

化学与生活密切相关，厨房里就蕴藏着许多化学知识。

1. 下列食物中，能提供大量维生素的是__________。

A. 蔬菜

B. 牛奶

C. 大米

2. 加钙牛奶中的钙是指__________，身体一旦缺钙，可能患有的疾病是__________。

3. 在下列物品中，所使用的主要材料属于天然纤维的是__________。

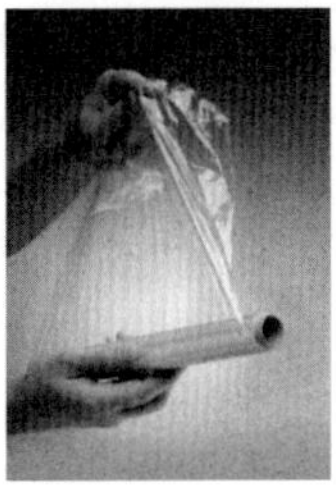
A. 塑料保鲜膜

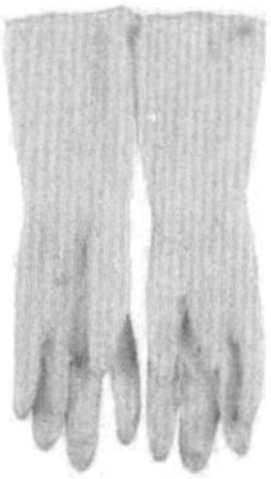
B. 橡胶手套

C. 棉布围裙

4. 我们常用洗涤剂清洗餐具的油污，这是因为洗涤剂具有__________功能。

5. 在厨房中能用来除去水壶中水垢的物质是___________。

6. 食醋中含有 3%—5% 的醋酸，在通常情况下，观察到醋酸和盐酸相似，醋酸学名乙酸，下图是醋酸溶液标签上的部分文字说明。请回答下列问题：

（1）请你根据图片上的信息推测乙酸具有的性质是__________________。

（2）乙酸的水溶液中存在 H^+ 和 CH_3COO^-，请你写出乙酸与铁反应的化学方程式____。

醋酸溶液
体积：500ml
化学方程式：CH_3COOH
含量：40%
主要用途：化工原料、消毒、食醋
贮存方法：密封、低温、不能用铁制器皿盛装、不能与碱性物质混用

作业答案：

1. A

2. 元素　骨质疏松

3. C

4. 乳化

5. 食醋

6.（1）在通常情况下，醋酸是一种无色有刺激性气味的液体，有挥发性，能溶于水，能与铁反应，能与碱性物质反应。

（2）$2CH_3COOH+Fe = Fe(CH_3COO)_2+H_2$

案例分析：

情境化命题在设计上贴近学生的生活，从实际社会生活及全人类共同面临的问题中选取情境素材，易于触动学生情感。探究类、开放类的情境，一方面能鼓励学生多角度、多层次思考问题，拓宽学生的思维空间，培养其创新精神和实践能力；另一方面也能培养学生的学科核心素养。

五、启发性原则

启发性原则是指在作业设计与实施的过程中能够使学生产生联想，并且有所领悟。兴趣化作业设计需要以达到思维训练为目的，发展学生思维的广泛性、深刻性等，让学生在快乐学习中有所思，有所收获。

在部编版历史八年级下册《经济体制改革》一课的教学中，教师设计了启发性原则类作业，以便学生更加深入地了解家庭联产承包责任制的相关知识。

作业设计：

结合所学知识，比较人民公社制度和家庭联产承包责任制，完成下面的表格，并谈一谈这一课给你带来了哪些启示。

	人民公社制度	家庭联产承包责任制
土地所有权		
经营方式		
分配方式		

案例评析：

首先，作业设计意在培养学生的比较思维。让学生通过比较人民公社制度和家庭联产承包责任制在土地所有权、经营方式和分配方式方面的不同，掌握人民公社制度向家庭联产承包责任制演变的具体内容。

其次，该作业设计能够启发学生更加深入地思考制度演变的内在动力是什么，并联想到我国四次农村经济政策的重大变化（土地改革、农业合作化运动、人民公社制度、家庭联产承包责任制），从而建立知识体系，确定知识坐标。

最后，作业设计可以启发学生思考生产关系与生产力之间的关系，提高学生的思辨、归纳能力，并使之深刻认识到改革开放所取得的巨大成就。

第四节　兴趣化作业的管理

一、兴趣化作业管理的平台设计

兴趣化作业也需要精准的管理平台才能充分发挥作用。作业的管理需要注重程序，作业写作服务、过程自我监督、作业综合等环节需要环环落实。符合学生实际的作业管理平台架构可以更好地帮助学生完成作业，它既能够激发兴趣和丰富体验，又能够让学生保持学习动力。

化学是一门以实验为基础的学科。对于学生来说，平时进入实验室亲自动手操作实验的机会有限。基于此，教师设计了以下兴趣化作业管理平台。

初中化学兴趣化作业管理平台设计

作业设计：

学生通过在实验室动手实验以及观摩课本实验视频，利用生活中常见的物品和药品，设计并进行相关实验，拍摄视频、照片，记录实验现象，在平台上提交，学生之间可以互评打分，以此激发学生的学习兴趣，培养学生的动手能力，丰富学生的体验。

在学习部编版化学九年级下册《常见的酸和碱》这一课后，学生了解到生石灰（氧化钙）与水反应可以得到熟石灰（氢氧化钙），二氧化碳能与氢氧化钙的澄清水溶液反应产生白色浑浊现象。基于此，学生就可以利用食品干燥剂（主要成分为氧化钙）与水反应，制备澄清石灰水，用吸管向澄清石灰水吹气（人体呼出的气体含二氧化碳），可明显观察到澄清石灰水变浑浊这一现象，从而将课本知识通过自己的双手具象化地呈现出来，加深理解。

案例评析：

该作业设计重点考查学生对知识的理解与应用，需要让学生结合所学知识，了解生石灰到熟石灰的转化原理，以及二氧化碳气体的检验等。掌握反应原理之后，利用生活中常见的食品干燥剂，就可以动手体验这样一个过程，从而加深对书本知识的理解。

第一，化学与生活息息相关。在实际教学过程中，学生对于课本上的实验存在一定的距离感，教师可以结合生活实际，引导学生将课本知识在生活中呈现出来。学生在动手操作和交流讨论的过程中激发了学习兴趣，培养了动手操作能力，从而提升了科学探究素养。

第二，该案例解决了实验器材和药品获取困难的问题。在设计的时候，该案例利用生活中常见的食品干燥剂，重点考查学生对所学知识的理解与应用能力，体现了化学来源于生活的特点。

第三，该案例注重对学生学习兴趣和动手能力的培养。纸上得来终觉浅，绝知此事要躬行。书本上的知识相对来说比较遥远，学生设计并进行实验，将理论知识具象化地呈现出来，获得的成就感激发了学生的学习兴趣，让学生保持较高的化学学习动力。

二、对兴趣化作业的过程调控策略

从兴趣化作业过程性层面出发，兴趣化作业的过程调控策略包含对兴趣的引发和保持。

（一）基于“引发”角度的调控策略

“引发”成分是指运用那些最初能够激起学习者从事活动的兴趣的变量。对不同年龄和不同年级的学生需要设计不同的兴趣化作业，比如儿童阶段，需要从儿童的视角设计“童化作业”以引发其兴趣。因此，基于兴趣激发的作业设计不应当是单一枯燥的文本，而应该是富有情趣色彩的多元复合体，如此才可以实现学科核心素养培育落地。

部编版生物学七年级下册《消化和吸收》的课后作业可以这样设计。

《消化和吸收》课后作业

<table>
<tr><td>题型</td><td>基础型、分析型、综合型</td></tr>
<tr><td>建议时长</td><td>10—15 分钟</td></tr>
<tr><td>作业内容</td><td>1. 表弟吃砂糖橘时一口一个，不小心把籽吞了下去，他很担心。这颗柑橘籽在他体内会有什么样的经历呢？请你以“柑橘籽历险记”为主题，利用橡皮泥等材料制作“人体消化系统”结构模型，结合模型告诉表弟这个过程以缓解他的焦虑
2. 听完你的介绍，表弟对人体吸收营养物质的主要器官小肠感到十分好奇：为什么小肠会有半个篮球场这么大的表面积来吸收营养物质呢？你依照下图进行讲解，该结构的名称及其吸收的营养物质正确的是（　　）
A. 环形皱襞，甘油、氨基酸
B. 小肠绒毛，脂肪微粒、水
C. 环形皱襞，葡萄糖、无机盐
D. 小肠绒毛，维生素 C、脂肪酸

3. 表弟吃饭总是狼吞虎咽，为此常常消化不良，请你结合如下实验，向表弟说明要细嚼慢咽的道理
<table>
<tr><td>试管编号</td><td>1</td><td>2</td><td>3</td></tr>
<tr><td>馒头碎屑或块</td><td>适量碎屑</td><td>适量碎屑</td><td>适量馒头块</td></tr>
<tr><td>唾液有无</td><td>2ml 唾液</td><td>2ml 清水</td><td>2ml 唾液</td></tr>
<tr><td>是否搅拌</td><td>搅拌</td><td>搅拌</td><td>不搅拌</td></tr>
<tr><td>温度</td><td colspan="3">37℃</td></tr>
<tr><td>加入碘液</td><td></td><td></td><td></td></tr>
</table>
</td></tr>
</table>

续表

作业内容	（1）要探究牙齿的咀嚼、舌的搅拌对馒头的消化作用，应选择______和______号试管进行对照 （2）实验5分钟后将3号试管取出，滴加碘液，摇匀，看到的实验现象是____________，原因是__________________，足以说明吃东西时细嚼慢咽的重要性
作业评价	学生评价： a. 一般　b. 良好　c. 优秀　原因：________________________ 完成时间________分钟 完成方式：a. 独立完成　b. 合作完成　c. 借助资料完成 家长评价： a. 一般　b. 良好　c. 优秀　原因：________________________ 教师评价： a. 一般　b. 良好　c. 优秀　原因：________________________
设计意图	第一题通过设置具体情境，激发学生完成任务的兴趣和动力，让学生在解决生活实际问题的过程中巩固、运用基础知识。模型具有直观、生动的特点，通过自制模型化抽象为具体，培养学生树立“结构与功能相适应”的生命观念 第二题主要考查学生对“营养物质的吸收”基础知识和“小肠结构与功能相适应”关系的理解以及识图能力，培养学生的生命观念

以上作业设计，通过设置问题情境激发学生完成任务的兴趣和动力，让学生在解决生活实际问题的过程中运用、巩固基础知识；通过模型制作、识图训练培养学生树立“结构与功能相适应”的生命观念；通过实验探究题，考查学生探究实验的设计能力、分析图表资料提取关键信息的能力及运用所学知识解决问题的综合能力，落实对学生科学思维、科学探究核心素养的培养。从引发学生兴趣的角度出发，使得作业不再枯燥无聊。

（二）基于“保持”角度的调控策略

“保持”成分是指能使学习者在作业活动过程中确立清晰的、易于操作的目标的变量。而基于“保持”角度的作业调控策略主要立足于提高学习者参与活动的兴趣。教师需要设计丰富多样的操作方法，及时恰当地评价作业。

在沪教版牛津英语（深圳）三年级上册教材 Unit 8 At the fruit shop 一课中，教师将整间教室设计成一个小小的超市，学生化身顾客与售货员，在用英语沟通过程中操练 How much is it/are they? Thank you 等语句。在课后作业中，为了让学生巩固课堂所学知识，教师又布置了到超市用英语进行买卖活动的作业，学生得以将所学知识实实在在地应用到实际生活中，英语学习兴趣得到了提升。为了得到更好的教学效果，教师将学生完成作业的过程拍摄下来，收集作业视频，并在下一节课上以抽签的方式播放部分学生的视频、录音带，由全班学生充当评委评出最佳演员，给予奖励。由于低年级学生的表现欲较强，都希望自己在同伴面前展示最佳水平，因此也会提高学生练习英语的动力，提高他们课后看视频、听录音、跟读英语的兴趣。

案例评析：

《义务教育英语课程标准（2011 年版）》中提出："要改变英语课程过分重视语法和词汇知识的讲解与传授、忽视对学生实际语言运用能力的培养的倾向，强调课程从学生兴趣、生活经验和认知水平出发，倡导体验、实践、参与、合作与交流的学习方式……"在上述案例中，教师不仅改变了传统的作业布置模式，让学生真正走进生活中感受英语，体验英语语言的实操性，还利用了拍摄手段以及学生集体评价等方式，提高学生的参与度，唤起学生参与活动的兴趣。

三、多样的兴趣化作业评价体系构建

兴趣化作业在一定程度上对作业评价方式提出了新的挑战。兴趣化作业评价体系的构建需要以正确处理作业效率与评价的关系为前提，以教师自身文化素养为条件，以评价主体、评价方式和评价内容的多元化为表现成果。

第五节　兴趣化作业的实践

兴趣化作业是以激发兴趣为设计原点的作业形式。根据作业素材的来源不同，具体又可以划分为以下几种不同的兴趣化作业的应用实践。

一、从生活中挖掘作业素材的应用实践

学习与生活联系具有必然性，生活也是各个学科知识的来源。研究者致力于挖掘学生身边的各种生活资源，设计了不同形式的兴趣化作业，其中包括社会生活、家庭生活和学校生活三大范畴。

（一）社会生活中作业素材的挖掘

人生活在社会这一庞大系统之中。挖掘社会生活的资源，能够拓展学生的学习空间。当前，研究者致力于寻找适合的生活材料变换形式运用到作业设计之中。

（二）家庭生活中作业素材的挖掘

家庭是学生第一个也是最直接的受教育场所。教师可以通过布置与家庭生活相关联的兴趣化作业引导学生观察、记录和思考生活，比如设计指向生活应用的兴趣化作业。

（三）学校生活中作业素材的挖掘

学校是学生学习与生活的主要场所和阵地，学校也主要以文化的形式感染和熏陶学生。例如，为学校、班级及特殊节日编写创意口号，学生需要跳脱传统口号的束缚，充分发挥自己的想象；设计学校板报，包括板块设定、内容选择和插图设计等，让学生在作业中自行或分组活动。又如，以儿童的校园生活为线索，用真实的任务串联各个学科中的相关知识点，让学生可以围绕一个或多个主题进行项目化作业设计，比如“校园足球赛赛程”“校园寻宝图”“校门口的红绿灯设计”等。

兴趣化作业设计从社会、家庭和学校生活中挖掘素材，抓住了学生被生活化对象所吸引后能够产生强烈的学习动机和欲望的特质。对于学科学习而言，最生动、最鲜活的部分就是联系生活，因此作业设计要将生产、生活、自然现象和社会现象中的学科问题呈现给学生，通过分析和思考，发现规律，再运用相应的学科知识解决实际问题，从而贯彻和落实“从生活走向学科，从学科走向社会”的课程理念。

二、从教材中挖掘作业资源的应用实践

教材中蕴含着大量具有功能性的作业资源。借助语文学科文本题材丰富的特点，研究者纷纷挖掘教材的文本价值，基于文本，利用文本，设计兴趣化作

业。这是在《皇帝的新装》教学中的作业设计：首先要求分角色朗读全文，以增加语言形象感染力；其次讨论皇帝为什么受骗，从而启发学生的分析能力；最后通过联想，即用笔画出最后一个场面，并且根据自己的绘画编写一幕话剧（要求能集中故事的全部情节）作为综合训练。

这种基于教材并将教材内容以学生感兴趣的方式展现出来的作业设计，增强了学生自身对课文情感色彩的体会。另外，在这一应用案例中，故事元素是基础，情境故事则是实现兴趣化作业设计的媒介之一，主要包括了角色、情节、问题和任务四个要素。如此，将教材资源与学生的认知活动、语言活动、思维活动、情感活动、意志活动结合起来，让学生对文本资源进行充分的挖掘和拓展，给予学生文本解读的空间。

三、从游戏产品中挖掘作业素材的应用案例

新时代的学生对新事物的接触机会比较多，他们的感悟能力十分强，与此同时游戏产品也广泛地走进了学生生活。如何将游戏产品与学生学习联结起来，设计出既吸引学生学习兴趣，又体现教育意蕴的作业形式，是研究者一直思考的问题。有课题团队专门借用某款军事竞赛体验游戏的经典模式所涉及的地理事物，设计了兴趣化的地理作业。该作业设计与实施的具体过程如下所示：将游戏模式中的海岛、雨林、雪地、沙漠四幅地图对应分成四个小组，即海岛昼夜队、雨林探险队、雪地极光队、沙漠骆驼队，根据每幅地图相关的知识点联系相关的教材模块，设计不同的作业要求。例如，分配到海岛昼夜队的小组需要解释昼夜交替现象的成因，实地分析港口和城镇区位条件；分配到雨林探险队的小组需要分析热带雨林气候的成因、分布及特点，思考根据航线选择在洞穴跳伞的原因以及多溶洞的原因；分配到雪地极光队的小组需要思考极光形成的原因，分析航天基地的建设条件；分配到沙漠骆驼队的小组需要思考沙漠成因及其分布，总结我国土地荒漠化的分布规律、成因及治理方法。

这种从游戏产品中挖掘作业素材，设计兴趣化作业的应用案例是较为新颖的尝试。它旨在让学生在模拟环境中感受不同地理事物的特点，加深对知识的理解和掌握，同时学会运用所学知识解释地理事物和现象，或者通过某一地理事物刺激已有知识使其建构联系。这避免了问题固化的弊端，充分利用学生的好奇心、主观能动性，发展学生的创造性思维。

四、从经典名著中挖掘作业素材的应用案例

从经典名著中挖掘作业素材也是设计兴趣化作业的一种角度。研究者主要通过引导学生从经典名著中获得新的思考，创新作业形式，提高学生完成作业的兴趣，实现寓教于乐。例如，部编版语文五年级下册第二单元收录了四大名著节选《草船借箭》《景阳冈》《猴王出世》《红楼春趣》，可以设计如下阅读作业：要求学生根据自己对所读四篇文章的理解，画出心目中的人物角色形象，分析人物性格特征，并搜集资料，小组讨论他们为什么会形成这样的性格特征。又如，以神话故事为主体，选取汇集中西方文化元素的神话篇章《盘古开天地》《精卫填海》《普罗米修斯》《女娲补天》，在进行作业设计时，可以从文章主旨、情节建构等方面出发，要求学生分析总结这些神话故事的异同点，从而塑造学生的文化包容意识，拓展学生的知识层面，提高学生的综合素质。

这种从经典文本中挖掘作业素材、设计兴趣化作业的应用案例，充分展现了从学生视角出发的设计理念。以画像绘制的方式呈现学生的思考想法，勾勒出经典与童心兼具的画面，既能锻炼学生的动手能力和创造力，也有利于提高学生的分析能力。囊括东西方文化特色的经典故事设计的总结性作业，在引导学生发现东西方文化差异的同时，引导他们保持包容的心态。采用学生感兴趣的作业形式来导入经典文本，有利于帮助学生丰富情感体验，感受阅读的魅力。

第十章

作业的管理

伴随中小学“双减”政策全面落地，优化教学方式、控制作业量成为提升教育质量的导向。为了提升作业的精细化管理，各学校把作业纳入教学管理范围。本章从学校、教师、学生三个层面进行作业管理的研究：学校层面要协同、规范和监督；教师层面要加强对作业设计的研究，从量和质两方面做好落实；学生层面要改变原有单一、机械和被动的作业方式，发展自主学习能力。

第一节　作业的区域管理

一、校本教研中如何加强作业设计与管理

（一）进行有效作业研究，确保区域作业管理的科学性

有效作业需要教师从有效果与有效率两方面切入研究。有效作业研究要求教师对设计作业、布置作业、完成作业、批改作业等全过程进行研究，强调从学生的实际情况出发，充分考虑作业数量和质量。

对于一些理解能力比较强、基础知识扎实、具有极高求知欲和好奇心、动手能力强的学生，可以为其布置一些实践操作内容比较多、重视技巧考验、有较大难度的作业，减少理论方面的作业，以免这类学生对学习产生厌倦，鼓励学生独立完成实验操作；对于一些理解能力较弱、存在学习障碍，但有着不错学习态度的学生，则应当在布置作业的时候，适当降低难度，遵循查漏补缺的原则，将理论和实践作

业相结合，既要帮助学生增长知识，又要使之具备一定的操作能力，从学习中找到乐趣。例如，在学习电功率的时候，可以让物理学习能力稍弱的学生，掌握基本的电功率概念即可，因此在为其布置相关作业的时候，可设计为认识灯泡上的标识或电功率的概念等；对于中等水平的学生，则可以为其布置计算电功率的相关作业；对于学优生来说，则可以进一步提升难度，让其根据物理图表来分析作业，设计电功率图。

（二）创新作业设计，为学生提供喜闻乐见的高质量作业

创新作业强调将减负和建设高质量教育体系结合。在减轻学生作业负担的同时，充分认识到作业是教学的重要环节，并狠抓作业设计创新。减少中小学生作业量不是不要课后作业，而是减少繁难偏旧、机械训练的作业，提高作业的质量。

（三）严把作业批改要求，充分发挥作业评价的育人价值

批改作业的过程是师生之间关于教与学的沟通过程，是教师全面了解学生思想动态的过程，也是师生有效交往的过程，更是对学生进行个别化教育的最佳契机，对于师生之间增加理解、培养情感、建立友谊、教学相长都很有帮助。

例如，深圳市光明区公明中学在新冠肺炎疫情网课期间，根据学生实际，利用信息技术手段，通过班级小管家、腾讯课堂、ClassIn 等软件平台要求教师全批全改作业，倡导采用对话式、点评式和建议式等作业批改方式，克服单一的对错式批改作业，把作业批改纳入教育环节，充分发挥作业批改的育人价值。

二、提高教师作业设计与实施能力的途径与策略

长久以来，作业设计能力处于不受重视的地位，而随着观念的转变，提高教师作业设计与实施的能力已经走进研究者的视域之中。

第一，构建作业设计的可视化技术路径作为提升教师作业设计与实施能力的支撑。王月芬首先提出了作业观念和作业要素分别是提升教师作业设计与实施能力的前提条件和必要条件，并借助作业目标设计表、作业属性分析表、作业质量与评价问题链勾勒了作业可视化技术路径。① 张新宇和邵骁则具化了作业设计可视化的技术路径，它包括“作业目标设计—作业题编制—作业题组织—

① 王月芬．作业设计能力：未被重视的质量提升途径［J］．人民教育，2018（Z2）：58-62.

作业整体组织—确定作业—作业应用—完成情况数据”的一整套流程，并且辅以作业属性表、作业质量评价表等作业设计工具，规范、科学地设计作业。[①] 这种思维工具的设立，表明要提高教师作业设计能力不能仅仅依靠教师作业观的转变，更需要有实际高效的操作路径作为依托和引导。

第二，区域组织作业设计大赛的形式作为提升教师作业设计与实施能力的动力。例如，池州市教体局基于“以赛促教、以赛促研”的理念，提出了以举办作业设计大赛的策略形式来提升教师作业设计水平，具体又分为课时作业设计、单元作业设计两大类别。[②]

第二节　作业的学校管理

对作业管理的质量把控，直接影响着学校教育的效果和立德树人根本任务的落实。当前，学校逐渐把作业纳入管理工作中，作业管理也被视为学校日常管理的重要组成部分，形成了许多有效的经验。

一、学校加强作业内涵管理的途径与策略

学校把作业作为教学管理的重要内容，在加强作业内涵管理的层面进行了积极探索。概括起来，学校主要形成了协同、规范和监督三大作业内涵管理的途径与策略。

（一）以协同为主的途径与策略

协同蕴含对多方要素统筹管理之意。

第一，基于学校部门之间的协同管理，主要表现在年级组、学科组及其他部门的作业统筹协调。靳伟和毕婷基于学校作业实践中个体主义和学科主义倾向导致学生作业负担过重的现实背景，提出年级组、学科组的作业统筹协调策略在于：一是深度提升学科组和年级组学习任务的设计和使用能力；二是重视信息化、智能化手段在学科组和年级组作业统筹中的价值；三是借助学校和区

① 张新宇，邵骁．优化学校作业管理，提高作业应用效果［J］．上海课程教学研究，2019（Z1）：130–135.

② 唐馥娴．市教体局精细化指导作业设计为学生“减负”［N］．池州日报，2021-11-23（4）.

域作业治理的力量优化学科组和年级组作业统筹。[①] 曾凤蓉则建立了“教务处—年级组—学科组—班级”四级作业统筹管理机制。[②] 史建奎提出了“备课组内容审查—班主任总量把关—年级组统筹协调—教务处督查指导”这一路径。[③] 这种协同管理的策略有利于突破作业实践中的个体主义，有利于增强教师之间的专业合作，有利于重塑学校的治理结构与文化。

第二，以压实主体责任为出发点，创新协同治理机制。例如，马珍珍和杨振峰提出了建立以校长为第一责任人的工作机制，即校长对作业来源、设计、布置、批改、分析、辅导等环节实施全过程管理。[④]

基于学校作业实践中教师个人和学科整体的不协同导致学生作业负担过重的背景，深圳市光明区公明中学制订了“教学处—年级组—学科组—班级”四级作业统筹管理机制，提出了“备课组审查内容—班主任把握总量—年级组统筹协调—教学处督查指导”四级协同路径。通过协同管理，突破作业管理的个人行为，增强学科组教师之间的专业合作，重塑学校的治理结构与文化，建立以校长为第一责任人的工作机制，即校长对作业来源、设计、布置、批改、分析、辅导等环节实施全过程管理。作业量方面，教学处从学生和教师两个方面入手，双向规划，定期组织学生代表开展作业问卷调查，根据问卷结果召开学科作业会议，对实际作业量进行反馈，推动备课组研究作业设计，控制作业总量，研究作业完成情况及存在问题，班主任负责本班作业总量审核监管和质量评价，协助各科制订适量、高效的作业计划。

（二）以规范为主的途径与策略

通过规范、细化等途径建立作业规章制度体系，是学校加强作业内涵管理的重要举措。例如，深圳市光明区公明中学形成了学科教研制度、学科组考核细则、教辅资料征订及使用规范等制度；采用了学科作业周汇报、作业抽查等措施，建立作业总量审核监管和质量定期评价制度。

---

① 靳伟，毕婷．学科组、年级组作业统筹的优势、挑战与策略研究［J］．中国教师，2022（1）：28–32.

② 曾凤蓉．难度・效果・时间：优化作业管理的三个向度［J］．福建教育，2021（49）：31–32.

③ 史建奎．以全链条改进提升集团校作业管理水平［J］．中小学管理，2021（10）：5–8.

④ 马珍珍，杨振峰．系统设计　专业引领　协同推进：上海市加强学校作业管理工作举措概要［J］．人民教育，2021（Z1）：37–39.

案例 1：在深圳市光明区公明中学，道德与法治学科陈丹妮教师在作业总量调控上实行“作业未完成申请”制度。每个学生均有一张道德与法治作业申请表，申请表里面有五次作业未完成申请机会和三次延期申请机会。申请表的适用范围为道德与法治学科选做性作业以及背诵性作业，为保证学生的作息和第二天的学习质量，让学生根据当天作业总量衡量完成情况。比如，当天各科都布置了适当的作业，学生要完成全部作业则可能要牺牲部分睡眠时间，那么在道德与法治作业的安排上，学生可以根据自己当天的学习情况对选做性作业进行评估，选择完成或不完成。如果学生选择不完成，则在申请表上注明原因和内容，附上自己的签名和日期，第二天将表格夹在相应的作业面，让教师知晓。学生的申请表次数用完后，则将表格上交给教师。作业申请制度的开展，有利于作业总量的控制和学生作业压力的减轻。

案例 2：深中南山创新学校探索“基础作业 + 创新作业”双轨并行模式。以书面作业为主的基础作业精练，主要用于巩固知识；创新作业巧练，以发展个性，培育创新思维。以小学数学学科为例，学生在完成约 20 分钟的书面作业后，增加了阅读、表达或操作实践等有趣的创新作业。低年级学生阅读绘本，给父母讲课，讲数学小故事；高年级学生阅读数学专著，记录数学日记，讲解“我对数学的理解”……除主要学业科目以外，深中南山创新学校各年级每周还需布置一定量的阅读作业、家务劳动和体育锻炼作业，并将其计入创新作业之列。这些举措不仅有效控制了作业总量，还对质量提升有一定保障。

（三）以监督为主的途径与策略

除了以协同、规范为主的途径与策略，学校加强作业管理还需要有切实可行的监督检查。

第一，针对严格控制作业总量和作业总时长的管理举措研究。张新宇和邵骁具体细化了作业备案制度，提出并且制作了作业布置备案表、作业文本备案表、作业完成情况备案表。[①] 这一作业备案体系的建立，能够有效控制作业时间，并且为作业分析奠定基础。

第二，针对建立作业效能监察中心的管理举措研究。马珍珍和杨振峰提出

① 张新宇，邵骁. 优化学校作业管理，提高作业应用效果［J］. 上海课程教学研究，2019（Z1）：130–135.

了学校作业管理的“四制”策略，即作业备案制、网上发布制、常态调研制和实时咨询制。①

第三，针对作业日常管理和阶段性评价的纵向监控，来改变和加强作业内涵的举措研究。例如，陈英提出了自上而下和自下而上两条管理途径，其中，自上而下的管理途径指向教育理论的发展、教育教学活动的更新带来作业内涵的改变；自下而上的管理途径表明实践中对作业布置、设计、指导、评价和管理的探索也会带来对作业内涵理解的改变。②

深圳市光明区公明中学建立学科作业备案制度，由各班的学生作业管理小组填写作业布置备案表，标注每日作业量和作业时间，并进行作业量的预估，若有发现超量，由作业小组与学科教师进行沟通协调，次日作业小组在作业备案表反馈作业完成情况，由班主任发布在班级学科教师群内，教师根据每日的反馈进行针对性的作业把控和调整。作业备案制度的建立，有效控制了作业量和作业时间，并且为学校的作业分析奠定基础。

学校建立了常态化调研制度，成立由分管教学的副校长、教学主任及三个年级长组成的作业管理小组，每周进行班级和学科作业抽样调查，并对班级学生作业小组进行访谈，定期了解作业总量和质量情况，以及学生对作业的反馈，起到了实际的监督作用。

二、建设校本作业体系的关键要素

关于校本作业体系由哪些方面组成以及这些方面如何相互关联的问题，研究者进行了不同层面的剖析。邵旭峰基于“发展层级”差异的理念，从学生分级、作业分级、教学分级、评价分级和学校的保障措施五个方面阐述了校本作业体系的创建。③ 这一校本作业体系建设的核心是将学生主体视为处在某一发展层级向另一发展层级转化过程中的人。王月芬则认为学校作业体系的组成包括不同年级同一学科的作业体系，同一学段不同学科的作业体系，作业设计、批

① 马珍珍，杨振峰．系统设计　专业引领　协同推进：上海市加强学校作业管理工作举措概要［J］．人民教育，2021（Z1）：37–39.

② 陈英．新课程背景下的优化中学作业管理研究［D］．上海：华东师范大学，2005.

③ 邵旭峰．校本作业体系的构建［J］．宁波教育学院学报，2016，18（6）：95–97，103.

改、讲评、辅导体系。[1]

深圳市光明区公明中学根据年级、学科进行作业体系的构建，不同年级同一学科进行三年一体的作业体系构建，同一学段不同学科进行全学科的作业体系构建，包括作业设计、批改、讲评和辅导体系。

例如，初中地理学科的杨强老师根据初一、初二不同年级学生的认知特点，做不同年级同一学科作业体系设计，实施阶段递进式作业设计。针对初一年级的学生，对于贴近生活、寓学于行的知识，创新作业形式，以小组为单位，开展创意地图绘制活动。比如在学习中国地理时，以经纬度为框架，以地级市为落脚点，绘制名胜古迹创意地图；在学习世界地理时，根据各国的气候情况、农作物种植情况、经济发展状况等，绘制世界美食创意地图。针对初二年级已面临学业水平测试任务的学生，教师提前试做布置的作业，把控难易度，挑选典型题目和新型题目替换练习册上的常规练习，确保学生完成作业的时长在15分钟内，既保证了时间，又保证了质量。

除上述研究视角以外，研究者还以单元视角为导向，提出校本作业体系的建设部分和过程，包括整体规划学科单元、研制单元作业目标、依据作业目标设计单元作业、调整完善作业体系等。

三、学校加强作业过程性指导的策略

杨清主要从教师、教研组、学校三大主体层面提出作业管理各司其职的策略，即教师要明确作业改进的意义，探索“计划—实施—反思”的作业改进闭环；教研组加强教研，探讨“标准+”作业的设计与实施；学校不断完善作业协调、存档、交流和评价机制。[2]曾凤蓉基于难度、效果、时间三大向度，分别提出了由“校本开发+分层布置”来精管难度控制，由“点、巧、趣、展‘四突破’”+“跨学科、跨学段、跨领域‘三跨越’”来精管效果控制，由“全程监管+及时反馈”来精管时间控制的策略举措。[3]

从上述研究中可以看出学校对作业的整体管理，这是基于宏观的视角来看待作业管理，表现为由一个组织来承担整体的一系列活动。学校应该坚持质量

---

① 王月芬.高质量学校作业体系建构的价值与策略［J］.中小学管理，2021（10）：9–13.

② 杨清.“双减”背景下中小学作业改进研究［J］.中国教育学刊，2021（12）：6–10.

③ 曾凤蓉.难度·效果·时间：优化作业管理的三个向度［J］.福建教育，2021（49）：31–32.

导向、目标导向和问题导向，以作业精细化管理为重点，做好各学科内部作业设计与实施情况，以及班级各学科、同年级不同班级作业完成情况的调查研究；做好学生过程性作业与阶段性学业质量测评之间的相关性分析，开展学生学业完成情况跟踪调研；做好学生在校学习与居家完成作业之间的相关性研究，进行学生居家学习方法指导。

深圳大鹏中心小学为各学科“量体裁衣”，增加学科作业趣味性。

语文学科创新设计主题阅读阶梯训练及趣味思维导图挑战营作业，围绕基础知识，整合理解，设计有趣味性、开放性、层次性的主题阅读训练，训练学生整合、提炼、概括、梳理的能力。学生自愿挑战完成分层目标，依据自己能力的高低，选择挑战题目。

英语学科设计有梯度的单词汇作业及体验性的小问卷作业。学生可以根据自己学习英语的实际情况，以及掌握英语知识的程度，选择自己能力范围内可以完成的作业。如此一来，既增强了学生的口语表达能力，又能了解学生的兴趣爱好，增进师生感情，从而使学生变“被动作业”为“主动作业”。

第三节 教师的作业管理

从“权力”的核心语境出发，教师等相关主体对学生作业具有相应的支配力量，以达到一定的教育、教学目标。

2021 年 4 月 8 日，教育部办公厅印发了《关于加强义务教育学校作业管理的通知》，提出“十条要求”，其中包括要求小学一、二年级不布置书面家庭作业，小学其他年级每天书面作业完成时间平均不超过 60 分钟，初中不超过 90 分钟，等等。

教师是作业管理的中坚力量，教师的作业管理属于作业管理的第一层问题，其作业管理的内容主要包括以下几大层面。

一、教师对作业量的管理

作业量过多是作业负担最直接的原因和表现，在“减负提质”的背景下被研究者公认为教育的顽症。但是，纵观现有的文献，研究者关于作业“减什么量、怎么减量、减多少量”的问题研究和策略途径还没有达成一致，各自也有不同的理解。

（一）关于“减什么量”的研究

“减什么量”可以理解为是对“减负提质”的内涵认识，研究者主要从作业时间和作业内容的角度来回答相关的问题。

第一，从作业时间的角度来回答“减什么量”的问题。这是将作业量视为学生在一定时间内完成作业的数量。钱宇提出了从作业分配时间、作业占用时间、作业从事时间和有效作业时间四大层面增强对作业时间的整体设计。① 不过，用作业时间来间接反映作业量，其科学性是值得深思的，因为即使是同样的作业量，不同学习能力的学生完成的时间差异也会很大。

限时定量完成作业是解决学生作业时长的第一步，让学生养成科学的写作业流程和习惯。在写作业之前首先让学生整理好当天的学习笔记，认真复习所学知识，再进入写作业阶段。做作业时不去翻书，不查看笔记，规范书写。自我检查作业完成情况，认真检查作业质量。

第二，从作业内容的角度来回答“减什么量”的问题。研究者都一致认为要减少作业内容的重复量，或者说不必要的作业量。例如，刘春生用“减少分量，去粗取精”概括了作业要提高题目“含金量”的要求，摒弃训练价值不大、过程太过繁琐的题目，从而保证必要的训练点位、思考难度和思维开拓。②

（二）关于“怎么减量”的研究

“怎么减量”则是关于方法操作性问题层面的研究。刘晓晴以学生作业感受量为基础，建立了包括干预标准、干预时段、干预方式及个性化教师专业支持等在内的作业量干预系统。③ 而精简作业的另一举措则是改变作业形式。倪敏和黄玉芳立足于内容、实践、探究的链接点，分别围绕概念运用、能力提升和思维发展设计了项目式作业，从而达到“轻负高效”的要求。④

以分层作业和自主作业为例。

---

① 钱宇．初中英语作业设计的研究与实践［D］．上海：华东师范大学，2006.

② 刘春生．“双减”落地，学校和教师应该做些什么？［J］．新课程评论，2021（11）：30–38.

③ 刘晓晴．中学生作业量干预研究：以深圳市某区属学校高中部为例［J］．教育研究，2015（5）：122–132.

④ 倪敏，黄玉芳．项目式周末作业：实现作业的整合、精简与高效［J］．人民教育，2021（Z1）：56–58.

1. 分层作业

教师根据学生的学习能力和对知识的掌握情况布置分层作业。对于基础差的学生，主要设计一些模仿性习题，让他们通过套用公式或者仿写来尽快巩固学过的知识；对于基础一般的学生，除了进行基础知识的训练，再做一些学习能力的训练，让他们进行发展性学习；对于基础好的学生，让他们进行综合性练习，把学过的知识综合起来，真正做到融会贯通，同时适当加练一些有难度的拓展性练习。

下面是教授人教版数学六年级下册第二单元《折扣》这一课时，教师根据学生的具体差异设计的分层作业。

C 类：

1. 一袋面粉原价 60 元，现在打八五折出售，现价是多少元？

2. 一台电脑原来售价是 4800 元，劳动节搞促销活动，卖 4080 元，这台电脑现在打几折出售？

3. 一款书包按七五折出售是 75 元，这款书包原来卖多少元？

B 类：

1. 小明买了一套玩具，原价 200 元，现在只花了九折的钱，现价比原价便宜了多少元？

2. 书店打七五折售书，小丽买书花了 15 元，少花了多少钱？

A 类：

1. 水果店把 150 千克苹果按每千克 6 元出售，卖掉 80% 后，其余的打八折出售。这些苹果共卖了多少元？

2. 一件羽绒服，按进价提高 25% 标价，后来因天气变暖，按标价打七五折出售。这件羽绒服卖出后，是赚了还是赔了？

让基础差的学生和基础一般的学生根据课堂上学到的知识来直接完成分层作业，目的是让其巩固课堂上所涉及的知识点；而对于基础好的学生，则以提高、拓展为主，充分发挥其敏捷的思维能力和综合运用知识的能力，从而提高学生解决生活中实际问题的能力。

2. 自主作业

教师可以给学生布置自主学习的作业，帮助学生养成自主学习的习惯，让其在自主学习过程中圈出自己不懂的题目，等到上课的时候再为其答疑解惑。

总之，通过精心设计与布置、及时评价与反馈作业和用心修改与完善等措施，能在减轻学生课业负担的同时，充分挖掘作业育人的功能，达到激发学生的学习兴趣、培养必备品格和关键能力、巩固课堂学习内容、提高学习效率的目的。

（三）关于“减多少量”的研究

“减多少量”是对减量标准问题的思考。基于对“多、重、繁、杂”的诟病审视和“少、精、活、新”的作业理念激活，当前研究者提出了自己的见解。李运华和曾拓基于作业生态的视角，提出从学生完成作业时间、学生对作业兴趣等的综合考量来确定作业量。①

1. 同任务，不同内容

依照每日教学实际，教师为学生布置分层作业，让学生能够更好地提升自己的学习能力。对于基础较薄弱的学生，更多的是朗读背诵课文，以及抄写听写课中词语，以此巩固他们的基础。对于学有余力的学生，则增加了课外阅读的作业，让他们可以从弹性作业中开发自我的更多可能性，自主选择，在自我效能的达成中收获进步。

2. 同要求，不同形式

在常规作业的基础上，进行特色作业的尝试，鼓励教师创新作业形式，充分调动学生的学习能动性，寓教于乐。对于低学段的学生，教师可设计制作生字卡片和运用扭扭棒识记拼音的形式，让学生在动手的过程中巩固知识。而对于高学段的学生，教师则可以布置设计制作思维导图和手抄报，拓宽学生的思维，同时又整合其他学科的知识。

二、教师对作业质的管理

教师的作业管理不仅包括对作业量的管理，也要涵盖对作业质的考量。这主要包括对作业内容选择、难度设计和类型搭配等层面的思考。

（一）关于作业内容选择的研究

作业的内容选择关系到学生的兴趣所长、思维世界和直接体验。研究者主要从学生的心理世界和现实世界出发，选择作业内容。陈克年和束仁武指出作

---

① 李运华，曾拓．小学生态数学作业的设计［J］．内蒙古师范大学学报（教育科学版），2012，25（6）：136–139.

业设计要坚持“六度”，即法度、梯度、适度、角度、热度、自由度。[①] 罗赛清则从四大方面阐述了作业内容选择的要点，即针对教材、教学目的、教学要求、教学重难点；横纵和新旧知识的联结；具有同类题目的典型特征；具有思考性和实践性。[②] 这反映了教师的作业设计表现出典型性、启发性、系统性等特点。[③] 周娟基于类比思维的角度，提出教师作业布置的内容要突出比较，设计对比作业提升学生运用知识的能力。[④] 李学书基于从认识论到生存论取向的转变，提出作业内容的重构要减少随意性和盲目性，处理好作业设计的科学性、规范性与人性化之间的关系。[⑤] 还有的研究者从作业综合性视角设计作业内容，例如，许晓莲和陈佑清提出作业内容要考虑自然情境与人为情境相结合、专题性与综合性相结合等因素。[⑥]

（二）关于作业难度设计的研究

作业的难度是指作业对于学生现有实际能力水平来说的难易程度。它是一个相对的概念，因此研究者主要是以分层作业的角度来管理作业的难度设计。宋秋前指出作业难度调控的策略包括：第一，由易到难，注意知识层次；第二，针对学生差异，设置分层作业；第三，设置台阶，放缓坡度。[⑦] 梁倩指出作业的分层需要根据学生在智力水平、学习基础、学习习惯、学习方式、学习速度、接受能力等方面的差异来进行。[⑧] 方丹借助聚类分析的方法，依据学生低投低负、低投高负、高投低负、高投高负的四大类型来设计差异化作业。[⑨] 还有的研究者则具体设计了分层作业的形式，例如彭宏清和彭晓云依据学生的完成能力，设

---

① 陈克年，束仁武．作业设计要坚持“六度”［J］．安徽教育，2001（4）：34–35.

② 罗赛清．科学设计学生作业　提高学生作业效率［J］．湖南师范大学社会科学学报，2001，30（S2）：130–133.

③ 宋秋前．有效作业的实施策略［J］．教育理论与实践，2007，27（5）：54–57.

④ 周娟．减量增质，优化初中语文课后作业设计［J］．语数外学习（初中版中旬），2014（9）：60.

⑤ 李学书．从认识论到生存论：中小学作业改革的新取向［J］．课程·教材·教法，2013，33（7）：31–36.

⑥ 许晓莲，陈佑清．有效作业的影响因素及提升策略［J］．中国教育学刊，2015（10）：54–58.

⑦ 同③.

⑧ 梁倩．初中数学发展性作业设计研究［D］．重庆：西南大学，2015.

⑨ 方丹．推广差异化作业刻不容缓［J］．人民教育，2021（Z1）：27–30.

计了夯实基础型、能力提升型和拓展训练型等分层作业。①

从苏联教育心理学家维果茨基的最近发展区理论出发，作业的难度应略高于学生原有的知识水平，由易到难，层层递进，给学生一个可以选择的范围，能力强的学生可以选做较难的作业，能力稍微弱一点的学生可以选做简单的作业。

以语文学科作业为例，作业的设计要做到基础目标、发展目标和创造目标的统一。

第一，对学困生降低难度，确保完成基础目标。作业难度适当降低，使之指向基础目标，学困生才会对其产生兴趣。如学习了《花的学校》一文，教师就可以给学困生布置抄写生字新词和找反义词的作业。这些作业难度较小，易找易做，学困生通过完成此项作业，就会感觉自己完成了目标任务，就有了一定的学习积极性。

第二，对中等生保持难度，努力完成发展目标。这类学生可塑性较大，他们中相当一部分人努力一把也许就能跨入学优生行列，但如果放松一些也许就会滑入学困生行列。因此，布置作业时，须注意作业应有一定的难度，确保学生在达成基础目标的基础上，努力完成发展目标。如学习了《花的学校》一文，教师就可以要求中等生抄写生字新词和找出文中的拟人句，引导学生思考作者把什么当作人来写以及为什么这样写，其中抄写生字新词的量是学困生的一半即可。

第三，对学优生增加难度，努力实现创造目标。这类学生基础扎实，对知识的领悟能力强，布置作业时就有必要给他们增加难度，促使他们在较高的知识平台上发展。如学习了《花的学校》一文，教师就可以给学优生布置积累几个拟人句或者创作几个拟人句的作业，要求他们学习课文的写作技巧，提高自己的写话能力。

总之，作业的设计要依据学生的能力，作业的难易度要适应各个层次学生学习的需要，让各类学生练有所得，有所提高。

教师应针对学生的接受能力和学习兴趣的差异，给学生留足空间，让学生自己控制、自我安排作业。学生在自己布置作业的过程中感受到教师的信任，从而获得自我成就感。

---

① 彭宏清，彭晓云．有效管理作业，为“双减”政策落实落地发力［N］．滁州日报，2021-11-26（6）．

寓教于乐的课本剧作业《小鹿的玫瑰花》

1. 编演课本剧

人教版语文二年级下册第一单元的第四课《小鹿的玫瑰花》是一篇童话故事，故事性强，情节曲折，人物性格鲜明，适合编排成课本剧。

2. 作业要求

（1）学生先自学，然后根据课文内容编排成有趣的课本剧并表演，课本剧要立足课文，忠于原著，可以有适度想象和拓展。

（2）可利用废旧材料制作适合的头饰和道具。

（3）全员参与，以四人小组为单位，合理分工合作，人人有事做。

3. 作业情况

在学生的期盼下，终于到了课本剧表演的时候了。各组的学生准备得都很充分，每组同学都自己制作了小动物头饰，准备了表演所需的道具。在表演时，小演员们感情投入，台词流利，人物展现到位，中心思想明确。

4. 学生反馈

课本剧表演后，学生纷纷表示，这是大家最喜欢的作业，希望下次还能布置这样有趣的作业。

（三）关于作业类型搭配的研究

作业类型搭配主要蕴含两方面的含义：一是指作业题目的形式多样化，二是指做作业的形式多样化。

第一，立足于作业题目形式多样化的研究。梁倩从不同作业载体影响作业类型的前提出发，指出以文本式为载体的作业类型包括练习巩固型、拓展提升型、总结反思型和作文型；以言语式为载体的作业类型包括口答型、交流型和讨论型；以视听式为载体的作业类型包括文化赏析和信息搜集。① 陈英围绕同一学习目标提出了作业变式的不同方法，她指出对于概念的掌握，既可以采取填空、判断、默写等传统方式，也可以把这一概念体现在改错题、选择题和辨析题中；对于抽象的概念，可以设计成实验让学生自己去证实。②

第二，立足于做作业形式多样化的研究。肖正德提出了“减负”背景下教

① 梁倩 . 初中数学发展性作业设计研究［D］. 重庆：西南大学，2015.

② 陈英 . 新课程背景下的优化中学作业管理研究［D］. 上海：华东师范大学，2005.

师布置作业形式的转换，即力避重复性作业，设计典型性作业；力避单一性作业，设计层次性作业；力避机械性作业，设计趣味性作业；力避封闭性作业，设计开放性作业。① 孙闯从多维视角指出短线性与长线性、巩固性与创造性、静思性与操作性、单一性与综合性、独立性与合作性、顺向性与逆向性等相结合的作业操作形式。②

自主设计作业，作业分量好承担

在教完古诗《望洞庭》《独坐敬亭山》后，教师把作业的布置权下放给学生，让学生自己设计作业。

师：学习完这两首古诗后，你打算给自己设计一份什么样的作业呢？

生 1：我打算抄写这两首古诗，并进行背诵和默写练习。

生 2：我打算把这两首古诗的意思说一说，并把其中蕴含的道理写下来。

生 3：我想根据这两首古诗的内容画一画。

生 4：我想收集这两位诗人其他的诗来吟诵。

生 5：我想收集整理其他说明类似道理的古诗。

生 6：我想整理跟这两首古诗所说明的道理有关的例子。

师：同学们，你们自己设计的作业比我设计的还要精彩。那么，我们就按照“1+X”的方法，你们可以在完成一份自己设计的、力所能及的作业之后，选择性完成其他人设计的、自己也感兴趣的作业。X 的数量可以自由选择（多选不限），作业量不作具体规定。

1. 手工类作业

在布置此类题目时，教师应适当地给学生一些有启发性的提示语，比如可选用哪些较方便的制作材料、大体的制作要求等。如在学习《角的认识》前，让学生动手制作角的模型，材料可以是牙签、小棒或硬纸条等，通过动手制作来体验角的特性。

案例描述：

1. 教师为长方体和正方体的面、棱、顶点下定义。

2. 学生通过动手操作得出长方体和正方体的面、棱、顶点的数量。

---

① 肖正德．“减负”背景下有效作业的设计策略探究［J］. 课程 · 教材 · 教法，2014，34（4）：50–55.

② 孙闯．减轻作业负担的探究［J］. 辽宁教育研究，2000（10）：47–48.

师：请大家拿出准备好的长方体模型，闭上眼睛摸一摸，睁开眼睛看一看，数一数长方体有几个面？几条棱？几个顶点？

学生按要求操作并回答。

课后进行了一个小调查：调查对象是还没有学习《长方体和正方体认识》的同一个学校同一个年级的学生。调查内容是长方体有(　　)个面，有(　　)条棱，有(　　)个顶点。调查结果：56个人里，答对6个面的有50人，答对12条棱的有37人，答对8个顶点的有51人。

回答问题：

1. 用新课程理念分析上述教学案例。

2. 如果你是那名教师，你会怎么教？

案例评析：

教学活动必须建立在学生的认知发展水平和已有的知识经验基础之上，学生的学习过程是在教师的引导下自我建构、自我生成的过程。学生不是简单、被动地接受信息，而是对外部信息进行主动的选择、加工和处理，从而获得知识。学习的过程是自我生成的过程，这种生成是他人无法取代的，是由内向外的生成，而不是由外向内的灌输，其基础是学生原有的知识和经验。学生原有的知识和经验是教学活动的起点。

2. 行动研究类作业

在学习“生物和环境”专题内容后，教师可以设计“酸雨对植物种子萌发率的影响”“探究废弃电池浸出液对植物生长的影响”“不同湿度（或温度）对霉菌生长影响的研究”等作业。学习“近视”内容后，布置学生在校内完成作业“中学生近视情况的调查及原因分析”。

在学生习得“生物多样性”核心概念等知识后，布置如下作业：4—6名学生组成一个研究性学习小组，可以在校园内，也可以到学校旁边的公园或到地质公园开展生物多样性的调查研究，然后撰写调查报告或小论文，并进行展示。

3. 文学创作类作业

学生依托中学生物学知识来创作文学作品，有利于提高学生的想象力，加深他们对生物学知识的理解，也有利于在生物学教学中渗透人文教育。生物学教师可独立安排布置这类作业，也可以和语文教师或班主任联合布置。

人教版语文六年级下册的主题之一是“民风民俗”。《北京的春节》《藏戏》《各具特色的民居》《和田的维吾尔》等课文，让学生领略了不同地区的不同民族有不一样的穿着、不一样的食物、不一样的民居……生活中的点点滴滴，无不体现出丰富多彩的地域特色，无不展示着民族文化的独特魅力。学完这个单元，学生意犹未尽，还沉浸在一幅幅绚丽多彩的民俗风情画中。这正是教师布置作业的契机。

师：请学生以民风民俗为主题办一期手抄报，要自己动手去寻找、搜集、欣赏、感悟。你打算如何办好这一期手抄报。

生 1：为了办好手抄报，我要阅读有关的图书、杂志或访问家长，搜集有关的资料，一定要保证内容丰富。

生 2：我打算利用我的美术、书法技能，将刊头设计、排版插图跟内容融为一体。

生 3：我要出的手抄报主题是“正月十五闹元宵”。小报中要有元宵节的由来、元宵节的习俗以及灯笼文化等民俗小知识。

生 4：我要出的手抄报主题是传统节日习俗，像重阳节、七夕节、清明节等传统节日，内容可以是传统节日的来历、故事等。

生 5：我打算出以“有特色的民居”为主题的手抄报，搜集民居中的图片、各种民居的特点介绍，力求图文并茂，夺人眼球。

师：好，请学生按照自己的设想出一份最精彩的手抄报。

案例评析：

苏霍姆林斯基指出：“所有智力方面的工作大都依赖于兴趣。”《义务教育语文课程标准（2011 年版）》中指出：语文是实践性很强的课程，而培养这种能力的主要途径是语文实践，不宜刻意追求语文知识的系统和完整。让学生更多地直接接触语文材料，在大量的语文实践中掌握运用语言的规律。该教师的作业设计富有创意，形式新颖，内容联系实际并有一定的趣味性，能够与学生的语文实践活动相结合，通过语文实践提高了学生理解语文和运用语文的能力，让他们在活动中增长知识，增长才干。

三、教师对作业评价的管理

（一）关于作业评价理念的研究

毛思玉、任墩和宋萑基于“双减”背景下作业的理想构建，指出教师作业批改的重点应该转移到对作业问题的具体分析与反馈上。① 罗生全和孟宪云基于对中小学作业问题的再认识，提出教师作业评价应以素养为导向，主要包括：结果评价向过程评价转变；否定态度向积极方向引导；信赖学生潜能；指向学生自我评价能力的培育；以学生发展为中心，以评价促发展。② 钱宇则以初中英语作业设计为背景，提出教师作业评价的 CBG（catch them being good）原则，即“捕捉学生的良好状态”。③ 积极、正面、肯定、结语性的评价是倡导的总方向。

（二）关于作业评价方法的研究

关于作业评价从价值层面到方法层面的跨越，研究者也进行了细致研究。吴颖惠提出教师作业批改方法应由单一的对错式向对话式、点评式和建议式等作业批改方式转变。④ 郑东辉则是基于学生体验与适应性的角度，指出教师作业评价由借助字母等级、数字及其他符号编码对作业进行简单区分的判断性反馈向描述性反馈转变。⑤ 彭宏清和彭晓云在作业中巧设评价栏，融入家长评、同伴评、自我评等多元化评价方式。⑥ 也有一部分研究者提出了零批改作业的概念。例如，熊川武指出零作业批改的实施环节在于：对学生进行培训；在课堂上互批作业；学生各自标记作业问题；教师课后抽查学生作业并做问题记录；师生对学习问题实行双重跟踪。⑦

1. 体现人文性的评价方式

（1）评语式评价

对学生的作业进行评语式的批评和表扬，其原则是：第一，诱导学生思考，自我改正；第二，肯定学生的独特见解，激活创新意识；第三，关注非智力因

---

① 毛思玉，任墩，宋萑．“双减”背景下作业的理想构建［J］．中国教师，2022（1）：18-21.

② 罗生全，孟宪云．新时代中小学作业问题的再认识［J］．人民教育，2021（Z1）：15-18.

③ 钱宇．初中英语作业设计的研究与实践［D］．上海：华东师范大学，2006.

④ 吴颖惠．以作业管理助推区域教育高质量发展［J］．中小学管理，2021（10）：18-20.

⑤ 郑东辉．融入作业过程　提高作业质量［J］．人民教育，2021（Z1）：31-33.

⑥ 彭宏清，彭晓云．有效管理作业，为“双减”政策落实落地发力［N］．滁州日报，2021-11-26（6）.

⑦ 熊川武．论中学教师“零作业批改”［J］．中国教育学刊，2007（5）：52-54，74.

素，培养良好的学习习惯。

变生硬刻板为情感交流。由于传统的作业批语呈现出一定的模式，语言又生硬呆板、空洞冷漠，因而在师生之间形成了一道无形的鸿沟，阻隔了师生之间平等、真诚的对话。填平这条鸿沟唯一的办法是激活师生间的情感交流。因此，教师应借助作业批语，以真挚的语言感染学生，发挥师生间对话的积极作用。

新的课堂教学理念要求师生间是平等、合作的关系，既是师生，又是朋友。双方有时难免会存在一些误会，教师又不能当时、当地、当面进行沟通，此时的作业批语就不失为一种良好的润滑剂。当有学生在课堂上没有认真听，没有全身心地投入学习中时，教师可以写："你是全班的一分子，学习离不开你，老师期待你的积极参与。"当教师由于自己的失误，错怪了学生，没有及时向学生道歉，也可以写："今天老师错怪你了，老师向你道歉。"短短几句话，就能拉近师生间的距离，消除误会。

（2）激励式评价

激励措施主要有以下三点。第一，善于发现学生的优点，经常表扬。不论谁在学习上有优点，哪怕只是很细微的一点点，教师都要不吝啬表扬。第二，口头奖励与物质奖励相结合。低年级学生年龄尚幼，往往更喜爱物质奖励，教师可以画一些小图片，制作一些头饰、胸饰奖励给他们，以表达对他们学习的肯定。第三，将个人荣誉和集体荣誉挂钩，培养学生的协作精神。

变训斥指责为谈心鼓励。这种批语也称谈心鼓励式批语，研究者在实践中发现此类批语最适合学困生。学困生最容易被人忽视，幼小的心灵过早地背负着沉重的精神枷锁。然而，他们的内心深处又很希望被人肯定、被人赏识。因此，教师应利用作业批语多与学困生谈心，给予他们更多的关爱和鼓励，关注他们的点滴进步，让他们重新点燃希望之火。

心理学研究认为期待值与效率成正比。因此，教师要在与客观实际一致的前提下，尽可能多地给学生鼓励，不能以定式心理去评价学生的作业，更不能有偏见。公正的评价能获得学生的信任和好感，从而对学生起到劝导和激励作用；反之则会拉开师生间的距离，使学生产生冷漠、消极的对抗情绪，从而影响学习质量。

教师应多给学生激励，即使是面对学生的错误，也应该用发展的眼光，以激励、期待的态度来对待学生。对于学生每一次的进步与发现，教师都要用欣赏激励的口吻去着笔，如：“你的想象力真丰富啊！”“你总能给老师以惊喜。”“老师每天都能看到前进中的你！”这些话将在学生心中掀起波澜，激励他们认真完成作业，给教师带来更多的惊喜。

2. 体现多元化的评价方式

（1）评价主体多元化

作业评价的主体与客体由教师与作业，转为教师与学生、学生与学生、家长与学生、学生与自己。让学生参与到评价的过程中，把教师评价、小组评价、自我评价结合起来，让学生成为评价的主体。

日评、周评、月评一条龙，教师评、学生评、小组评、家长评一条龙。教师对一日作业做出评价，学生自查后将评价结果登记在作业情况扉页栏中，月末将作业带回家，也可把班里优秀的作业带回家。家长对孩子一个月的学习、作业情况进行了解、评价、对比后，对孩子的学习提出要求。每周伊始，教师激励学生每月都为自己树立一个新的学习目标，这个目标又转化为每天的学习行为，使他们日复一日，周复一周，不断地吸取经验，经常进行修正，最后收获成功的喜悦。

建立评价量表进行阶段评价。其中包括“教师的话”“家长的话”“同学的话”“我的话”和每个阶段的摘星情况，让学生在自我评价和他人评价中不断地成长，并将日常评价、阶段评价和期末评价有机地结合起来。

（2）评价目标多元化

对于作业的评价，关注以下几方面：第一，关注学生作业的正确率；第二，关注学生的实际水平；第三，关注学生做作业时表现出来的情感和态度；第四，关注学生的学习习惯。通过评价目标的多元化，帮助学生认识自我，建立信心。

3. 变坚定总结为指引导向

传统的作业批语大多是给学生一个结论，一锤定音，好就是好，差就是差，丝毫没有回旋的余地，只重结果而忽视对学生现在与将来的导向作用。如今，教师应着眼于学生的发展，着眼于学生的未来，为学生的健康成长指明前进的方向。教师不仅要在学生进步时表扬他们，犯错误时也要指出他们的问题所在，更重要的是为学生指明努力的方向。

4. 变单一评价为交互评价

师生间的任何活动都应该是双向的，教师对学生的作业做出评价，学生也可以对教师的工作做出评价，提出自己的建议或给教师出点子。教师应积极地营造民主的氛围，鼓励学生在作业本上大胆给教师写“评语”，使师生的互动更亲密，人文性的发展更加全面。经过一段时间的实践，学生就敢于把自己的想法、建议、意见表达出来了。

人文性的作业批语要客观地评价作业质量，真切地表达思想，正确地指明方向，热情地排忧解难，真诚地交换意见……这种高层次的作业批语，“能探风雅无穷意”，叫人回味无穷，体现了教师的睿智和文采，体现了教师以人为本的教育理念。

（三）关于作业评语的研究

作业的评语是直接联结师生情感和师生关系的桥梁。张立强指出教师的作业批语要注意“六性”，即客观性、激励性、情感性、针对性、可读性、启发性。① 还有的研究者聚焦于评价语言的具体内容，认为教师评语除了应避免权威性的鉴定式写法，采用语言亲近的谈心式写法，对于表扬的内容还应该具有针对性，而对于批判的内容则应该具有艺术性。范炳荣从新课程标准要求出发，提出作业批语要注重激励性、启发性、互动性、艺术性“四性”，并且具体提出了三类批语内容的根本要点，即商榷型批语要注重委婉，警示型批语要关注人格，期待型批语要融入情感。②

对于作业从量到质以及评价批改等层面的研究，既有来自一线教师的经验性总结，也有研究者运用教育学、心理学和管理学理论对相关作业行为所进行的理论研究，目的是改变作业高耗低效的状况，最终实现学生的发展。现在线上作业递交形式逐渐丰富起来，通过多媒体、互联网等工具进行融合，如何方便、快速、高效地完成作业的批改，需要教师不断总结、思考。

第四节　学生的作业管理

学生本身对完成作业行为进行自主管理，是对学生原有单一、机械和被动的作业方式的改变，有利于帮助学生发展自主学习能力。

---

① 张立强．作业批语应突出“六性”［J］．当代教育科学，2003（1）：60.

② 范炳荣．小学数学作业批语要注重“四性”［J］．基础教育研究，2015（14）：19-20.

一、学生作业管理模式的探索

学生参与作业的管理，达到自主管理作业的层次，需要践行作业自主化的理念，构建作业管理模式。在常规的作业管理模式中，学生往往是机械的、被动的，感觉作业是教师“要我做”，很难实现学生自主学习能力的提高和自我管理能力的发展。教师必须积极探索新的作业管理模式，采用多种手段，通过多种形式的作业设置和评价方式激发学生兴趣，变“要我做”为“我要做”。学生作业管理就是要尊重学生在教学过程中的主体地位，通过自主选择作业、自主评价作业，体现以学生发展为本和减负增效的教育理念。教师根据教学大纲、课堂教学目标及学生身心发展的规律，可以设计各种学生作业管理模式。例如，王伟琦基于作业管理模式理念的转变，提出了一种从预先拟定的计划配给到学生参与的自主选择的作业管理模式。①这充分赋予了学生对作业的选择权和自主权。张燕敏则倡导“师编生选”的作业模式，其中“师编”是指教师根据课堂教学内容和学生学情，精选和设计分层作业；“生选”指学生根据自身需要选做各类作业。②这里需要注意的是教师的“编”与学生的“选”之间的对接问题。胡秀云基于小学高段英语自主参与型作业的管理机制研究，提出了学生自我管理、父母协助管理、同伴互助管理、教师引导管理的作业管理模式。③丁瑛则针对高中生自主作业的探究，构建了由教师、科代表、作业各大类负责人、大组长、小组长五大层次组成的立体开放的作业管理系统。④

二、推进学生自主作业管理的途径与策略

（一）以作业菜单为载体的途径与策略

以作业菜单为载体的学生作业管理策略的目的在于帮助不同层次学生进行自主学习，顺应新课程标准对教学的新要求。作业菜单能实现作业布置时的师生互动，尊重学生实际和学生个性差异，让学生自主选择，想“吃”什么自己

---

① 王伟琦．从“计划配给”到“自主选择”：小学生作业管理的实践研究［D］．上海：华东师范大学，2010．

② 张燕敏．“师编・生选”作业改革的研究［J］．生活教育，2016（13）：41–42．

③ 胡秀云．小学高段英语“自主参与型”作业设置与过程管理的实践研究［D］．长春：东北师范大学，2011．

④ 丁瑛．高中生语文自主作业探究［D］．上海：华东师范大学，2007．

点。例如，温州市建设小学始终将自主作业作为学生自主学习能力的有效载体，提出了全自主、半自主、加自主和作业签免四种形式的作业菜单。孙传华创设了“我选我做”“我拟我做”“我拟，你做，我改”和“互拟，互做，互改”的自主作业形式。[①] 唐素则把自主作业分为分层作业、超前作业、延时作业、自编作业、自选作业、个性作业、探究作业和合作作业等八大方面。[②] 以上这些作业方式能培养学生巧学活用的能力，激发学生独立思考与创新的意识。最重要的是，作业方式民主化，保障学生自主选择权，培养了学生的兴趣，减轻了学生的负担，使学生面对菜单式作业，有选择的余地，既能“吃得了”，也能“吃得好”。

深圳市光明区公明中学数学组的教师在制订作业菜单的方面做出了一些尝试。他们先将学生分为 3 到 4 个小组，每组完成的作业量是不一样的；再将作业分为必做与选做，无论是必做还是选做，学生都有自主选择的权利。不同学生在这两方面的选择会有很大差异，他们可以根据自己的知识掌握情况和能力培养情况有针对性地进行选择，而不是像原来那样“齐步走”“一刀切”。而愿意选哪个组，也由学生自己确定，作业的量也由他们自己确定。这样，学生便有了更多自主创新的空间，而不再是在做作业时，时时事事都由教师作主，他们完全处于被动的状态。此举从心理上让学生转变过来，灵活自由地选择自己的作业，既减轻了学生的作业负担与心理负担，又能更好地激发他们学习数学的积极性、主动性、自觉性、参与性等，实现学生自主学习，也体现以学生发展为本和减负增效的教育理念。

综上所述，作业菜单策略真正体现了以人为本的思想，学生通过自主选择作业和参与作业设计，提高了学习的积极性。教师根据不同的作业内容设计出不同的作业形式，作业的“表情”丰富和生动起来，形式灵活多样，挖掘不同层次学生的潜力，彰显不同学生的聪明和活力。学生从作业中体验成功的喜悦，从而使设计作业、完成作业成为学生的幸福体验。作业菜单策略有助于培养学生的个性学习品质，使每个学生都能得到相应的发展。

（二）以作业导航为依托的途径与策略

作业导航是根据学生学习目标编写的辅助学生自主作业的提示，能帮助学

---

① 孙传华．自主，让语文作业更有活力：浅谈小学语文高年级学生自主作业的创设和作用［J］．基础教育研究，2010（22）：19–20.

② 唐素．自主作业的实践［J］．天津市教科院学报，2003（4）：19–21.

生系统全面地把握作业中的知识内容，克服盲目和片面，减少教材阅读和作业中的困难，有利于学生提高自主学习效率。在作业导航的设置方面，部分学校和教师已经做出了一些有益的尝试，例如哈尔滨市继红小学在“追求优质教育，实践主动发展”办学理念指导下，提出了“日常、实践、探究”等以核心素养导航为主题的作业。胡秀云基于学生自主作业实践研究，分别编制了以“想、读、找、疑、订、拓”为元素的新授课作业导航和以“想、理、集、疑、拓”为元素的复习课作业导航。① 王巧艳则以高中数学为学科背景，独创性地设计了“导学型作业卡”，它主要立足于学生数学思维过程的渗透。② 通过以上例子可以看出，作业导航突出了学生的主体地位，能激发学生对作业内容进行思考，有效提升了学生的自主学习能力。

综上所述，作业导航把学习目标进行分解，渗透到具体的学习要求或练习题中，引导学生按照提示一步步完成学习目标。一般包含的内容有学习的基本内容和达到的标准（一般为教师明确告知）、对学习步骤和方法的提示（师生共同探讨）、自我反思与评价（学生制订，教师给予帮助）。所谓“导航”，即作业建议和方向，而具体作业形式和作业量都由学生自己来设计和确定。教师制订“导航”过程，促进学生思维与综合素养的提高。

（三）以榜样示范为支撑的途径与策略

“教育无他，唯爱与榜样”，这句话用在学生的作业管理上也是适用的。榜样示范法在学生作业管理中比单纯的表扬、批评的作用更大。班华主编的《中学教育学》对榜样示范法的内涵进行了阐释，即“榜样示范法是以他人的优良品德和模范言行影响中学生的方法”③。这种榜样示范的对象非常明确，示范的内容是优良品德和模范言行。学生认知的发展是在与周围人、环境和事物的相互作用中建构的。因此，形象、生动且个性的直观情境能够激发学生的创造动机，从而启迪学生的创作思维。例如胡秀云基于小学高段自主参与型作业设置与过程管理的实践研究，指出榜样示范的基本程序表现为“树立榜样—提供环

---

① 胡秀云．小学高段英语“自主参与型”作业设置与过程管理的实践研究［D］．长春：东北师范大学，2011.

② 王巧艳．高中数学“导学型作业卡”的设计与实践研究［D］．杭州：杭州师范大学，2015.

③ 班华．中学教育学［M］．北京：人民教育出版社，2000：386.

境材料—模仿启发—自我实践—获得经验”。[①]“以人为镜，可以明得失”，教师要善于在学生的作业中发现闪光点，然后树立榜样，让其他学生来模仿，“择其善者而从之，其不善者而改之”，并通过学榜样不断产生新榜样，以带来“一花引来百花开”的良好教育效果，全面提升学生的作业质量。

综上所述，榜样具有感染、激励、号召、启迪的功能。模仿行为发生的关键就是榜样的示范。一旦学习者将榜样确定为学习的参照目标，就会为了实现自己的目标采取积极主动的行动，甚至有可能超过榜样本身。

三、学生作业管理的实践流程

学生作为作业管理的主体之一，享受对作业管理的参与权，即对完成作业的自主管理的主动权，他们可以自主选择作业内容，还可以自主选择协作伙伴，以及自主选择作业呈现的方式等。尹丽丽基于对学生自主作业管理的行动研究，指出学生自主作业的管理及实施步骤：学生提出申请，教师审批入围；学生制订《自主作业申请规划书》；家长填写《家庭作业记录评价表》；表彰成果。[②]这里的方案制订将家校联系作为学生展示自我的平台。谢玮基于“以学生为本”下小学语文低、中年级作业有效设计的研究，指出学生作业管理流程关键在于：第一，学生根据教材上的知识点设计不同的习题类型；第二，学生自己来寻求知识点，设计作业；第三，由学生自己来设计作业的版面和题目表述方式。[③]吴俊明以提高学生元认知水平为基础，指出学生的作业管理流程包括：首先，由教师实行作业分层和个别化设计；其次，让学生了解命题意图和过程；再次，引导学生自我总结，寻找、交流诀窍；最后，提倡学习反思，提高元认知水平。[④]

上述研究为学生的作业管理找到了科学的依据，提供了实践的范本。对作

---

① 胡秀云．小学高段英语“自主参与型”作业设置与过程管理的实践研究［D］．长春：东北师范大学，2011.

② 尹丽丽．语文自主作业的理论探索与行动研究：以瑞安安阳实验小学为例［D］．温州：温州大学，2012.

③ 谢玮．“以学生为本”的小学语文低、中年级作业有效设计的研究［D］．上海：华东师范大学，2010.

④ 吴俊明．追求教学、训练交融　注意提高元认知水平：关于课时作业设计及其教学改革的一些思考［J］．化学教学，2015（2）：13-15，29.

业管理的模式、途径与策略、流程的研究，表明研究者既注重学生对作业的自主选择，也关注学生自主作业能力的培养。学生是作业选择的自觉者，是作业过程的掌控者，是作业结果的责任者。如此，学生根据自己的能力设计适合自己的作业内容，充分支配展示个性的空间，培养了责任感。学生对作业的自主管理也离不开教师的支持，如何在“扶”与“放”之间寻找适合学生的度，以及如何处理自主作业与教师制订作业之间的关系也都是后续研究值得进一步思考的问题。

总的来讲，为了探寻高质量作业设计与实施的规律，总结提炼作业设计的成熟经验，作业管理一直是研究者和一线教师理论研究和实践努力的方向。但是，从研究的来源和深度广度来看，大多是一线教师根据自己的实践经验进行的总结，或将作业管理粗浅地理解为对作业的设计、批改、评价或其中一个方面的内容，而即使涉及作业校本教研、制订作业管理体系等问题的研究也只是触及表面，显得抽象和笼统。这种作业管理的研究现状和情况也恰恰反映出对于作业管理研究的方法需要调查研究、思辨研究、行动研究以及实验研究等多样化的形式，以保证研究的广泛性、深刻性和科学性。

第十一章

中小学作业与信息化

自20世纪90年代开始，教育信息化推动教育现代化的发展，引起了世界各国的重视。各国纷纷将教育信息化作为提高教育教学质量的重要举措。为达到提升学生综合性信息素养的目标，教育信息化的发展不仅需要政府提供有力的政策支持，而且对资金的需求量也较大。尤其是2021年“双减”政策提出后，作业设计再次成为课堂教育教学工作关注的重点，成为教育信息化改革的重要作用对象。中小学作业与信息化的深度融合，需要通过信息技术来优化作业设计过程，以提高作业设计的效果、效率和效益。这样一场声势浩大的教育变革，不仅需要有更多的一线教师和教育研究人员参与，也需要科学的教育信息化理论作为指导。

第一节　在线作业的设计与实施

一、在线作业的基本概念

随着教育信息化的不断发展，在线作业应运而生。美国物理教育研究组最早对在线作业进行了定义，认为在线作业是基于完善的网络服务，从作业的设计、发布到批改都能实现智能化、网络化的一种作业形式。迈克尔·蒂姆斯认为人工智能在教育中的应用逐渐成熟，它以一种新的方式参与到学生学习中并帮助教师提高教学效率。① 基于以上启发，本研究将在线作业界定为基于互联网和信息技术平台而开发出的具有布置作业、发布作业、批改作业等完善服务的智能化作业系统。鉴于“双减”政策的推行，研究认为将教育信息化技术融入作业设计是提高学生作业效率最有效且最直接的方式。为保障教育信息化技术在作业设计中的顺利应用，研究建议在线作业设计应该坚持以下设计原则。

（一）适量性原则

受应试教育影响，社会上普遍存在作业量的多少决定学生成绩的高低的观念，以致学生的作业压力过大。但是，已经有不少的研究证明，如果把握不好作业量的度，可能会对学生的成绩起到相反的效果。

伊斯特布鲁克通过大量的社会调查研究发现，美国学生的作业量与学习效果呈倒“U”型关系。② 从这个角度看，作业量的多少需要找到一个平衡点，过少的作业量达不到效果，过多的作业量会给学生造成一定的学习压力，甚至有可能引起学生的逆反情绪。作业量的多少要严格按照教学大纲来设计，结合班级的具体情况进行适量调整。伊斯特布鲁克在不同年级之间进行调查，研究发现不同年级之间作业量的多少也应存在一定差异。如果将小初高年级的学生进行分类的话，可以将 1—4 年级分为 A 类、4—6 年级分为 B 类、7—9 年级分为 C 类、10—12 年级分为 D 类。以周为时间单位，A 类学生的作业时间应该控制在 45 分钟，B 类学生的作业时间应该控制在 1—3 小时，C 类学生的作业时间应该控制在 4—9 小时，D 类学生的作业时间应为 9—10 小时。通过以上研究可以发现，作业量的确存在一个合理的区间。因此教师在设计在线作业时，应当坚持适量性原则，结合本班的教学实际情况，酌情调整作业时间。

（二）多样性原则

在核心素养背景下，对学生教学目标的要求已不再局限于知识与能力目标、过程与方法目标、情感态度与价值观目标三个维度，而是要求学生的能力呈现

① TIMMS M J. Letting artificial intelligence in education out of the box：educational cobots and smart classrooms［J］. International Journal of Artificial Intelligence in Education，2016，26（2）：701–712.

② EASTERBROOK S. What is climate informatics?［EB/OL］.（2012–09–21）［2021–04–06］. http：//www.easterbrook.ca/ steve/2012/09/ what is climate informatics.

多面性。在我国，由于中考、高考的应试教育压力较重，对学生书面作业能力的要求较高，因此教师在平时的训练中更加偏向于开发学生的做题能力而非实践能力。由于课堂教学时间有限，课业压力较大，教师没有充裕的时间对学生进行能力的全面训练，因此课后作业的重要性突显。有价值的课后作业能够使学生的各项能力得到提高，尤其是实践能力得到相应的提升。除了传统的抄写、计算作业，教师在布置课后作业时应该倾向于描述、操作类的作业。通过这种作业设计，学生不仅能学会表达，还能将自己所学的知识通过动手实践展示出来。

例如，在学习巴金的文章《繁星》之后，教师可以引导学生在夜晚观察星空，鼓励学生将观察星空的所见、所思、所想写下来。学生既可以写成散文，也可以结合自然科学中的相关知识写成说明文，还可以写成科幻类文章。这种方式让学生从传统的抄写作业中跳脱出来，能更好地培养学生的综合素质。

（三）有效性原则

教师布置作业的目的是辅助课堂教学，提升学生的学业水平和学习能力。因此，作业的有效性是教师在布置作业时必须要考虑的问题。无效的作业设计不仅浪费教师的教学精力，也浪费学生的学习时间，并不能起到正向的效果，甚至还有可能适得其反。依据维果茨基的最近发展区概念，教学设计应该围绕学生的最近发展区展开。在学生现阶段知识水平的基础上，教师通过为学生提供有一定难度的知识，激发学生的潜能，从而提升学生的整体水平，使其超越最近发展区而进入更高层级的发展区。同样，教师在进行作业布置时，也要注意把握学生的最近发展区的能力范围，不可拔苗助长，只有难度适宜的作业才能对学生的学习能力有提高。

二、在线作业的理论基础

（一）混合学习理论

20 世纪 90 年代末，随着计算机等新兴科技的发展，萌生了许多迎合计算机发展的新教育思想和教育理念。虽然计算机等新兴教育工具效率非常高，但是也不能完全取代传统的课堂教学。基于此，混合式学习应运而生。一开始，混合式学习在企业培训中被大量应用，并且培训效果甚佳。进入 21 世纪后，在借鉴之前网络教育实践经验的基础上，国外教育学者提出了一种新的学习理论，并将其称为混合学习理论。2003年，何克抗教授将混合学习理论引入中国，并赋予其本土化含义。[①] 何教授认为，混合学习就是要把传统学习方式和网络学习的优势结合起来，既要发挥教师的主导作用，又要调动学生的学习主动性。混合学习是各种优质学习资源的集合，并以此达到“1+1 ＞ 2”的学习效果。在此基础上，可以将混合学习理论归纳如下：为取得更好的教学效果，将教学过程中所需要素进行合理选择并优化排列组合，以最低的教育成本达到最优教学收益。

混合式学习在教学实践中是指，通过不同的多媒体工具和不同的信息传递方式进行教育教学活动，它包含了线下和线上教学两大部分。其实施策略包括教学模式的混合、教学环境的混合以及教学教具的混合等。当下的教育教学过程中，混合式教学已经被大多数教师运用于课堂教学。

（二）多模态话语分析理论

多模态话语，是指运用听觉、视觉等多种感官，通过语言、图像等多种手段进行交际。随着信息技术的不断发展，组成话语的模态不再局限于书面文字，还有丰富的音频、视频等模态。教育工作者对与语言有关的其他符号关注度较高，并且还有不少国内外教育研究者都曾对多模态话语进行深入的研究。教育研究者在研究的方向、路径以及理论方面都有涉及。1980年开始，国外研究者克雷斯和范列文就开始对雕塑、音乐、绘画、建筑等进行详细研究，这时候社会符号开始变成一门独立的学科，用以研究各种模态符号对语言交际的作用。之后，克雷斯和范列文还出版了《阅读图像：视觉设计语法》（*Reading Images：the Grammar of Visual Design*）一书，标志着多模态话语分析理论的正式形成。从此以后，多模态话语分析理论引起了国内不少学者的广泛关注，并积极投入研究。在该理论框架下，语言教学并不局限于语言本身，而是应该充分运用多种教学资源，比如视频、图片等，从多个维度调动学生的学习积极性，提高教学效果。

（三）计算机辅助语言教学

20世纪中期兴起了计算机辅助语言教学。计算机辅助语言教学是以语言学和心理学为理论基础，借助计算机等多媒体设备开展的课堂教学。其实，早就

---

① 何克抗.儿童思维发展新论和语文教育的深化改革：对皮亚杰“儿童认知发展阶段论”的质疑[J].教育研究，2004（1）：55-60.

已经有科研工作者开始探索如何把互联网技术和教育教学结合起来。传统的课堂讲授主要是教师通过口述的形式进行教学，而计算机辅助语言教学以互联网技术和计算机等多媒体设备为教育媒介，将教育教学知识呈现给学生。近年来，已经有不少的科研工作者对计算机辅助语言教学进行了详细的研究。有专家认为，凡是借用现代化、信息化的手段，如手机、电脑等工具创造出真实的语言学习环境，均可以被称作计算机辅助语言教学。

计算机辅助语言教学理论的发展主要分为三个阶段。行为主义计算机辅助语言教学、交际式计算机辅助语言教学和综合性计算机辅助语言教学。在1960年以后的20年时间内，行为主义计算机辅助语言教学还处于技术贫瘠阶段，计算机只能用于学习比较简单的词语。当时的计算机并没有在语言教学上展现较大的教学效益。在1980年后的10年内，出现了交际式计算机辅助语言教学。这一阶段，计算机技术在教学中的运用得到了突飞猛进的发展。比如，在教学中，微型计算机的出现使音频、图像开始出现在课堂上。这个时代的计算机已经可以提供真实的语言环境，课堂不再局限于教师与学生之间的言语和肢体交互，多姿多彩的视频、音频丰富了课堂教学的内容，提高了教学效率和学生学习的兴趣。

进入21世纪，综合性计算机辅助语言教学开始出现，教学中开始引入智能计算机。智能计算机的引入标志着我们的教育开始进入智能化时代，语言学习环境也变得更为真实，真正实现人机交互。并且，智能计算机的引入还打破了时间和空间的限制，使学生的学习不再局限于课堂中。譬如远程教学、AI情境教学等科技，不仅扩展了学生的思维，丰富了学生的知识，还拓展了教师的教学思维。学生在家完成自主学习其实也更契合疫情时代对网络教学的要求。由此开始，各种类型的学习软件应运而生，甚至不再局限于计算机等大型媒体终端，我们通过智能手机就可以完成各种学习任务。越来越多的教师开始利用在线学习平台辅助语言教学，用智能化平台为学生创造出生动、有趣的语言学习环境，提高学生的学习兴趣。

三、设计并布置借助信息技术完成的作业

（一）学习者

基于学习者的角度，通过让学生关注信息素养类的课程，学生可以提升在

知识、技能、意识等方面的能力。首先，学习者需要明确在线学习过程中信息素养所扮演的重要角色，学生也应该从识别、计划、搜集、评价、管理等方面审视自身的不足，并且采取有针对性的措施来提升自身本领。其次，学生可以自主选择一些感兴趣的在线课程来增强自身的实践能力，主动运用一些信息化的学习工具以展现自身的信息化能力。最后，学生还可以通过参与一些正式或非正式的在线课程以丰富在线学习经验，并在此学习过程中不断反思和提高。

（二）在线教学实践者

教师在运用互联网技术工具进行教学设计时，要重视优化在线学习评估。为提升学生在线学习的投入程度，教师应该将提升信息素养纳入在线学习活动的设计中，促进学习者信息素养和学科知识技能的有机融合。在作业设计中，要以知识创新为核心，灵活地运用学习技术中介来提高学习者的积极性及投入程度，进而提升学习效果。学习者可以借助思维导图等认知性技术中介来与同伴分享自己的创新成果；借助视觉陈述等反思性技术中介来反思自身的在线学习活动。

例如，在设计初中物理《熔化和凝固》作业时，为了让学习者更好地理解物质的三种存在状态以及不同状态之间的转化，教师可以充分发挥信息技术的作用。学生可以在家中借助冰箱来研究水的凝固与冰的熔化，并且通过信息技术将研究的过程记录下来，制作成视频。学生可以在课堂上向其他同学分享自己的研究，互相学习，加深对熔化和凝固的理解。

第二节　作业的信息化评价与诊断

要有效提升学习者的学习体验以及学习效果，就要将评估机制贯穿在线学习的全过程，充分发挥评估的正向激励作用。但是评估机制的设定不能完全脱离教师。研究发现，如果在线教育平台用教学视频以及自动评分和反馈来取代教师，学生的辍学率会大幅提高。这表明，运用信息化技术进行作业设计，并不意味着可以取代教师在作业评价过程中扮演的角色。信息化技术仅仅是辅助，核心依然是在线教学者。在线教学者在对学生的作业完成情况进行评价时，要以促进学生素养的全面提升为宗旨，综合运用教师评价、同学互评以及自我点评等方式，对学生的作业成果进行评价。

一、等级制教师评价

不同于传统的作业设计，信息化背景下的作业设计有着更多样化的内容。因此，要建立一套与之相适应的评价体系。比如，通过信息化进行作业设计时，教师可以为学生安排更多的实践类作业，与传统的、有标准答案的作业相比，这类作业并没有一个非常精确的评价标准。如果仍采用传统作业的百分制评价体系，就会导致过于注重分数而忽视对学生综合素质的培养。等级制评价更加适用于信息化背景下的作业设计。

与传统的百分制评价相比，等级制评价弱化了绝对分数的概念，以相对的等级来对学习者的学习成果进行评价。对于学习者来说，弱化分数的概念可以减轻他们的心理负担，为他们营造一个更为轻松的学习环境，有助于培养他们的学习兴趣。对于在线教学者来说，等级制评价体系可以让教师围绕提升学生的综合素质进行作业设计，改变原来以分数为核心的设计模式。比如，清华大学已将本科生和研究生的学业评价体系由传统的百分制改成等级制。学生课程成绩以 A+、A、A−、B+、B、B−、C+、C、C−、D+、D、F 形式表示，其中获得 A+ 的人数不超过该课程修读总人数的 5%；或者以 P（通过）、F（未通过）形式表示。等级制评价体系，学校只给出参考标准，自主权完全交给院系和教师，他们可根据课程目标设定制订评价细则。

二、评委式伙伴互评

在信息化作业设计中，除了教师评价，伙伴互评同样发挥着重要的作用。伙伴互评是指学生之间对彼此作业的完成情况进行评价，既可以通过一对一的形式进行互评，也可以通过分组的形式进行互评。通过伙伴互评，学习者不仅可以学习他人的长处，弥补自己在知识点方面的不足，还有利于提高学习者在学习过程中的参与感，培养学习者的学习兴趣。但是，在运用伙伴互评对学生的作业完成情况进行评价时，要注意控制互评活动的次数，不要过于频繁，以免给学生带来较大的负担。在互评时，要体现对学习者的人文关怀，鼓励学生积极参与。

三、提纲式自我评价

在对作业完成情况进行评价时，学习者的自我评价同样不容忽视。教师可以给学习者制订一份自评提纲。学生在完成作业后，可以根据提纲对自己的完成情况进行评价。与将作业交由他人评价不同，自我评价可以帮助学生更清楚地了解自身的薄弱环节，进而有针对性地进行补充完善。比如，在制作电子小报的过程中，让学生总结第一单元、第二单元小报设计中自己掌握的知识点，并在相应的选项上打钩，教学效果更好。

信息技术在作业设计中的深度应用，使课堂环境与结构发生了重大改变。教师可以通过移动终端设备向学生发布学习任务，在课堂上可以根据课堂情况进行手写、标注。各种新型的智能设备、终端的应用，使原来单一、枯燥的课堂变成了生动的试验场，满足了教师和学生对于教学情景的要求，有利于学生的知识建构。

《杠杆的平衡条件》作业设计

以沪科版物理八年级第十章第一节《杠杆的平衡条件》为例，传统线下授课一般分为两课时，即探究杠杆的平衡条件和杠杆的分类与应用。传统的作业设计一般为完成相应的杠杆五要素的画图类题目、对生活中应用的杠杆进行分类辨析的选择类题目、探究杠杆平衡条件的实验类题目。这些题目往往是由教师为了应对考试而搜集准备的，学生做起来积极性不高，对杠杆的理解也不够到位。结合新旧课程标准对本节知识都有相应的探究要求，本节课作业设计综合运用了教师评价、学生互评及自我点评的方式，成功地完成了对作业成果的评价。具体课时及作业设计、评价如下。

（一）第一课时：了解杠杆

课前作业：参照教师给定的视频，了解生活中常见的简单机械种类，通过自己查阅资料，理解人们选用各种机械的理由。

课上：先用 5 分钟让学生简单叙述生活中常见的简单机械种类及人类选用机械的理由，再用 25 分钟明确该节课的学习目标，引导学生得出杠杆的定义，讲授支点、动力、阻力三个基本概念，剩余 15 分钟让学生寻找并展示家庭中的杠杆并指出其五要素。通过课上学习，学生已经得出了杠杆的定义，在这里采用评委式或者伙伴互评的方式，展示的学生可以挑选出自己选择的杠杆并画出五要素，由其他学生点评是否正确，这样既可以锻炼展示学生的表达能力，又能检测评价同学的当堂学习情况。

课后作业：参照教师录制的制作视频，制作晾衣架杠杆或硬纸板杠杆，指出自制杠杆的五要素，并用家用电子秤称量相应质量的大米，为第二课时的探究做好准备。这里的作业设置不再采用传统的纸笔测验，而是让学生动手制作杠杆。这类作业没有固定的答案，因此收集作业后对于学生作业的点评也是采用等级加评语的形式。等级的记录能让学生大致了解自己制作的情况，又能为学生营造轻松的学习环境，有利于提高学生的学习兴趣。学生通过自制杠杆，可以在动手操作中领会知识，为接下来理解杠杆平衡条件做好准备。

（二）第二课时：探究杠杆的平衡条件

课上：先用5分钟让学生展示自制杠杆，这里不再对展示的学生进行太多的评价。再用10分钟引导学生理解力臂的概念，得出杠杆平衡的定义，提出问题，设计实验探究杠杆平衡的条件。中间20分钟进行分组实验，不能理解或没有成功制作杠杆的学生跟教师一起探究得出数据。最后10分钟分析数据得出结论，并对实验过程进行评估，学生表达自己的观点或感受。

课后：寻找生活中常用的杠杆，在网上寻找相关图片并进行打印，或尝试用简图画出来，在图上标注出杠杆的五要素。学有余力的学生可以尝试根据所画实例的动力臂、阻力臂的关系，用杠杆平衡条件分析出动力与阻力之间的关系。这一课时的作业评价仍然由教师按照等级加评语的方式进行，重点是鼓励学生思考，细致的评价放在第三课时课上。

（三）第三课时：杠杆平衡条件的应用及杠杆的分类

课上：15分钟展示学生作业并由学生自己进行分析讲解，5分钟汇总学生的分析得出三类杠杆的定义及特点，10分钟由学生尝试分析自己的实例并对其进行分类。5分钟展示讲解杠杆平衡条件的定量计算例题，10分钟学生汇总收获，完成当堂练习。

课下：两人一组完成课本第189页的交流与讨论，在人体中的杠杆、自行车中的杠杆、中国古代的杠杆等专题中任选一项进行调查研究，写出调查报告，在接下来的授课中进行交流。在完成这项作业时，教师会向学生发送一份在线表格，学生可以根据自己的掌握情况在相应的表格处打钩，这样可以帮助学生更加清楚地了解自身的薄弱环节，进而有针对性地进行练习，同时教师也可以根据学生的反馈情况，安排接下来的复习或习题课，并对学生进行辅导。

提纲式自我评价表

知识点	掌握	有疑惑	具体疑惑点	我的学习建议
1. 能正确列举生活中的杠杆				
2. 能准确画出、判断杠杆五要素				
3. 能自己完成杠杆的平衡条件探究实验，并明白各环节的操作理由				
4. 能利用杠杆的平衡条件解决生活中的问题				
5. 能正确对生活中的杠杆进行分类				

第三节　作业的信息化管理

作业是教师诊断学生学习情况、反馈教学效果、调整教学内容与方式的重要依据，同时也是学生理解、应用学习内容，提高学习能力的重要途径。为真正将“双减”政策落地，要发挥信息技术的优势，在作业统筹管理、作业质量把控、作业资源收集、作业反馈指导等方面进行探索和研究，提升作业的信息化管理效能。

一、挖掘优质资源，提升作业设计实效

教师在日常教学过程中，要充分利用优质数字教育资源优化作业设计。教师可以借助海量资源、优质题库，从中寻找匹配的作业，实现再创造。通过 OCR 识别、扫描等技术手段设计作业，确保作业设计的针对性及有效性。

学校要畅通资源渠道，为教师提供品牌中小学题库专属账号，组织教师学习优秀作业设计范例，赋能智慧教学，为教师减负。为更好地培养学生的综合素质，各学校应鼓励教师利用拍照软件、视频剪辑软件、语音速记软件、协同文档及二维码生成软件等工具，引导学生将自己作业中的易错题进行整理归集，并将其制作成“智慧作业二维码”。学生可以化身“小教师”开讲，或讲解自己认为比较容易出错的知识点，或展示英语脱口秀。此外，还可以将语文课堂中的听、说、读部分作业设置为“朗读者”活动，学生自己录制视频或音频，选取优质的内容，在微信公众号平台进行推送。这种方式不仅能够拓宽学生的学

科知识面，还可以培养学生的学习兴趣，真正做到寓教于乐。

在日常的教学过程中，还要及时地将优质的作业设计案例整理成册，形成资源库，方便一线教师、教育管理者随时进行交流学习。学校可以定期组织作业设计大赛，筛选出各学科的优质导学卡和作业单，以精准评估为支撑，提升作业设计的有效性，从而建立符合学校实际情况的高精准作业库，并沉淀为校本数字资产。

二、依托数据分析，探索多元作业设计

在运用信息技术进行作业设计时，学校要进行精细化管理，对作业管理巡查情况进行详细记录，确保作业总量协调，避免作业内容的重复训练和信息过载等问题。这种信息化的作业管理，使作业由“狂轰滥炸型”变为“精准制导型”。在对作业数据进行详细记录及分析的基础上，教师应转变死记硬背、知识巩固的作业观，树立面向能力培养、素养提升的作业观，从而将作业由简单课程延伸的功能，转向实现作业育人和过程评价的双重功能。

教师可以利用信息化平台，以游戏化、情境化的方式使作业变得生动，兼顾教育性和趣味性。比如利用希沃白板、雨课堂等交互式课件制作工具，开发图文并茂的线上作业闯关活动，给学生布置生动的互动式习题，既激发他们完成作业的兴趣，又强化学生对问题的理解与感知。在 VR、AR 等人工智能技术的支持下，还可以开展参观“云博物馆”、欣赏“云展览”等活动，用识花君、形色等工具帮助学生辨别花草，在实践中掌握自然科学知识。

三、科技赋能研判，精准提升作业反馈

在“双减”背景下，对学生作业完成情况的评价，不再以简单的“是否完成抄写”“是否熟练背诵”等为主，而是更多地侧重于学生对知识的理解、运用情况。学校教研中心要设计一套与信息化作业相匹配的作业评价标准，并据此对学生的作业完成质量进行分析，供备课组、教研组思考和研究，探讨破解策略。

此外，学校还可以尝试建立教师内部统筹监督审核协调机制和家长监督机制。每天以组为单位把当天要布置的作业上传钉钉群备份，每月围绕“双减”背景下的课堂与作业开展学科组内的研讨交流，不断优化信息化技术在作业设计中的应用方式。

在深化新时代教育评价改革的背景下，信息化资源条件的不断丰富为作业方式的创新提供了重要条件。课堂、作业、测评等关键教学场景的数据要实现贯通，利用平台驱动作业优化设计和管理能力，真正通过信息技术手段助力“双减”政策落地，实现教育教学减负、提质、增效。

后 记

自 2005 年起，我开始运用布卢姆的目标分类理论、加涅的教学设计理论等，带领全区初中物理教师进行教学设计研究，并于 2018 年获得基础教育国家级教学成果奖。其间，我一直侧重研究如何设计教学，从知识分类的角度思考学科教学的逻辑。2019 年，在我们学校进行作业改革实践研究三年之后，我突然感受到，无论教学怎么改革，学生的学才是关键。在专家指导下，我们开始了对作业设计与实施策略的研究。

研究主要经历了探索、深化、完善三个阶段。

探索阶段（2012 年 9 月—2015 年 8 月），研制出作业设计标准，设计分层分类作业。

2012 年 9 月，项目组开始调查分析学生的作业现状，明确作业实施的问题，启动作业改革。应用教育目标分类学等理论，指导数学、物理等四科作业设计，研制单元作业双向细目表和学科单元作业，并在各学科推广应用。2014 年 2 月，确立基于生本教育的作业设计理念。针对初中生认知和个性差异更大的情况，设计分层作业，增加实践操作、跨学科研究等形式的作业。

深化阶段（2015 年 9 月—2017 年 8 月），确定作业改革模式，建立作业管理制度。

2015 年 9 月，作业改革由项目组上升到学校层面，学校加强作业集体备课，开展定期作业专题研讨，提高全体教师作业设计能力。

2016年9月，改进作业联席制度，建立师师、师生、生生作业对话协商机制；建立作业层级的动态调整机制，根据学生的学习表现和师生协商的结果灵活定级；在此基础上总结了作业设计与实施的几大模式。

完善阶段（2017年9月—2018年11月），作业与信息技术有效融合，实现学生作业自主进阶。

2017年9月，针对纸质作业导致教师批改负担过重、分析不精准的问题，学校与互联网公司联合开发了智能作业系统，助力教师快速批改、精准分析学生的作业完成情况，并根据反馈改进教学。系统自动为尚未达成目标的学生匹配补偿性作业，便于学生课外自主学习、自我提高，同时为有升层意愿的学生提供更高层级作业。

如今，我校的作业设计以学生发展为本，基于学生实际及课堂教学情况，改进作业设计，保证了作业与课堂的精准衔接。针对学生的差异，教师设计基于多元智能、学习风格、学习能力的不同类型作业，满足了学生个性化的需求，培养学生的核心素养。

感谢深圳市光明区公明中学、深圳市光明区凤凰学校等学校参与协同研究。感谢中国教育学会时俊卿教授对本书在策划、撰写的过程中给予的指导。感谢山东师范大学冯永刚教授，山东省教育科学研究院曾庆伟博士、张斌博士，齐鲁师范学院李红婷教授，鲁东大学苏春景教授，在研究过程中的细心指导和耐心帮助。

济南市历城区初级实验中学　寇延臣

2022年8月